高校辅导员队伍建设与工作发展研究

渠东玲 著

辽宁大学出版社
Liaoning University Press

图书在版编目（CIP）数据

高校辅导员队伍建设与工作发展研究/渠东玲著
. —沈阳：辽宁大学出版社，2021.8
　　ISBN 978-7-5698-0486-7

　　Ⅰ.①高…　Ⅱ.①渠…　Ⅲ.①高等学校－辅导员－师
资队伍建设－研究　Ⅳ.①G645.1

中国版本图书馆 CIP 数据核字（2021）第 156498 号

高校辅导员队伍建设与工作发展研究
GAOXIAO FUDAOYUAN DUIWU JIANSHE YU GONGZUO FAZHAN YANJIU

出　版　者：辽宁大学出版社有限责任公司
　　　　　　（地址：沈阳市皇姑区崇山中路 66 号　　邮政编码：110036）
印　刷　者：沈阳海世达印务有限公司
发　行　者：辽宁大学出版社有限责任公司
幅面尺寸：170mm×240mm
印　　张：12
字　　数：222 千字
出版时间：2021 年 8 月第 1 版
印刷时间：2021 年 8 月第 1 次印刷
责任编辑：田苗妙
封面设计：韩　实　孙红涛
责任校对：郝雪娇

书　　号：ISBN 978-7-5698-0486-7
定　　价：59.00 元

联系电话：024-86864613
邮购热线：024-86830665
网　　址：http://press.lnu.edu.cn
电子邮件：lnupress@vip.163.com

Preface
前　言

　　高校辅导员是高等学校开展大学生思想政治教育的骨干力量，是大学生思想、政治、学习和生活的导师，同时也是大学生日常事务管理工作的组织者、实施者和指导者。因此，加强高校辅导员队伍建设是改进大学生思想政治教育的组织保障，它不仅是形成大学生教育管理合力的有力支撑点，还是激活高等教育全局的关键点。

　　目前，高校辅导员队伍建设在思想认识、领导管理、方法措施等方面还存在不足。高校辅导员队伍建设的效果不佳，需要通过理论研究和实证调研探寻新的对策。基于此，本书以党和国家关于高校辅导员队伍建设相关的政策为支撑，以高校辅导员队伍建设的基础理论研究、成绩与经验启示为基础，较为全面客观地对高校辅导员队伍建设存在的问题及产生问题的根本原因进行了分析，同时借鉴和运用相关学科知识探讨了当前高校辅导员队伍建设的对策与措施，并围绕当代高校辅导员工作的创新发展展开了研究。

　　全书一共分为七章：第一章从高校学生工作理念、评价分析以及发展趋势三个方面对高校学生工作进行了论述；第二章讨论了高校辅导员的角色与定位，对辅导员工作的系统与要素进行了梳理，通过辅导员的工作属性来探讨辅导员的身份特征，进而从辅导员的身份构建探讨辅导员队伍建设；第三章讨论了高校辅导员队伍建设的理论基础，通过对高校辅导员队伍建设含义的演变分析，总结了高校辅导员队伍建设的含义，同时进行深入剖析，较为全面、系统地论述了高校辅导员建设的含义、目标、原则、内容及方法途径；第四章讨论了高校辅导员队伍建设的境况，对辅导员队伍建设的工作现状进行了阐述，同时针对目前辅导员队伍建设存在的问题进行分析，并提出了辅导员队伍建设面临的机遇与挑战，为辅导员队伍建设的对策研究打下了坚实的基础；第五章论述了高校辅导员队伍建设的对策，回应存在的问题，回归研究的目的；第六章是对高校辅导员共情能力的研究，进一步论述了高校辅导员的工作发展，为如何提升高校辅导员工作能力提供了理论依据；第七章论述了运用微信平台创新辅导员工作的必要性与可能性，高校辅导员通过不断创新工作理念和方法，依托微信平台对大学生网络受众施加有目的、有计划、有组织的影响与引导，对促进学生全面发展和健康成长具有一定的实践价值。

本书的逻辑清晰，层次分明，知识结构完整，在内容设计上力求做到向下延伸，对丰富高校辅导员队伍建设理论、完善大学生思想政治教育理论体系和有效指导高校辅导员队伍建设具有一定的参考价值。

在本书的撰写过程中，作者参考并引用了国内外同行的研究成果与资料，在这里表示深深的感谢。另外，由于作者的水平有限，书中难免存在纰漏之处，希望广大读者与同行提出宝贵意见。

Content
目 录

第一章 高校学生工作概述

近年来，随着我国现代化建设与市场经济体制逐渐完善，素质教育正全面推进。同时，高校不断扩招，社会对大学生教育需求的层次不断提高，人才观、学生观、教育观、质量观等教育观念都发生了巨大的改变，传统教育观念受到了极大的冲击。因此，高等学校学生工作的重要性愈加凸显。这就要求我们要加强对高等学校学生工作概念的研究，进而提高大学生的思想政治素质，努力把大学生培养成具有中国特色的社会主义事业的建设者与接班人。这对全面实施科教兴国和人才强国战略，确保社会主义现代化的宏伟目标加快推进，确保中国特色社会主义事业兴旺发达、后继有人，具有重大而深远的战略意义。

第一节 高校学生工作理念

一、"以人为本"[①]理念

"以人为本"的理念就是以学生为中心开展学生工作，体现的是人本理念。高校的学生管理工作要以学生的生存、安全、自尊、发展等需要为出发点，这是"以人为本"理念的本质。"以人为本"的学生工作要求高校辅导员把学生管理工作作为一种服务学生的手段，强调要调动学生的主动性、积极性、创造性来开展管理工作，这是管理本质的体现与客观的需要。

"以人为本"的学生管理工作关键是要营造"以人为本"的学习环境。"以人为本"是要把学生视为管理的核心对象，需要尊重学生、理解学生、信任学

---

① 以人为本，是科学发展观的核心，体现了中国共产党全心全意为人民服务的根本宗旨。

生，形成整体和谐的学习环境。"以人为本"的学生管理工作不同于传统学生管理工作的管理思想和管理观念。传统的管理理念忽视了学生的主体地位，忽视了学生自主管理与自我实现的需要，不利于调动学生的积极性与创造性。而"以人为本"的学生管理工作是视学生为最宝贵的资源，并切实尊重、理解、关心、爱护全体学生。

随着人类的不断进步与文明的不断融合，"以人为本"的科学理念已经渗透到高校及社会的每一个角落。要使大学真正成为洗涤人灵魂的"象牙塔"，成为大学生求学发展的梦想殿堂，学生工作就必须建立在尊重学生自身的基础之上。此外，法律规定学生享有众多权利，这充分体现了社会与国家对学生认识的不断深化，体现了人类文明的不断进步。因此，我们需要以一种开放的思想接纳"以人为本"的理念，接纳先进的、科学的学生管理工作的理念与方法，并且以全新的思维去构建科学的学生工作制度与措施。总之，讲究"以人为本"的学生工作理念是高校健康发展的必然选择。

二、"与时俱进"[①]理念

"与时俱进"理念是指在尊重学生成长的特点和规律、研究高等教育环境的发展变化、激发学生内在动力的基础上，有目标、有计划、有组织地促进学生德、智、体的全面发展，以求实现从封闭式向开放式教育的转变，从传统防范型管理观向发展型管理观的转变，为广大学生发挥潜能创造条件、提供舞台，积极调动学生自我教育、自我服务、自我管理和自我提高的主动性。"与时俱进"的学生工作理念从本质上讲就是要促进学生自由全面发展，实现马克思主义所提出的"自由个性"。

现在，各高校均有许多关于学生管理工作的规范性文件，这些文件对保护学生合法权益、促进学生发展、构建和谐校园文化起着十分重要的作用。但是，这些文件中总是有很多条条框框约束着学生，不适合学生身心发展的规律，有的管理条例不是为了方便学生，而是为了方便学生工作者，只注重制度的约束，在"管"字上做文章，运用统一的内容和统一的方式与标准来管理学生，用相同的模式去塑造学生，而不注意通过思想政治工作去疏导、解决学

---

① 与时俱进，意思是行动和时代一起进步。出自 1910 年初蔡元培撰写的《中国伦理学史》。面对清朝末年中国思想文化界抱残守缺、故步自封的局面，蔡元培通过中西文化对比，指出"故西洋学说则与时俱进"。他把散见于中国古书中的"与时偕行""与时俱化""与时俱新"等激励人的说法综合概括为"与时俱进"。现指贴合时代的正确思想和观点。

生思想上更深层次的问题，其结果是只管住了表面，而学生的素质并未得到提高，甚至还会导致学生对已有制度的运行产生抵触情绪。

大学生通常都是 18 岁以上的青年学子，身心发展基本已经成熟，抽象思维能力发展达到新的水平，思维具有组织性、深刻性、批判性，具有独立自主的要求和能力。因此，高校学生工作者应该设法为学生的成长和发展创造更有利的条件，充分尊重学生的选择与自我发展，使他们的个性和才能得到完善与发挥。在课程学习、社会实践、活动开展等方面，高校学生工作者应给学生更多的选择权，给学生提供更多的途径与机会，从而坚定学生的信心。高校学生工作必须根据时间的不断演进，根据实情实景，尊重学生的不同个性，重视从学生个体的价值出发，唤醒学生的主体意识，发挥学生作为主体的潜能，促进学生素质的全面发展。

三、"客体参与"理念

"客体参与"理念是指国家和高等学校的决策者应将高校大学生视为高等教育改革的主要参与者，其中包括学生参与有关高等教育问题的讨论与评估，参与课程和教学方法的改革，同时在现行体制范围内参与制定政策和院校的管理工作。

"客体参与"的学生管理工作的基本特征主要包括五个方面，即依附性、主动性、有限性、短期性和业余性。第一，依附性。高校学生管理工作是以学校管理为主要载体的，如果没有学校管理，大学生就无法参与。高校学生管理工作的性质、范围、方式都需要根据学校管理类型来确定。第二，主动性。高校学生在参与管理工作的过程中需积极地出谋划策，反映高校学生的自身需求，并使学生管理工作具有针对性、可行性。高校学生应该以学校主人的身份对待和参与学生管理工作。第三，有限性。高校学生参与管理工作应在有限的范围内进行，其能参与和需要参与的是其中的一部分。学生的专业经历与能力还不够丰富，他们所能参与的程度应该与他们的实际情况相适应。第四，短期性。高校学生在学校学习的时间是很短暂的，对学生管理工作的历史与长期规划会缺乏兴趣，也缺乏长期规划必备的基础能力与水平。因此，高校学生更适合参与短期性学生管理工作。第五，业余性。高校学生参与学生管理工作的业余性表现为三点：一是大学生不是专职管理人员，只利用业余时间参与管理活动；二是大学生不具备专业管理知识；三是大学生是兼职参与管理，没有报酬。只有把握这些特征才能发展并完善高校学生工作。

从高等教育的发展趋势看，高等教育越来越民主化、生活化，并逐渐体现出高校学生在高等教育中的主体地位。而且，现代教育与管理理论的发展呼吁学生作为客体参与高校学生管理工作，所以学生参与管理是近年来各个高等学校教育管理工作的主要发展趋势。以往在关于学生参与管理的问题上，大多数高校依然按计划经济时代的办学方式进行管理，很少征求和参考学生的意见。而新时期高校学生工作理念要求学校管理工作者放下"架子"，不应该以"管理者"身份示于学生，而应以"服务者"身份示于学生，让学生参与管理，真正成为自己的"管理者"，这样才会提高高校学生的主体意识，弘扬学生的个性，发挥学生成为主体的潜能。

四、"刚柔相济"[①]理念

刚性管理是指以制度与规章为条件，利用约束、惩罚、处分等手段进行高校学生管理工作。刚性管理重"管"和"权"，其目的是达到管理的统一性，着眼点是高校学生本身，但需注意的是刚性管理并不代表硬管理与专制。

在高校学生管理工作中，对刚性管理的有效运用具有现实的意义。刚性管理是工作顺利开展的制度保障。虽然刚性管理是"制度至上"，但是这些制度并不是随意制定的，而是依据相关的法律法规制定的，同时是高校学生健康成长的保障。实践证明，抓好新生入学教育，做好校规校纪规章制度的学习，对日后的班级管理能达到事半功倍的效果。刚性管理强调高校学生工作的严格性，即在执行校规校纪时，要做到言必行、行必果，坚持原则、不避矛盾和不徇私情。另外，在高校学生管理工作中通常会遇到偷盗、打架斗殴等情况，这些行为产生的原因之一就是学生遵守校纪校规意识的淡薄。因此，作为高校辅导员，应在管理工作中要求学生树立遵守校纪校规的意识。刚性管理的模式有明确的规章制度、组织机构和处理方法，能体现出高校学生管理工作方便和快捷的优势，在高等教育发展的进程中发挥着积极作用。

柔性管理主要指在高校学生教育和管理工作中以学生为中心，在把握大学生心理规律和内在需求及行为规律的基础上，培养积极向上的风气，创造良好的学习生活环境，营造一种尊重学生、理解学生、培养学生和教育学生的学习氛围，从而提高学生的向心力、凝聚力，并采用教育、鼓励或激励的工作方式，充分地调动学生的自我管理、自我约束的积极性，使学生自觉地接受外部规范化的管理。柔性管理强调在研究学生心理和行为规律的基础上，采用非强

---

① 刚柔相济意思是刚强的和柔和的互相补充，使恰到好处。出自汉·王粲《为刘荆州与袁尚书》："当唯义是务，唯国是康。何者？金木水火以刚柔相济，然后克得其和，能为民用。"

制的方式，在学生心目中产生一种潜在的说服力。其最终目的是强化和重视学生自我意识的发展，调动学生的个性潜能，从而有利于学生的自我实现。

高等学校是培养人才的社会组织，其工作与管理的主要目标也是通过培养人才来实现的。为使高校学生工作取得成效，应树立"刚柔相济"的理念，并围绕这一理念使高校学生成为对社会有用的人才。

五、"规范法治"理念

我国理论界对法治的认识是"法治是一个动态概念，包括法律制定、法律实施和法律监督的整个过程"。法治是融会多重意义的综合观念，在认识、理解和思考法治问题时，应当采取多视角的综合维度。总之，法治多表现为立法、执法、司法、守法、法律监督等法的运行的统一。

党的十七大报告指出："加强公民意识教育，树立社会主义民主法治、自由平等、公平正义理念，具有重大理论和实践意义。""深入开展法治宣传教育，弘扬法治精神，形成自觉学法、守法、用法、护法的社会氛围。"因此，高校学生工作的法治管理有两层含义：一是要教会学生树立法律意识，学会利用法律手段维护自身权益；二是学生工作者应在观念、行动上统一，要有法治观念和原则，依法管理和依法教育，不能用法律代替教育管理，也不能用教育管理代替法律，应实现依法治校与以德治校的统一。

高校学生工作法治化是建设法治国家的必要基础。依法治国理念的提出具有重要的战略意义和现实价值。法治国家的构建不仅要有完备的法律体系，更要求全体公民有良好的法律意识和法律素质，目的在于使国家社会生活的各方面实现有法可依、有法必依、执法必严和违法必究。大学生是社会群体中的重要组成部分，其行为对社会具有示范作用。

高校学生工作的法治化要求高等院校依法治校。随着社会的发展，社会主体的法治化进程也在推进。中华人民共和国教育部（以下简称"教育部"）在相关文件中指出："实行依法治校，就是要严格按照教育法律的原则与规定，开展教育教学活动，尊重学生人格，维护学生合法权益，形成符合法治精神的育人环境。不断提高学校管理者、教师的法律素质，提高学校依法处理各种关系的能力。"依照教育部的精神，高校学生工作应按法治的理念进行，依法保护学生的合法权益，同时实现学生管理和教育的法治化。

高校学生工作的法治化是高校办学方向的要求。大学作为社会生活的重要组成部分和社会科技文化的发源地，对全社会的法治化建设具有举足轻重的影响。大学生是我国未来经济与社会发展的重要力量，法律意识和法治观念的层次、水平关系到他们今后的社会生活方式。而他们的行为方式是否符合法律规范要求，也关系到今后国家事业的成败。因此，需要对大学生进行法律意识和法治观念的教育，用法律手段规范他们的学习和生活，促进其综合素质的提高、法律素养的增强，使他们形成遵纪守法的好习惯。

高校学生工作的法治化是大学生维权的要求。在计划经济体制下，高校强调行政管理权力的作用，这种体制导致了学生权利意识弱化。同时，随着社会主义政治文明建设步伐的加快，社会更强调学生个体的创造性发展、学生的权益保护，使学生的法律意识、权利意识有了一定的提高。这一新形势的变化必然会加快学生工作法治化的步伐。

因此，在开展高校学生工作的具体措施中，应注意依法保护学生的隐私、人身和财产安全，确保对学生进行奖励和惩罚的合法性，完善学生法律诉求的渠道，使学生在权益受到侵害时能运用法律武器保护自己。

第二节　高校学生评价分析

一、评价工作

所谓高校学生评价，是指根据高等教育目标，通过系统地收集、分析和利用高校学生在学习和生活中的信息来判断和改进学生的学习和发展。

高校学生评价是对学生个体学习进展和变化的评价。它包括对学生成绩、思想品德与个性的评价等多个方面。高校学生评价是高等教育评价中最基本的领域，是教育工作者最关心的一个问题。高校学生评价是对学生德、智、体等方面的发展变化情况进行分析和判断，并对其改善与发展给予指导的过程。由于学生是学校的主体对象，学校的工作主要是围绕学生这个中心来展开的，各项工作的成绩最终是通过学生的质量集中反映出来的，因而高校学生评价是学校工作评价的基础，是高等教育评价的主要内容。

二、评价功能

国外学者指出在高校学生工作的实践中，学生评价有两大功能：一是告诉大学生他们的学习是否成功；二是向学生传达希望他们学习的内容。具体来讲，评价的功能主要有以下几点：第一，促进学校保持优秀；第二，诊断学生学习是否存在困难；第三，对学习的促进；第四，激发学生学习的动力；第五，判断学生对重要技能和知识的掌握情况；第六，在班级背景下评价学生能力；第七，评价教师的教育方法是否合适；第八，评价课程的有效性；第九，促进对学科技能和规则的学习。

国内大多数学者主要关注学生评价的三种功能，即教学管理者利用评价结果进行决策和改进教学，教师利用评价结果改进教学，学生利用评价结果了解自己取得的成绩和不足。

三、评价程序

高校学生评价程序是指把学生评价活动的各个内容，按其先后顺序有机地组织在一起，并且使之成为一个具有特殊功能的整体。高校学生评价程序主要包括确定学生评价的内容和方法、收集评价信息、分析评价信息报告及利用评价信息这四个步骤。

第一，确定学生评价的内容和方法。根据教学目标，确定在哪些方面对学生进行评价，确定评价活动开展的时间与地点，并确定在学生的某个评价内容方面采用的评价方法。

第二，收集评价信息。不同的评价主体能够采用不同的评价方法进行信息采集。教师通常使用的信息采集办法是利用课堂观察和提问测验，及时了解学生的学习效果。

第三，分析评价信息报告。评价者对评价的结果进行定量或定性分析后，判断评价对象所达到目的的程度。评价信息应及时反馈给学生，这种反馈可以是口头的，也可以是书面的。反馈的方式可以是在作业本上点评、在课堂上对学生的表现进行点评、在班上公布成绩等级，也可以在课后通过电子邮件反馈，或是与个别学生进行交流。对任何反馈报告的系统来说，传递有关学生进步与学生的强项、弱项的信息是其重要的目的。反馈能使学生充分了解自己，从而能使他们做出改进，并且做出决策。在某些情况下，评价信息要报告给校内有关评价机构和协会。另外，评价结果最终需以公众都能理解的术语来说明。

第四，利用评价信息。评价信息可被用来改进教学和建立相关档案，做出一些教育决策。例如，高等学校可根据评价结果信息决定如何分配奖学金；教师可根据评价结果信息了解在某一门课程中哪些学生学得好，哪些学生学得不好。同时，学生通过评价的过程与结果可以肯定自己，也可以找出自己尚存在的某些问题。

四、评价类型

（一）目的维度

根据评价目的的不同，可将学生评价分为形成性评价和总结性评价两种。形成性评价又可称为"及时评价"或"过程评价"，是在某项教育计划、方案或活动实施过程中进行的评价。它的优点在于能够及时得到反馈信息、发现问题、调整活动、改进学生学习。形成性评价的方法具有诊断性、灵活性、持续性、开放性及一致性的特点。总结性评价又称为"事后评价"，是在某项教育计划方案或活动结束后对其最终结果进行的评价，目的是鉴定学生学习结果达到预定的目标的程度。这种评价的主要优点在于简便易行，而且较为客观和易于接受，因而受到普遍重视。但是，它具有事后检验的性质，对评价对象本身的改进完善效果不明显。总结性评价方法的特点是评价方法单一，评价内容片面，它只对各门学科的成绩进行最后总评，注重"量化"，偏重分数。

（二）时间维度

根据时间先后顺序可把高校学生评价分为入学时评价、大学学习期间评价、大学毕业时评价和大学毕业后评价几种类型。

入学时评价是指在特定的教学活动之前判定学生的前期准备情况。它主要解决的问题是学生是否已经掌握了参加预定教学活动所需的知识技能；学生在多大程度上已达到了预期的教学目标；学生兴趣习惯以及其他个性特征显示出哪些教学模式对其最合适。入学时评价的常用方法是测验。

大学学习期间评价主要指不断反馈学生学习成功或者失败的信息。注重强化学生的学习成功之处，同时显示出学生在学习的过程中需改正的具体学习错误。大学学习期间进行评价的方法有多种，常见的方法是课程作业评价、课堂评估、测验和考试。

大学毕业时评价主要是通过评价毕业论文的质量和是否达到学士学位授予的最低要求来对学生进行总体评价。大学毕业时进行的评价通常是一个综合性评价，一般应以大学学习期间进行的评价为基础。

大学毕业后评价。在某些情况下，院系或者学校某行政机构会对毕业几年的学生进行调查，通过了解学生毕业后的发展情况，评估大学教育的成效。调查形式可以采用发放问卷、采访用人单位或毕业生座谈会等形式。

（三）主体维度

根据评价的主体不同将学生评价分为社会评价、院系评价、教师评价、同伴评价、学生自我评价。

社会评价是指学校以外的社会公众对学生进行的评价，这种评价通常由媒体、专业机构或者用人单位组织实施。传统观念认为学生评价是高校的事情。在当代社会，随着高等教育在社会中地位的提高以及公众对高等教育质量的关注，来自社会的评价和理解对提高高等教育的质量有着重要的作用。

院系评价的责任机构是教务处。教务处是根据本科培养目标，组织院系对学生学业成绩与综合素质进行评价。

教师是教学活动的直接实施者，是学生评价的重要主体。从工作职责上来讲，教师有权利与义务按照学校的本科教育政策与专业培养目标，对学生学习进行评价，判断学生的学习情况。从高等教育活动来看，承担特定课程教学任务的教师有充分的理由和条件来评价学生的学习。

同伴评价更多地体现在民意测评的课堂评价中。大学民主氛围比较浓厚，院系在评选"优秀学生"或其他"优秀"头衔时，都会让学生参与民主选举，选举的过程就是一个同伴评价的过程。而在课堂的评价中，经常可以看到让一个学生评价另外一个学生的情形，这种同伴评价也会促进学生学习。

学生自我评价分为正式的自我评价和非正式的自我评价两种。正式的自我评价一般是院系或教师安排的，学生要在一定时间范围内对自我进行评价。而非正式的自我评价通常是教师让学生进行口头上的反思总结，并不是以书面材料的方式进行。学生自我评价过程完全由学生自己来掌控。

第三节　高校学生工作发展趋势

随着经济全球化趋势的不断加强，我国的经济体制发生了巨大的变化，同时给我国的高等教育发展带来了机遇和挑战。传统的高校学生工作模式受到了冲击，而且思想文化的多元化传播使高校学生工作的难度进一步增大。如何尽快适应新时期的需要，培养具有国际视野和创新能力的高素质人才，已经成为高校学生工作面临的重要问题。

一、世界经济波动不断

经济全球化进程速度的不断加快、民族之间的经济与文化交流的日益频繁、不同思想和文化在交流中的融合与碰撞使我国高等教育的发展也面临空前的机遇与挑战。国内高校在与发达国家高校的交流与竞争中，教育体制、教育思想、教育方式和教育产业等都面临着新的机遇和挑战。在这种形势下，高校学生工作必然要与世界先进高校学生工作接轨，带来管理理念与管理方式的变革。

同时，全球经济一体化①使文化交流变得十分广泛与频繁，在开放条件下的交流使外来文化、外来习俗与观念的影响也日渐增强，大学生在中外文化交流碰撞中必定会遇到新问题。

二、经济体制深化改革

市场经济体制的发展与高校的扩招使高校学生管理工作的内容与日俱增。同时，高校学生工作面临一系列的转变。例如，高校学生工作的部分管理职能在向弹性学制转变；经济困难学生的资助从原来发放助学金、困难补助向助学贷款与勤工助学转变；等等。这一系列转变都需要有新的、系统的高校学生工作理念和方式来保证，而目前与之相适应的机制和办法尚未完全形成。另外，随着市场经济的发展，大学生的思想观念、价值取向产生了巨大的变化。改革开放以来，我国社会的经济成分、组织形式、就业方式、利益关系与分配方式日益呈现出多样化。大学生思想活动的独立性、选择性、差异性也日益增强，原有的高校学生管理工作的单一模式已经无法达到预期效果。因此，要增强高校学生工作的针对性与实效性，就需要改革原有管理模式，建立起适合市场经济发展需求和以人为本的高校学生管理工作的新体制。

三、社会企业要求升级

第三次全国教育工作会议召开以后，国务院从我国社会主义现代化建设与中华民族伟大复兴的战略高度出发，做出"深化教育体制和结构改革，全面推进素质教育"的决定，强调"实施素质教育，就是全面贯彻党的教育方针，以提高国民素质为根本宗旨，以培养学生的创新精神和实践能力为重点，造就'有理想、有道德、有文化、有纪律'的德、智、体、美等全面发展的社会主义事业建设者和接班人"。素质教育的提出与实施给高校教学的内容与方法提出新的要求，也使高校学生管理工作原有的出发点、制度条例等面临新的挑战。例如，传统高校学生工作重点强调日常管理，日常管理中如奖学金评定、评优、评先进，只要学生考试分数高，不犯大错误，就能拿到奖学金，评先进也能优先，这些与素质教育强调的创新精神与实践能力不相符。因此，如何转

---

① 全球经济一体化是指世界经济活动超出了国界，使世界各国和地区之间的经济活动相互依存、相互关联，形成世界范围内的有机整体；或者说是指世界各国均参与全面的经济合作，其中任何一国经济领域的变动均会引起世界经济整体的变动。

变观念，树立素质教育思想，加快学生工作制度改革的步伐，是我们在新时期迎接素质教育带来挑战时需研究与解决的重要课题。①

四、高校改革创新加剧

目前，全国高校普遍实施学分制。在学分制下，高校学生管理工作打破了学年制的教学管理模式，学生专业班级观念淡化，形成以课程为纽带的多变的听课群，使不同专业甚至不同学校的学生一起学习，这就要求高校学生工作不能仅局限于本专业学生，还要管理参与选修课程的其他专业或其他学校的学生。此外，高校学生工作除了要对学生进行教育管理和思想引领外，还需要指导学生选课，帮助学生构造合理的学科知识结构，并要求学生在老师的指导下，由定向学习转变为自主选择性学习，高校学生管理工作由学年制下的指令性管理转变为指导性管理。因此，在这种现实情况下，高校学生管理工作必须寻找与构建新平台。

另外，高校后勤的社会化实际是建立教育成本分担机制。目前，我国大多高校实现了高校后勤的社会化，如高校按市场经济规律运作，开放学校市场，允许社会上的人员、资金、技术与设备开发校内市场。这些经营者进入高校市场的首要目的就是盈利。而学生在缴纳各种费用的同时，树立了教育投资意识，对学校教学和生活条件有了更高的要求，这使两者容易产生矛盾。例如，学生宿舍管理实行公寓化管理以后，不同年级、不同专业和不同班级的学生混合居住，给学生管理工作带来了极大的困难，按以前的班级、院系管理模式难以取得应有的成效。随着高校招生规模的扩大，许多高校原有校园很难满足学生对学习生活的要求，各高校纷纷在原有校园以外建设新校区，造成同一专业学生或者同一院系学生分开教育的现象，严重冲击了以前按院系管理的模式。在这种新形势下，高校学生管理工作人员就需要探索并更新工作模式。

五、网络时代全面来临

信息化的急速发展使互联网对高校学生的学习生活乃至思想观念产生了深刻的影响。网络正改变着大学生的生活方式和学习方式，甚至是语言习惯。因此，对高校学生工作来说，网络是一把双刃剑，它能够为高校学生管理工作提供新的阵地与领域，为加强改进高校学生思想政治工作带来新的机遇。同时，网络给传统学生工作带来了巨大冲击。第一，网络信息的快捷性、丰富性和开

---

① 陈敬桔.浅析新时期高校学生工作面临的挑战 [J].黑龙江教育学院学报，2001(1): 95-97.

放性的特点使从高校所获取的知识的权威性受到质疑。在网络普及的社会条件下，高校学生可以比曾经任何时候都更快捷地借助网络来获取信息，思想政治工作部门与有关干部、教师在获取信息的渠道、时间和数量上已不占明显优势。第二，网络的虚拟性和隐蔽性使网络成为有害信息的滋生地与传播地。一部分人利用信息技术参与社会政治，使一些虚假、不健康甚至反动的信息污染了学生的思想教育环境，导致学生难以判别与抵御，有的高校学生上当受骗，还有的沉溺于网络的虚拟世界不能自拔，给高校学生带来了负面的影响。

第二章　高校辅导员的角色与定位

　　新时期，如何为高校辅导员队伍准确定位？随着我国政治经济文化高速发展，高等教育的社会功能、管理体制、组织模式，高校学生的价值取向、思维方式、行为方式等发生了巨大变化。但是，无论国家的政治、经济、文化、宗教等因素如何变迁，"现代大学"自意大利博洛尼亚大学首开人类高等教育的先河开始，就没有改变过"培养人才"的第一功能。在中国高等教育的人才培养系统中，高校辅导员是必不可少的要素之一，与其他管理人员和教师队伍共同承担着"立德树人"的根本任务。目前，高校辅导员工作仍被视为主体间的一种静态联系，教育的主体和客体或者主体间是相对分离存在的。高校辅导员工作是社会活动类的系统，符合系统与要素的辩证统一关系，可以从系统和关系实在论的角度来认识它，使高校辅导员工作各要素有机结合成协调的系统。

第一节　辅导员工作系统辨识

一、辅导员工作中的系统和要素

（一）高校辅导员工作中的系统

　　从系统论的角度来认识，高校辅导员工作就是由高校辅导员、大学生等要素结合而成，开展相关教育管理实践活动的系统。要对高校辅导员队伍建设进行分析和建构，应先厘清高校辅导员所从事工作的系统和要素及其关系。系统的形成和持续发展有其目标功能、发展动力、约束和保障机制。高校辅导员工作系统的目标是在马克思主义中国化理论和实践的指导下，实施立德树人工作，促进大学生的全面发展，培养社会主义合格建设者和可靠接班人。高校辅导员工作系统自诞生以来，其运行动力既有来自系统内部自我发展与完善的机制驱使，又有其对系统运行目标的科学化升级与更新。换言之，动力来自发展，更来自与时俱进的需求——基于现实环境对系统提出的要求的直接表达，包括学生的自我发展需求和辅导员促进学生的发展需求。学生和辅导员在系统中的目标实现路径概括起来就是"引、助、聚、化"的工作路径，"引"是指向系统目标的引导，"助"是在目标引导下帮助学生建构成长的动力，"聚"是提供全面发展的条件和环境，"化"是消除成长发展中系统内外部分的矛盾。其根本保障是主体间的互动合作以及民主、平等、对话性的交往模式，即在教育交往过程中，形成"开放、交流、反省、提升"四重行为的不断递进，辅以约束和保障机制，最终实现中国特色社会主义大学高校辅导员工作系统的目标——"立德树人"的主旨追求。

高校辅导员是中国特色社会主义大学体系内必不可少的主体，所承担的工作是社会活动类的系统，具有系统与要素的辩证统一特征。高校辅导员工作是大学生思想政治教育的要素，同时是一个完整的系统。在高校辅导员工作的研究中，可以运用现代系统科学的理论和方法，将理论与实际相结合，进一步认清中国特色社会主义大学的高等教育发展规律，使高校辅导员工作的各要素有机结合成一个最优的协调系统，实现"立德树人"的根本任务。

（二）高校辅导员工作中的要素

高校辅导员工作的要素研究在诸多著作和论文中都有提到，如传统教育的三要素说，即教育者、受教育者、教育要求（于光远教授用教育环境替代了教育要求，这两者都是"三要素说"的主要观点）；四要素说，认为高校辅导员工作的要素包括教育者、受教育者、教育内容和方法、社会环境及其所提供的支撑条件等，即主、客、介、环四体要素；五要素说，包括教育者、受教育者、教育目标、教育媒介和教育环境；六要素说，认为思想政治教育是一种主体活动，应包括思想政治教育者、思想政治教育对象、思想政治教育目的、思想政治教育内容、思想政治教育方法、思想政治教育情境（指因思想政治教育活动的开展而创设的具体情境）；七要素说，包括教育目的、教育者、教育对象、教育方式、教育内容、教育效果和教育反馈；八要素说，认为思想政治教育系统应包括思想政治教育者、思想政治教育对象、思想政治教育信息（目的、内容、原则、方法等）、思想政治教育载体、思想政治教育情境、思想政治教育效果、思想政治教育反馈；十要素说，包括主体系统、客体系统、内容系统、思想系统、原则系统、方法系统、环境系统、信息系统、决策系统和评价系统；等等。

人们对高校辅导员工作系统的要素持有不同的看法，其中基于主客体二元论基础的认识没有发生根本的改变。我们认为，主要原因在于在高校辅导员工作中，对要素的认识总是落后于对人"关系性"发展的认识。因此，要想全面认识高校辅导员工作，需全面提升高校辅导员工作系统中要素之间的关系性及对其发展规律的认识。

二、辅导员工作中的观念和关系

高校辅导员工作从诞生到发展的进程虽然时间很短，但因为不同"人"的观念不同，现实中呈现过多种的形态。辅导员工作是高校教育实践活动的组成部分，在一定意义上可以说，有怎样的"人"的观念，就会有怎样的高校辅导员工作。事实上，在特定的社会历史条件下，因为存在不同的"人"的观念，在不同层次的宏观或微观的高校辅导员工作中也存在对主客体关系的不同认识。我们认为，从高校辅导员制度诞生以来，我国高校辅导员工作中对"关系"的认识大概分为三个过程。

（一）基于等级关系的单主体过程

从起源看，我国高校辅导员制度的兴起与社会主义革命事业有直接关系。该制度诞生之初具有浓厚的军事色彩，这是社会主义高校的一个特色。延安时期，抗日军政大学、陕北公学的行政体系、管理制度实与军校无异，其中的政治协理员、指导员等职务直接来源于红军的相关设置，间接地受到苏联体制的影响。因此，这几所大学与同时期的北京大学、清华大学及抗战时期的国立西南联合大学等传统高校迥然有别，也为1949年以后清华大学出现辅导员制度埋下伏笔。之后，高校辅导员工作仍有相当一部分涉及学生考勤、宿舍卫生检查、请销假以及军训等带有军事化管理的特点。延续到改革开放之前，在中国当时的人学观中，仍然秉持的观点是"个人是一个依存者"（张东荪），甚至没有"个人"观念（梁漱溟）。将人这一关系定位于社群共同体中，核心观点就是对人对人依赖关系的肯定与认同。[①]建立在这种观点上的高校辅导员工作的基本取向是整体主义。这种工作取向所要维护的是轻视个体独立性、重视依赖关系中的整体性，反对以自主、个性自由为特征的独立性。基本方式是人对人的管理、约束、指导、灌输。在这种观念之下，高校辅导员工作模式主要是以"主—客"二元为基础的"教育者单主体"模式。高校辅导员是主体，是教育的组织者和实施者；大学生是客体，是高校辅导员工作的接受者和受动者，这

---

① 鲁洁.关系中的人：当代道德教育的一种人学探寻[J].教育研究，2002（1）：3-9.

种模式具有鲜明的等级结构特点。在这种模式中，主、客体之间是一种严格的等级关系。

改革开放以后，针对高校辅导员工作模式提出了"受教育者单主体"理论，认为在整个辅导员工作过程中，大学生始终发挥着"内因"的作用，处于主体地位，是高校辅导员工作的主体；而高校辅导员作为教育者，只是发挥着"外因"的作用，是为大学生的成长和发展服务的，是客体，甚至只是中介。此观点虽然仍有等级结构特点，但仍是一种巨大进步。

（二）基于平等关系的多主体过程

随着现代化的发展和改革开放的不断深入，"人"从整体主义状态中逐渐走出来。高校和大学生率先受新思潮影响而广泛产生的以自主、个性自由为特征的独立性得到迅速发展。教育主体论被广泛关注，追求的是具有无限可能性的人文主义立场。它认为人应该在教育的作用下，不断发挥主体性，不断向完整的"社会人"发展。教育的目标是培养人获得知识的能力，扮演自我认同的角色，最终成为这个意义世界中的主体，即通过个体的自我学习与关系对话，在无限可能的意义世界中寻找存在感和价值感。

经过多年的实践，高校辅导员工作不断加强"人本"理念的浸润。主张人本范式的高校辅导员工作强调坚持以人为本，立足弘扬人的主体性，强调要以人为出发点和目的，维护人的正当权益，满足人的合理要求。总的来说，高校辅导员工作范式出现了基于人本理念的主体论知识："双主体论"认为，在高校辅导员工作过程中，高校辅导员与大学生同为主体，两者地位相同，相互支配，相互制约；"双主体双向互动论"认为，在整个高校辅导员工作过程中，高校辅导员与大学生同为主体，但高校辅导员在施教过程中起主导作用，大学生在受教过程中具有主观能动性，高校辅导员与大学生相互作用、双向互动形成合力；"多元主体论"主张，以多元素作为主体来构建高校辅导员工作中的互动关系，不仅高校辅导员和大学生可以充当主体，其他的介体和环体也可以充当主体。多元主体论看到了媒体、环境等其他元素在高校辅导员工作中的重要作用，拓宽了人们的认识视野，也模糊了主体和介体、环体之间的界限，忽略了介体和环体都是要依靠人来运用和创造的。实际上，多元主体模式接近于无主体模式。

这些理论对人的理解、对教育的分析脱离了具体的政治、经济与文化背景，往往认为发展中国家的教育应以西方发达国家为标准，对人本的教育理念的理解以"主体性"为绝对中心，只见"人"这一主体，无视主体之间交往的基础和过程，这会导致人们走向绝对主义。具体表现为在高校辅导员工作的具体教育教学实践过程中，过于强调辅导员或者大学生的主体地位，但是对于主体之间的关系无法准确定位，陷于各说各话的困境。另外，由于彼时国内高校尚且缺乏"以人为本"的社会环境和学校资源，高校辅导员在从事具体教育实践过程中的"情感"缺失现象相对比较普遍，富有爱心的人格教育在教与学之间，在辅导员工作涉及的思想教育和事务性工作之中没有寻求到最佳结合点。

（三）基于合作关系的互主体过程

哈贝马斯（Habermas）认为，人的活动包括两大领域：一是劳动生产，它以外部自然为对象，涉及的是人与物、人与外部自然的关系，是一种对象性、工具性的行为，遵循的是技术原则；二是交往活动，它涉及的是人与人的关系，即主体间的社会关系，人际间的语言交往活动是建立合理、公正、和谐的人际关系的主要途径。社会是一个由交往行为编织而成的网络，在社会发展过程中，这一网络起着决定性的作用。因此，良好的交往实际上是建立在主体间性基础上的。

目前，国内高校辅导员工作仍把实践中的主体间视为一种静态的联系。主体和客体之间或者主体间是相对分离存在的。当代教育哲学正在进行着从实体本体论到关系实在论的变革，这是教育方法论的转变。人在教育管理学理论中摆脱了物的层次。人与财、物等因素不再是平行的或等同的要素。随着科学的发展和教育哲学观念的转变，实体观逐渐被强调关系的主体际性①观所取代，机械论、实体论逐渐被系统论、关系论取代。从以上思维出发，中国特色社会主义大学的高校辅导员工作更应关注主体间的关系。高校辅导员是开展大学生思想政治教育工作的教师和管理干部，工作基础就是人与人、个体与类的关系。就本质而言，这是一种关系性存在，彼此间的交往、依赖、需要等关系是高校辅导员必须正视的问题。高校辅导员工作中的主体是平等的、协作的、共同在创造着这个世界的人。因此，我们认为坚持主体间性的关系观念是今后高校辅导员工作的发展方向。

高校辅导员工作是高校辅导员与大学生互动交往的过程，从系统论的角度形成"主—介—主"的关系，从主体论的角度形成多重"主—客"的关系，即以一种主体间性关系形成互动关系的互主体过程。高校辅导员应该从以人为本的科学发展观要求出发，坚持一切为了学生的发展、为了一切学生的发展的原

---

① 科学知识具有客观真理性，它的基本概念反映事物固有的本质属性；基本定律反映客观事物之间的内在联系，因而它是客观的、普遍的，能被不同认识主体所重复、所理解，能接受不同认识主体用实验进行检验，并在他们之间进行讨论、交流，这就是主体际性。它是科学发现获得社会承认的基本条件。

则，从人性的本质出发，按照大学生全面发展的实际情况、实际需要和思想政治素养"内化"与"外化"的规律，注重在地位、人格、权利等方面的平等地位，引导他们相互尊重、相互理解、相互包容、共同提高，最终实现中国特色社会主义大学高校辅导员工作的"立德树人"之主旨，师生共同升华自己的品质，体验人格的尊严，树立自信，领悟本真。

三、辅导员工作中的主体和发展

项贤明在《泛教育论》中认为："以教育客体为中介，教育主体之间建立了主体际交往关系。"其中，教育主体与教育客体之间是主客关系，教育主体与教育主体之间是交往关系。[①] 顾明远教授、薛理银博士在《比较教育导论》中将美国高校学生事务的教育系统构成要素分为学生专业人员、学生事务和学生事务专业。[②] 从高校辅导员工作中的教育管理实践活动过程来看，活动主体是具有一定社会要求的发动者、实践者。根据对高校辅导员工作中的主客体论及合作关系的互主体关系研究，高校辅导员工作系统包括以下四个基本要素：大学生、高校辅导员、高校辅导员工作和高校辅导员工作相关的教育资料。其中，大学生和高校辅导员是高校辅导员工作中的主体，高校辅导员工作是大学生和高校辅导员交往活动存在的载体和中介，大学生和高校辅导员通过高校辅导员工作中的教育教学和管理实践活动进行交往。高校辅导员通过高校辅导员工作促进大学生的全面发展，同时可以在教育教学和管理实践过程中促进自身的全面发展。大学生通过高校辅导员的工作实现自身的发展，并可对高校辅导员工作进行评估和反馈。

高校辅导员工作是一个系统工作，它不是大学生和高校辅导员关系的终结点，而只是一种载体和中介，是高校辅导员工作中主体之间关系的起点和交往关系纽带，体现着大学生和高校辅导员两个主体间交往关系的功能。大学生和高校辅导员都是完整的主体，都具有发展的动力和权利。大学生更多关注自身的全面发展，高校辅导员关注大学生的全面发展、自身的职业能力提升和职业价值的实现。从微观角度看，高校辅导员工作是大学生和高校辅导员"主体—客体"与"主体—主体"双重关系的统一，大学生和高校辅导员以主体作用于作为中介的高校辅导员工作，以实现双向交互；从宏观角度看，在高校辅导员工作系统中，大学生和高校辅导员在精神与语言层面的交流构成主体间的交往

---

① 项贤明.泛教育论：广义教育学的初步探索[M].太原：山西教育出版社,2002:37.

② 顾明远,薛理银.比较教育导论：教育与国家发展[M].北京：人民教育出版社,1998:112-113.

关系。高校辅导员可以通过单向教授来引导大学生，更可以通过组织批判性的讨论、参与共同协作来建立新型互惠式的师生关系。在这一师生关系中，"大学生"和"高校辅导员"双方都可以通过"开放、交流、反省、提升"四重行为的不断递进而不断地接近完善。

第二节　辅导员的身份分析

一、辅导员的职业内涵

（一）辅导员的职业定位

我国辅导员制度自 20 世纪 50 年代建立以来，其名称经历了从"政治指导员""政治辅导员""学生辅导员"到目前"辅导员"的改变，定位也逐渐明确。2004 年，中共中央国务院颁发的《关于进一步加强和改进大学生思想政治教育的意见》指出："辅导员、班主任是开展大学生思想政治教育的骨干力量，辅导员按照党委的部署有针对性地开展思想政治教育活动。"文件中还明确提出："要采取有力措施，着力建设一支高水平的辅导员、班主任队伍。院（系）的每个年级都要按适当比例配备一定数量的专职辅导员，每个班级都要配备一名兼职班主任，鼓励优秀教师兼任班主任工作。辅导员、班主任工作在大学生思想政治教育的第一线，任务繁重，责任重大，学校要从政治上、工作上、生活上关心他们，在政策和待遇方面给予适当倾斜。"[①]

2005 年，教育部颁发的《教育部关于加强高等学校辅导员、班主任队伍建设的意见》进一步指出："辅导员、班主任是高等学校教师队伍的重要组成部分，是高等学校从事德育工作，开展大学生思想政治教育的骨干力量，是大学生健康成长的指导者和引路人。"2006 年，教育部颁发的《普通高等学校辅导员队伍建设规定》指出："辅导员是高等学校教师队伍和管理队伍的重要组成部分，具有教师和干部的双重身份。辅导员是开展大学生思想政治教育的骨干力量，是高校学生日常思想政治教育和管理工作的组织者、实施者和指导者。辅导员应当努力成为学生的人生导师和健康成长的知心朋友。"

在《关于进一步加强和改进大学生思想政治教育的意见》和《普通高等学校辅导员队伍建设规定》的指导下，新时期我国高校辅导员的定位从专门的政

---

① 中共中央文献研究室.十六大以来重要文献选编（中）[M].北京:中央文献出版社,2006:188.

治工作者向多元化发展，工作职能增加了心理辅导、就业指导、困难资助等社会发展带来的新内容，其职能定位日趋明确，辅导员地位愈来愈受到国家、社会及高校的重视。"辅导员是高等学校教师队伍和管理队伍的重要组成部分，具有教师和干部的双重身份"，这是目前为止关于辅导员职业最权威、最科学的解释。

"立德树人"根本任务的确立对高校育人工作提出了科学而全面的要求。辅导员作为高校育人工作的主体之一，必须要清醒地认识到其本身"以德育为核心的思政工作者"和"以智育为核心的教师"的双重身份，以及支持和保障其双重身份发挥有效作用的其他事务性职业行为。因此，我们认为，高校辅导员的职业属性应该包含学生前进方向的引导者和组织者、学生成长过程的服务者和辅助者、学生事务工作的管理者和实施者。

（二）辅导员的岗位性质

从岗位性质来看，《普通高等学校辅导员队伍建设规定》明确规定辅导员是高等学校教师队伍和管理队伍的重要组成部分，具有教师和干部的双重身份。从历史来看，辅导员岗位自设立以来，就一直拥有双重身份和双重属性。1953年，在清华大学设立政治辅导员之初，就规定了辅导员的"双肩挑"属性，即政治工作和业务工作双肩挑。1978年，教育部在《关于讨论和试行全国重点高等学校暂行工作条例（试行草案）的通知》中也明确规定政治辅导员既要做思想政治工作，又要坚持业务学习，有条件坚持半脱产，担任部分教学任务，延续了"双肩挑"的属性。1980年，教育部、共青团中央印发的《关于加强高等学校学生思想政治工作的意见》中对辅导员的双重身份做了更加明确的规定，规定政治工作干部（以下简称"政工干部"）"既是党的政治工作队伍的一部分，又是师资队伍的一部分，担负着全面培养学生的重要任务"，辅导员首次被明确列入师资队伍。此后，辅导员的双重属性就确定下来了。辅导员这种双重身份属性是辅导员开展实际工作需要所决定的，也是我国辅导员队伍建设长期以来的经验总结。辅导员双重属性使它既区别于一般的教师队伍，又区别于普通党政管理队伍，为辅导员依托管理职能做好大学生思想政治工作奠定了重要的身份基础。从制度设计角度来说，双重身份的规定为辅导员的身份确认和角色定位增加了自主性，拓展了发展空间。但在具体实践中，这种主动权并不在辅导员手中，辅导员的双重身份往往更多地体现在文件规定中，缺乏具体的落实，在实际使用和管理中，多数高校仍然将辅导员队伍比照管理干部队伍或行政服务人员的政策进行管理。在高校内部，教师因为有固定的课时安排和科研任务，所以能够通过授课和科研情况进行考核，而辅导员虽具有干部和教师的双重身份，但一般不以授课和科研为主业，存在着工作对象复杂、工作内容庞杂、工作时间没边界、工作价值不明显等特点，这也成了"辅导员"这一职业在专业化发展道路上的壁垒。

（三）辅导员的价值认同

辅导员身处学生工作的第一线，承担着培养社会主义合格建设者和可靠接班人的使命，这必然要求辅导员从事许多与学生建立多层面联系的工作，这种工作在目的、性质、具体形态、效果体现等方面与一般的课堂教学行政管理和服务工作存在质的不同，岗位业务上的分散性和工作内容的多样性导致了辅导员工作的价值并不被广泛认同。

辅导员要想开展思想政治教育，实现立德树人，必须将工作深入到学生学习生活的每一个角落，通过言传身教来增强思想政治工作的有效性。建立与学生的亲密联系往往需要投入大量的时间和精力，如组织走访学生宿舍、谈话谈心、社团文体、课外学术科技、社会实践等活动。这些工作与教学行政事务最大的区别在于其不能产生直接的、可量化的工作成效，导致其工作具有很大的弹性，短期内既可以深入地开展，又可以浮于表面。这往往造成外界对辅导员工作产生"可做可不做""浪费时间、必要性不强""即使不做，对学生的培养也没有不利影响""这些工作谁都能做，技术含量不高"等误解，对辅导员的工作价值缺乏认同。反过来，事务性的工作也容易影响辅导员自身的价值认同，有些辅导员在介绍工作时，模糊地说在大学工作，而不说是当辅导员；有些辅导员在职业信息栏中较少填写"高校辅导员"，而选择"教师"或相应的干部职务。当前，由于高校尚未形成与辅导员工作岗位相匹配的管理体制和评价机制，因而存在着辅导员队伍在高校教师队伍建设中被边缘化、价值认同度不高的现象。

新时期，大学生思想政治教育工作面临新的挑战。辅导员队伍身处思想政治教育的第一线，履行着教育和管理的双重职责，开展以"立德树人"教育思想为指导的"培养人、教育人"工作是高校贯彻党的教育方针、确保社会主义办学方向、推进"立德树人"根本任务的有力保证。"立德树人"是辅导员职业价值的表征和终极体现，辅导员队伍建设是"立德树人"根本任务实现的重要基础和手段。因此，辅导员职业是中国特色社会主义大学育人责任的重要支点，它的职业性质已经赋予其自身崇高而重大的责任。

二、辅导员的工作职责

根据《关于进一步加强和改进大学生思想政治教育的意见》中"建设一支

高水平的辅导员队伍"的要求,《普通高等学校辅导员队伍建设规定》中对辅导员队伍建设提出了全面而系统的规划,对辅导员的主要工作职责做出了八条具体规定。

第一,帮助高校学生树立正确的世界观、人生观和价值观,确立在中国共产党领导下走中国特色社会主义道路、实现中华民族伟大复兴的共同理想和坚定信念。积极引导学生不断追求更高的目标,使他们中的先进分子树立共产主义的远大理想,确立马克思主义的坚定信念。

第二,帮助高校学生养成良好的道德品质,经常性地开展谈心活动,引导学生养成良好的心理品质和自尊、自爱、自律、自强的优良品格,增强学生克服困难、经受考验、承受挫折的能力,有针对性地帮助学生处理好学习成才、择业交友、健康生活等方面的具体问题,提高思想认识和精神境界。

第三,了解和掌握高校学生思想政治状况,针对学生关心的热点、焦点问题,及时进行教育和引导,化解矛盾冲突,参与处理有关突发事件,维护好校园安全和稳定。

第四,落实好对经济困难学生资助的有关工作,组织好高校学生的勤工助学,积极帮助经济困难的学生完成学业。

第五,积极开展就业指导和服务工作,为学生提供高效优质的就业指导和信息服务,帮助学生树立正确的就业观念。

第六,以班级为基础,以学生为主体,发挥学生班集体在大学生思想政治教育中的组织力量。

第七,组织、协调班主任、思想政治理论课教师和组织员等工作骨干共同做好经常性的思想政治工作,在学生中间开展形式多样的教育活动。

第八,指导学生党支部和班委会建设,做好学生骨干培养工作,激发学生的积极性、主动性。

从以上八条职责可以看出,辅导员除了承担政治引导职责,还具有学业、资助、就业、心理、稳定等辅导职责。因此,辅导员职责可以归纳为以下三个方面,即教育引导职责、组织管理职责、发展辅导职责。当然,思想教育工作即教育引导仍然是辅导员工作的首要职责,其他教育活动则贯穿于思想政治教育的主线之中。

三、辅导员的角色定位

"立德树人"根本任务的提出进一步深化了辅导员队伍建设的总体目标、工作内容和方式、方法,从战略高度解析了辅导员队伍的职业使命、岗位责任和能力要求，为高校辅导员队伍建设进行了顶层设计和体系构建。

（一）辅导员队伍日益成为培育新时代大学生的"关键力量"

当今的世界竞争不仅是经济实力、综合国力和军事力量的竞争，更是人才的竞争。新时期，深化教育领域综合改革，办人民满意的大学，要求转变高等教育的发展方式，走以质量提升为核心的内涵发展道路，这就意味着高校在办学目标、办学结构、办学内容、办学形式上必须做出积极的回应和主动的应对，尤其是在人才培养这个核心问题上，更要强调学生专业素养的形成、综合能力的提升、全面素质的发展、健全人格的养成，使其成为有理想、有信念、敢担当、有作为的新时代大学生。辅导员不仅可以支持第一课堂的教学工作，进行专业知识外的健康心理养成、职业发展规划、社会化技能获得等素养课程的辅导，还可以主导第二课堂实践活动，在寓教于乐中培养学生的品德素养，从而建立第一课堂和第二课堂协同的育人机制，切实推动"立德树人"根本任务的实现。

（二）辅导员队伍日益成为高校教育管理诸多合力中的"关键力量"

中共十八届三中全会通过的《中共中央关于全面深化改革若干重大问题的决定》要求教育必须在新的历史起点上，全面贯彻党的教育方针，加强社会主义核心价值体系教育。这体现了中央对教育改革发展阶段性特征和现实需要的准确把握，也明确了教育的根本遵循和外显要求。教育是一个系统工程，是各教育主客体不断相互作用的全过程。在教育系统中，既有外部社会、组织、家庭对教育的各种正、负面影响，又有内部专业教师、行政管理、后勤服务等不同群体对教育的支撑保障。如何协调好这些关系，形成协同育人的工作格局，辅导员队伍具有十分重要的作用。辅导员既是专业教师，可以发挥课堂教学的积极引导教育作用，又是大学生的朋友，在生活、工作、情感等方面可以提供各种有益的帮助，可以更好地协调专业教师、管理人员、后勤服务人员以及学生自身等多种力量，形成正向工作合力，从而起到政治保障和协同枢纽的作用。

（三）辅导员队伍日益成为保障学生成长成才方向正确性的"关键力量"

经济全球化、交往网络化、个体独立化深深改变着人们的生活、行为和思想。对年青一代来说，多元文化的影响、思想交融的冲突、复杂环境的冲击使他们的信仰确立、价值选择、行为特征和生活方式都发生了深刻变化。一方面，资本、信息和人才在全球范围内的快速流动促使人们的思想更加活跃，观念加速更新，精神文化需求日益增长，思想政治教育应对问题的复杂性、工作的主动性和路径的有效性远远超出任何时代。另一方面，思潮涌动、观念变革和外部干扰使意识形态领域的斗争更加复杂、尖锐和隐蔽，要在大学生中坚持、巩固和加强社会主义核心价值体系的主导地位，必须进一步加强和改进大学生思想政治教育工作。辅导员队伍总体思想素质高，政治上坚定可靠，熟悉意识形态工作，通过理论学习、教育引导、平辈影响、活动嵌入等方式，能更好地将社会主义核心价值观传播到青年学生中去，更好地帮助青年学生找到目标点、走好人生路，努力培养德、智、体、美全面发展的社会主义建设者和接班人。因此，在新的历史时期，面对高等教育质量提升的新要求，面对高等教育国际化竞争带来的新挑战，面对辅导员队伍建设的新发展，"辅导员"这一岗位工作不仅承担着做好"辅导"的基本职责，还履行着"育人"的光荣任务，必然成为高校"立德树人"的关键力量。

第三节　辅导员的身份建构

一、主体性和主体间性

大学生思想政治教育要实现全面发展的育人目标，应坚持"以人为本"理念，尊重学生的主体地位，唤起学生的主体意识，充分激发学生在思想政治教育过程中的主体性。塑造具有丰富主体性的、全面发展的大学生，关键是实现高校辅导员主体性的有效发挥。主体性是与主体最密切相关的一个概念。在西方，主体性从本质上说是活动主体在同客体的相互作用中表现出来的功能特性，是活动主体区别于活动客体的特殊属性。美国哲学家弗莱德·R. 多尔迈曾对现代主体性特征进行过概括：以统治自然为目标的人类中心主义，以自我为中心的占有性个人主义，不包含类主体性的单独主体性。我国理论界对主体性的研究有多种观点，其中袁贵仁在《马克思的人学思想》一书中把人的主体性看作主体与客体相互作用中表现出来的特性。其内涵主要包括作为活动主体的能动性、自主性、自为性。这种对主体性的界定是局限于"主体—客体"模式下的，是"主体—客体"关系中的主体属性。实际上，主体性不仅存在于作为主体的人与作为客体的物或自然之间，还存在于一定社会关系中的人与人的交往模式中。马克思认为："主客体关系是以主体间的交往为中介的，主体性不但表现在'他们对自然的一定关系'中，而且表现在'劳动主体相互间的一定关系'中。"在马克思看来，人的主体性还包括不同的主体在一定的社会历史条件下为变革某一客体而进行的相互交往的特性。这种主体和主体间相互交往的特性称为"主体间性"或"主体际性"，它是人的主体性的重要组成部分。①

在哲学领域中，主体间性是指主体与主体之间的相互性与统一性，是两个或多个个人主体的内在相关性。主体间性作为主体间关系的规定，是以个人主体性为基础的。但是，主体性与主体间性又有区别：主体性生成于对象性活动，主体间性生成于交往活动。"主体间性是在作为人与人之间的互相作用、相互沟通、相互影响、相互交流的关系中体现出的内在属性，是两个或两个以上主体的关系。它超出了主体与客体的关系模式而进入主体与主体关系的模式。从实质上讲，它是人的主体性的扩展，其本质乃是主体性的一种表现。"②主体性是人们在生产实践中处理人与自然的关系的过程中所表现出来的功能属性，从本质上说，它并不适用于处理人与人之间的社会关系。因为人与人之间的社会关系从本质上说是一种交往关系。交往关系所体现的是人与人之间的"主体—主体"关系。真正的主体只有在主体间的交往关系中，即在主体与主体相互承认和尊重对方的主体身份时才可能存在。在主体间的相互关系中，人们是互相需要的，他们既互相是目的又互相是手段，而不纯粹是目的或纯粹是手段。因此，真正的主体性必须以交互主体性为必要的补充，或者内在包含着交互主体性。

二、辅导员的主体性

（一）对教育内容的创造性理解

由于工作职责与角色定位限定，辅导员开展的教育内容具有一定的特殊性，既受到当前社会背景、阶层发展的影响，又服务于国家和教育发展的需要，体现既定的政治任务和育人目的，与专业教师具有较大的差别。虽然在教育过程中，专业教师和辅导员都需要将教育信息进行重新内化、整理、编排，转化成学生所能接受和了解的知识体系，但是这种重新内化、整理、编排的限度和要求差异迥然。就专业教师而言，教育信息的处理具有明的指向性，目的就是将教育内容准确、完整、科学地传递给学生，让学生"听"明白、"弄"清楚。而辅导员对教育信息的处理，除了将教育内容进行有效传递，还要关注、引导和辅助学生内化，形成和完善自己的思想认识、人生理想、职业规划，提升自己的文化修为、气质品性、心理素质。因此，辅导员要能够恰当地处理自己需要的教育信息，对教育内容进行个性化设计和创造性理解。一般来

---

① 袁贵仁.马克思的人学思想[M].北京：北京师范大学出版社,1996:113.

② 冯建军.生命与教育[M].北京：教育科学出版社,2004:133.

讲，辅导员需要传播的教育内容主要以纯粹的思想理论、国家大政方针、主流意识形态等形式安排，具有一定的灌输属性和强制要求。但是，在辅导员的教育交往过程中，学生所接受的教育内容不能是辅导员对党和国家及教育行政部门意志的简单传递，也不能按照主观认识进行教育活动。恰恰相反，辅导员要明确自身的工作特性，在深入理解具体教育内容和要求后，对教育目标做出明确判断，并结合职业特点对相关信息进行加工，将教育内容内化为自己的知识结构及观念体系，最终形成自己的政治信仰、理论观点、理想信念，只有与学生进行精神交往和行动交往，才能实施具有针对性和实效性的教育活动。这种教育交往的效果与辅导员的主体特性和个体能力有直接的因果关系。辅导员必须对相应的教育内容进行创造性理解，不断发挥其主体性，有效履行辅导员的工作职责。

（二）对教育过程的规律性把握

现代教育理论认为，一般成熟的教育活动应有其特定规律。辅导员与学生进行的教育交往过程必然是有规律可循的。辅导员对学生的教育过程是将思想政治教育内容内化理解之后，通过精神和行为进行的双向交互的教育交往过程。辅导员把内化的教育内容传递给学生，并引导和辅助学生形成自己的信仰、观点、品德、气质等，帮助学生完成"立德"的过程。同时，学生将教育成效反馈给辅导员，使其不断改进教育的方式和手段。其中，有两条规律是事关成败的关键，即教育内容的传播规律和学生对教育内容的内化规律。这两条规律是直接联系辅导员和学生"双主体"的关键链条。一方面，辅导员基于精神交往的教育过程符合一般思想发展的规律，包含对话、解决、共享三个过程，这三个过程层层递进。另一方面，辅导员基于行动交往的教育过程符合交往的多种规律——根据主体不同的角色匹配，如捷克教育家扬·阿姆斯·夸美纽斯说的"秩序"规律、德国教育家约翰·弗里德里希·赫尔巴特说的"改造"规律、苏联教育家伊·安·凯洛夫的"决定论"规律。但是，无论行动交往的事件和角色及其对应的规律如何变化，学生德育养成的规律总体上符合"知、情、意、行"递进的发展规律。塑造学生"行"是行动交往的目的，"知、情、意"是学生感知、模仿和学习"行"的途径。

（三）与学生的互动性成长

与专业教学相比，辅导员从事的教育教学工作具有更紧密频繁的人与人之间的交往关系。作为具有能动作用的人，辅导员相应的主体特质与职业活动成效密不可分。因为辅导员工作是一种与学生从精神到行动反复发展产生交互作用的互动性成长，带有鲜明的个体风格和差异性。有效的辅导员德育工作必须建立在辅导员和学生的彼此接纳相融以及形成良好的互动关系之上。在这个关系中，辅导员和学生在教育交往中都处于主体地位，也都具有主体属性。辅导员和学生通过主体间的相关性、统一性生成对象化活动和交往实践。辅导员是学生前进方向的引导者和组织者，是学生成长过程中的服务者和辅助者，是学生事务工作的管理者和实施者；学生是响应、配合和反馈辅导员教育活动的主体，他们通过对辅导员各类教育活动的主动参与、积极实践、适当反馈而发挥其主体作用。辅导员在与学生的互动过程中依据学生的反馈信息不断改进自身工作方法、融合工作内容、整合工作资源，进而将经验积累转化成为教育成效，实现与学生的互动性成长。可以说，没有辅导员在互动中与学生的共同成长，这一职业活动的顺畅运行也就不可能实现。因此，高校辅导员与学生互动性成长是其主体性发挥的保障，主体性发挥则是辅导员与学生互动性成长的前提。

三、辅导员的主体间性

作为主体间关系的规定，主体间性是指主体与主体之间的相关性、统一性，其内含于教育交往行为。主体间性是指以个人主体性为基础的两个或多个个人主体的内在相关性，它生成于对象化活动和交往实践之中。人就其本质而言是一种关系性的存在，这种"关系性"既是人与外界自然世界的关联，又是人与人之间的交往实践关系。教育就是一种最常见的交往行为，或者说教育过程就是一种交往过程。旧式的教育交往过程由于缺乏内在的反思向度而不适应时代的发展。要促进现实主体教育的价值取向、教育方法、教育内容的变革，必须倡导主体间性的教育交往范式。主体间性具有主体与主体在交往活动中所表现出来的以"共主体（交互主体）"为中心的和谐一致性等集体特征。主体间性把教育看作主体间的交流，从而确证了教育是人本真的生存方式。主体间性抛弃了主体性的主客关系，把教育过程改造为交往实践的关系，实现了对教育过程的完整认识。

（一）**主体间性：辅导员教育管理实践活动的价值追求**

在主体间性理论视域中（基于"主体—客体—主体"的交往实践观），人不但作为主体性存在，而且是"主体间性"的存在，教育管理活动本身就是为了提升人的全面发展而进行的交往活动。实际的教育管理实践活动不仅包含"主体—客体"的生产性、对象性关系，还包含"主体—主体"的交往性关系。传统的建立在"主体—客体"生产实践观基础上的教育管理思想把教育管理看作"我与他"的对象性认识活动，把被管理者看作管理者可以任意"塑造"的被动体，这样容易造成教育管理活动中"人的缺场"，使教育管理学成为"无人之学"。因此，必须改造教育管理中"主体—客体"的"我—他"的生产实践观，建构"主体—客体—主体"的教育管理交往实践观，使教育管理成为管理者与被管理者之间的主体间性交往实践过程，成为管理主体之间精神生命的交往过程。只有在主体间性理论观的指导下，教育管理活动才能指向人的全面发展，才能成为教育管理主体之间的精神性交往实践活动。

人只有在社会交往实践中才能获得"人"的精神属性，从而生成生命的意义。教育活动正是人与人之间在相互理解的基础上通过接纳、包容、相遇和相通来实现生命质量的提升和精神世界的完满建构的交往活动。教育之所以为教育，正在于它是人格心灵的"唤醒"，这是教育的核心所在。教育活动实际上就是一种对话和行动交往，是人与人之间以相互尊重、相互信任和相互理解为基础，获取真知、生成意义和建构完满的精神世界的活动。

1.主体间的交往关系

辅导员和学生共同参与的教育管理活动应是主体之间以平等的观念、民主的精神、公正的意识和理性的宽容为基础的精神交往和行动交往。

在精神交往中，主体间应彼此敞开内心，在平等对话交流的过程中实现辅导员和学生之间的信仰、知识、经验、智慧、思想和人格等方面的交流、理解、分享。其本质上就是一种辅导员和学生之间内涵的交流与沟通，是一种内心世界深入交往的实践活动过程。辅导员教育教学活动中的精神交往不仅是主体之间语言的传递，还是双方敞开、展示自己的内心世界，在主体间以信任为基础而逐渐形成的共同场域中实现的精神上的互相触碰、感知、理解、共融。只有辅导员和大学生具备了敞开内心、平等对话的基础，主体间的精神交往才可以有效发展。德国存在主义哲学家雅斯贝尔斯认为："人与人的交流是双方的对话和敞开心胸，这种关系是人类历史文化发展的核心。中断对话关系会使人类萎缩。"

行动交往一般是精神交往的具体体现，彼此互相作用。在精神交往过程中，辅导员主体和学生主体更趋向绝对平等的个体，双方展示自己、了解彼此、探讨差异、思考原因，最终趋于共融，而在行动交往中，高校辅导员的职责和身份赋予了这个角色更多的任务。辅导员更多的时候扮演着学生前进方向的引导者和组织者，引导学生理解和接受党和国家赋予当代大学生的历史使命和任务，向学生传播马克思主义和中国特色社会主义共同理想，引导学生文明修身，全面发展；辅导员要成为学生成长过程中的服务者和辅助者，要对学生进行学业、职业、心理上的朋辈帮助；辅导员要做好与学生有关的事务的管理者和实施者，传递重要信息，科学调配有限资源，维护稳定的学习生活环境，协调和谐的个体与个体的关系。

2.主体间的交往实践

辅导员从事的教育教学活动是辅导员与学生之间的精神交往和行动交往的交叉融合。辅导员工作是系统的，符合系统和要素的具体特征；辅导员工作的系统本身也是在学校整体教育教学工作系统之中的，符合系统和要素的具体特征。学生在辅导员工作系统中的精神交往和行动交往关系主要是学生与学生、学生与辅导员等主体之间的互动关系，而辅导员在教育工作系统中的行动交往过程要复杂于精神交往。精神交往主要面向学生个体或群体，而行动交往的目的虽然是服务于学生，但是交往的关系在各级领导与专业教师、专业教师与学生、学生与学生，以及辅导员自身与各级领导、专业教师、学生、教辅人员之中多方面、多层次以及多角度地交织着，其中有"管理者"和"被管理者"的关系、"教育者"和"被教育者"的关系等。在错综复杂的关系中，辅导员在具体的教育教学和管理实践中要切换角色，扮演好"高校辅导员"这个主体角色，完成"高校辅导员"的教师和管理者的双重身份职责，这需要思考和努力。优秀的辅导员必须要处理好主体间进行交往实践的关系。

因此，辅导员必须树立坚定明确的价值追求和身份共识：中国特色社会主义大学辅导员是实现"立德树人"根本任务的关键力量。在这个过程中，辅导员要按照国家当前的政策要求，通过个体的职业行为促进大学生个体的全面发展，实现自己的职业价值。辅导员的职业前提和目的明确后，关键就落在主体间的交往范式上，具体体现在主体间交往实践中。在传统范式下，辅导员和学生的"管理者"与"被管理者"之间的机械性、对象性交往实践需要转向人学范式下的主体间的平等、民主、公正、宽容的交互性交往实践。辅导员不能把学生当作可以随自己主观意愿"塑造"的个体，而应看作与自己对话的"他"，双方通过交往沟通获得共识，共同提高；双方应该责任共享，即辅导员和学生共同承担成长任务，共同为成长成败负责；双方应该精神共享，即师生相互传递、理解和感受同一种精神体验；双方应该行动共享，即辅导员参与学生的活动，组织、辅导和协调资源；学生树立主体意识，主动参与，发挥"三自"（自我教育、自我管理、自我服务）功能。通过这几种共享，双方都能在主体性交互活动中获得完满的建构。这是辅导员在从事教育活动时应该秉持的教育范式，即主体间性的教育范式。

（二）倡导主体间性的辅导员教育交往过程

1.辅导员教育教学活动中的精神交往过程

辅导员与学生之间的对话并不等同于辅导员的独白和讲授，而是主体间的精神接触和认同感知。真正的对话不是独白、灌输或命令，而是主体和主体之间基于平等、民主、合作意识的互动。良好对话的关键在于主导者良好的对话意识。对话的目的是为了沟通，沟通的目的是为了理解，而理解是主体间的情感、意识、人格力量的认识和接纳，表现为辅导员对学生行为思维的理解、对学生言行反馈的解读以及学生对辅导员传达内容的理解。对于辅导员和学生之间的教育交往而言，理解仍然是过程，它是共享的基础，并且伴随共享的整个过程。没有理解的交往是单向的，是以单方压制为手段的强加"共识"，交往的空间中没有真诚，缺乏活力，需要创造。这样容易导致辅导员主体行为机械化，精神上走向倦怠；学生主体行为上是抵触的，在精神上是抗拒的。

2.辅导员教育教学活动中的行动交往过程

在主体间性教育范式下，辅导员从事的相关教育教学行为不是主体对客体的单向提供，而是主体对主体基于对话、理解、共享基础上的互相支持与认同。在这个系统内，主体间在互相认同的过程中，实施和接纳以服务为依托的教育活动行动交往，真正有效地促进了学生的全面成长。辅导员在现当代中国大学发展中被赋予了特殊的历史使命，其工作既体现"高、大、上"，又要求"细、小、实"。前者体现在辅导员职业理想和职业使命上，后者体现在职业特点和职业行为中。辅导员的工作要有"服务于系统、服务于整体"的思维意识，要有"服务于细微、服务于实务"的具体行为。从宏观上讲，就是要秉持服务意识并具体实施到教育教学行为中，服务于国家的教育大政方针，服务于"立德树人"的教育根本任务，服务于学校人才培养的中心工作；从微观上讲，就是服务于每一个大学生独立的、个性的和全面的成长成才，服务于日常管理教育过程中的小事、细事和实事，服务于大学生在学习生活的"自我建构"中的点点滴滴，无论是自发的，还是被动的。

3.有效促进主体间教育交往的四项基本能力

辅导员实施教育教学活动包含对话、理解、共享三个过程的精神交往以及由三个过程具象化为日常管理服务的行动交往。这就要求主体之间确立认知的原点，建立"重叠共识"，发挥交往的正向作用。主体之间需要在交往过程中形成"求同存异"，最终达到"发现自我""发展自我""完善自我"。主体本身需要具备平等的观念、民主的精神、公正的意识和理性的宽容，确立自我的意识和批判的思维，推动双向的"正"交往——民主的精神不仅体现在形式上，更要转化为内心的民主，只有内心的民主才会激发共同参与的活力；公正不是平均，公正是人心所向、责权对等；理性的宽容就是有限的宽容，辅导员主体要允许学生的多元化和思维的发散，鼓励创新和实现梦想。

四、辅导员身份的分析和建构

辅导员身份并非是所有构成成分的集合，应该根据政策要求——大学生全面发展的主体间性教育范式要求来定位，包括 A 必须做什么，即符合国家当前教育政策要求；B 做到什么程度，即促进大学生（对象主体）全面发展；C 应该遵循什么原则，即主体间性教育范式；D 即 A、B、C 三部分的交集，是中国特色社会主义大学辅导员身份构成，集中体现个人最有效、最有价值的工作行为或个人能力在岗位中的恰当发挥，具体如图 2-1 所示。

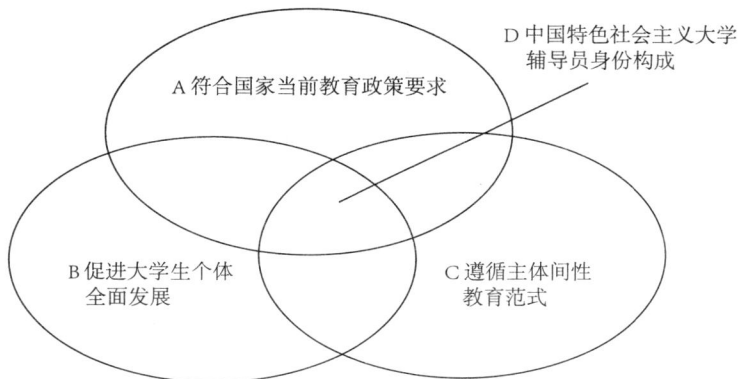

图 2-1　高校辅导员身份构成图

如图 2-2 所示，高校辅导员主体性的确立是辅导员身份建构的基本要求。没有主体性要素，不能发挥主体性作用，辅导员的身份就不是能动的身份，就不是独立的、有特点的身份。在高校辅导员主体性的引导下，通过国家政策导向、学生发展需要和辅导员主体作用的交叉重叠，进一步梳理、规范和固化辅导员工作内容，最终形成辅导员的身份共识。这种身份共识体现了在新的历史条件下，辅导员的工作目标、岗位职责、能力素质和活动方式等诸多要素，是对辅导员身份的重新建构和深度优化。基于上述身份共识，我们认为辅导员身份特征应该包含以下几个层次（表 2-1）。

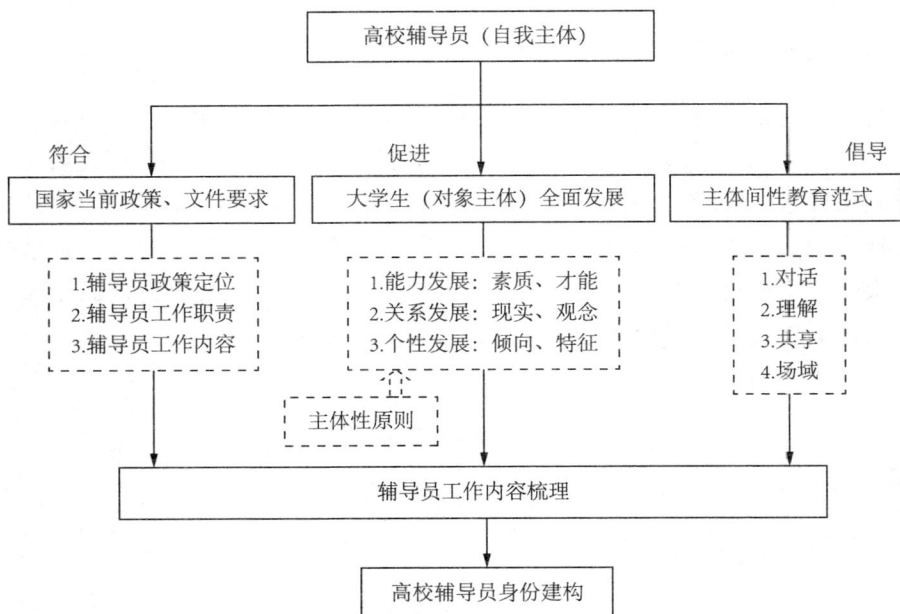

图 2-2 高校辅导员身份建构图

表 2-1 高校辅导员身份特征

一层结构	二层结构	三层结构	实现路径
外显结构	学生前进方向的引导者和组织者	马克思主义的传播者	引
		中国特色社会主义共同理想的传播者	
		文明修身的引路者	
	学生成长过程的服务者和辅助者	学业辅导者	助
		职业生涯规划师	
		心理上的疏导者	
	学生事务工作的管理者和实施者	信息的传达者	聚
		资源的调配者	
		和谐稳定的维护者	化
		关系的协调者	

一层结构	二层结构	三层结构	实现路径
内隐建构	相应的主体特质	辅导员的职业倾向	职业理念、教育范式
		以人为本的教育理念	
	未来的发展空间	主动学习、研究的能力和多学科知识交叉运用的能力	

第三章 高校辅导员队伍建设的理论基础

高校辅导员是教师队伍的重要组成部分，是当代中国高等教育体系的特色之所在。高校辅导员队伍的产生、壮大和发展与高等教育的目标定位和使命任务紧密联系，是构建中国特色现代大学制度不可或缺的重要支撑力量。因此，加强对高校辅导员队伍建设内涵的解析和理论探讨是推进高校辅导员队伍建设的立足点和出发点。

本章对高校辅导员队伍建设的基础理论进行了深入的研究。以高校辅导员队伍建设的演变分析为基础，提出了数量充足、结构合理、素质过硬的建设目标；阐述了以人为本、统筹兼顾和实事求是的建设原则，明确了以思想建设、组织建设、能力建设和制度建设为核心的建设内容，论述了优化环境、严格准入、扎实培训、畅通发展以及科学管理的建设途径。

第一节 高校辅导员队伍建设的含义

一、高校辅导员队伍建设含义的演变

为了科学界定高校辅导员队伍建设的含义，有必要对辅导员队伍建设含义的演变进行系统的研究。对相关政策和理论文献进行研究，结合新时期高校辅导员队伍建设的现实境遇，借鉴并汲取其研究的理论成果，是探索并定义高校辅导员队伍建设的基础环节。

（一）党和国家政策文件关于高校辅导员队伍建设含义的表述

改革开放以来，与高校辅导员队伍建设相关的政策文件较多，但都没有对高校辅导员队伍建设的含义进行明确界定。目前，关于高校辅导员队伍建设的

相关政策文件蕴含了高校辅导员队伍建设的含义，这对科学界定高校辅导员队伍建设的含义具有重要价值。

当前，关于高校辅导员队伍建设的文件主要有《关于加强高等学校思想政治工作队伍建设的意见》《关于进一步加强高等学校学生思想政治工作队伍建设的若干意见》《教育部关于加强高等学校辅导员班主任队伍建设的意见》《普通高等学校辅导员队伍建设规定》等。这些文件根据当时高等教育改革发展的状况和学生培养的需要，有针对性地提出了高校辅导员队伍建设的对策、措施和方法，有效推动了各个时期的高校辅导员队伍建设，满足了当时大学生成才和高校发展与稳定的需要，充分体现了党和国家在不同时期对大学生思想政治教育的高度重视和对高校辅导员队伍的真切厚爱与关注。通过对相关政策文件的分析，高校辅导员队伍建设集中表现为对高校辅导员队伍素质、能力与职责的要求以及建设过程中的配备选聘、培训培养、管理考核、发展保障等方法措施层面的论述，具有较强的时效性、导向性和可操作性。文件虽未明确提出高校辅导员队伍建设的含义，但是各项方法措施对分析探索高校辅导员队伍建设的含义都具有重要的指导意义。通过对文件的分析研究，我们可以从对策的角度或者从人力资源管理的角度对高校辅导员队伍建设予以定义。高校辅导员队伍建设就是指通过配备选聘、培训培养、管理考核、发展保障等措施，促进辅导员队伍整体或个体素质和工作水平不断提高的社会实践活动。该定义是基于高校辅导员队伍建设运行过程或建设的措施、方法层面而言的，有其合理、科学的一面，但是不够全面深刻，带有一种自上而下的、依靠组织推动才得以加强的意蕴，因而需要继续从理论的层面进行研究。

（二）学术界对于高校辅导员队伍建设含义的贡献

改革开放以来，理论界和学术界对高校辅导员队伍建设并未从学术上、理论上进行科学的定义。但关于高校辅导员队伍建设的既有理论研究成果为高校辅导员队伍建设含义的探讨奠定了坚实的理论基础。

1984 年，上海市高教局主编的《高等学校学生思想政治教育》指出，政治辅导员队伍"需要各个方面的关心和培养，才能成为政治上、思想上、作风上都合格的干部队伍"，随后从"思想建设、组织建设、业务指导和贯彻党的有关政策"四个方面进行了科学论断。这是改革开放以来关于高校辅导员队伍建设含义最早的阐释。1988 年，王昌华等主编的《政治辅导员工作概论》同样强调了政治辅导员队伍的思想建设和业务建设。1997 年，杨春如等主编的《高校政治辅导员工作概论》中提出了政治辅导员的自身队伍建设，在分析政治辅导员加强自身建设必要性的基础上提出了"坚持学习、加强实践和解剖自己"三条主要途径。这一观点突破了高校辅导员队伍建设只是依靠组织推动的思维模式，将辅导员队伍本身视为高校辅导员队伍建设的主体，这是理论上的一大突破。虽然之后关于高校辅导员队伍建设的学术专著不断涌现，但是关于高校辅导员队伍建设含义的阐释十分鲜见，并未有更大的突破和超越。在高校辅导员队伍专业化、职业化和专家化建设逐渐成为辅导员理论研究热点的背景下，有学者指出辅导员队伍专业化建设就是依据辅导员的职责任务要求，以及承担的"大学生健康成长的指导者和引路人"的重大使命，依托专门机构及终身培训、学习、训练体系，对辅导员进行科学的管理和培养，增强职业情感，实施专业自主，促进专业发展，培育专业伦理，提高教学科研水平，提高专业地位与声望，全面有效地履行辅导员职责，引导辅导员向专家化方向发展的过程。这一论述从专业化的角度进行了定义，使辅导员队伍建设含义的解析变得更加丰富和完整，内容更加清晰和明了，是研究辅导员队伍建设含义的一大突破，但表述上显得略为冗长和复杂，需要继续深入研究。

在学术论文和硕博论文方面，直接论述辅导员队伍建设含义的几乎没有，仅有两篇硕博论文，主要从学术的视角对高校思想政治教育队伍建设的含义进行探索。由于高校辅导员队伍是大学生思想政治教育工作队伍的重要组成部分，因而对思想政治教育工作队伍含义的分析有助于对高校辅导员队伍建设含义的研究。有学者指出，大学生思想政治教育队伍建设就是根据大学生思想政治教育的目标和要求，遵循思想政治教育规律和人才成长规律，对大学生思想政治教育队伍中的人员个体和群体进行选拔、培养和管理，使之达到适应和满足大学生思想政治教育工作需要的目标的过程。还有学者基于高校思想政治教育管理队伍的结构分析，借鉴管理学的有关知识，认为高校思想政治教育管理队伍建设是高校组织系统为实现思想政治教育管理目标和完成思想政治教育管理任务，依据高校思想政治教育管理的客观要求和人才成长规律，通过科学的管理手段有意识地运用高校系统内外的有效资源，最大限度地实现高校思想政治教育管理队伍的群体结构和个体结构优化的过程。两者均将队伍建设视为过程，有其可取的一面。

上述对高校辅导员队伍建设含义理论研究的回顾与分析为我们深入研究高校辅导员队伍建设的含义厘清了思路，指明了方向，奠定了基础。

二、高校辅导员队伍建设的含义解析

（一）高校辅导员的含义

通过对《关于进一步加强和改进大学生思想政治教育的意见》、教育部《普通高等学校辅导员队伍建设规定》等政策文件和与辅导员相关的理论文献的研究，并结合高校辅导员工作实际，笔者认为，高校辅导员是指在高校党委领导下，在院系一线从事大学生日常思想政治教育和管理工作，以提高大学生的思想政治素质和身心素质、促进大学生全面发展、推进高校发展以及维护高校稳定为目的，具备较高专业素质的在编从业人员。

从高校辅导员组织属性的角度分析，高校辅导员是"在高校党委领导下开展工作"。与国外学生事务管理者相比，我国高校辅导员具有鲜明的中国特色，深深烙上了"思想政治教育"的属性。我国高校人才培养的本质要求就是要培养中国特色社会主义建设事业的建设者和接班人。从这个意义上讲，设置高校辅导员是党和国家巩固党的群众基础和执政根基的重要举措。

从高校辅导员工具属性的角度分析，高校辅导员的工作是"在一线开展大学生日常思想政治教育和管理工作"。根据《普通高等学校辅导员队伍建设规定》，辅导员是"高校学生日常思想政治教育和管理工作的组织者、实施者和指导者"。大学生思想政治教育是一门科学，既需要系统的思想政治理论课的课堂教育，又需要通过实践活动将思想政治教育的理论知识转化为大学生的理想信念和行为取向。这就和自然科学除了专业课堂教学，还需要学生走进实验室进行实践操作，才能更好地获取科学文化知识一样。改革开放以来，部分高校一度存在着轻视或忽视思想政治教育的倾向，认为辅导员工作含金量不高，作用价值不大，以致全社会关心、支持大学生思想政治教育的合力尚未形成。实际上，高校辅导员是大学生思想政治教育主阵地的核心力量。从这个角度讲，高校辅导员是高校思想政治理论教学中的实验课教师，在大学生思想政治教育的价值实现中扮演着不可或缺的重要角色。

从高校辅导员价值属性的角度分析，高校辅导员主要通过开展大学生思想政治教育和日常管理工作来提高大学生的思想政治素质和身心素质，服务学生的专业学习以及维护学校的发展与稳定。具体分析如下：

一是高校辅导员能帮助大学生在复杂多变的现实环境中健康成长、顺利成才。随着改革开放的不断深入、国际国内形势的深刻变化，大学生的生活受到了深远的影响。高校辅导员长期生活在一线、工作在基层，与大学生保持了亲密的接触和紧密的联系，可以及时了解和掌握学生的思想动态和行为举止，若能充分发挥辅导员的专业特长与技能，便可有针对性地实施因材施教、分类指导，有效解决大学生学习生活中的困难，为大学生的健康成长铺平道路。

二是高校辅导员能对大学生的成长产生潜移默化的影响。由于高校辅导员与青年学生接触时间最长、交往最多，其工作态度、行为举止、人格魅力无不会对大学生产生最为直接的影响，可谓"一个好的辅导员会影响一批学生的未来"。相反，如果高校辅导员工作不深入、不到位，不但会影响学生当前的学习和今后的发展，而且可能会诱发学生对辅导员的不满情绪，进而可能转化为对学校、对社会的不满。从这个角度讲，高校辅导员是学校的一张珍贵的"名片"，其工作效果会产生一定的"马太效应"①，这对促进学校的发展、维护学校和社会的稳定具有举足轻重的作用。

三是辅导员有助于推动学校发展，维护学校稳定。辅导员通过开展深入细致的教育、管理与服务工作，促进大学生全面发展，对实现高校人才培养做出了积极的贡献。当前，大学生思想活动的独立性、选择性、多变性和差异性日益增强，辅导员工作的基层性使辅导员能够第一时间了解学生的思想动态和行为举止，将一些潜在的隐患扼杀在摇篮之中，维护学生安全和学校稳定。因此，高校辅导员具有较强的价值属性，不可或缺且不可代替。

从高校辅导员职业属性的角度分析，高校辅导员是通过从事复杂的体力和脑力劳动获取一定的薪酬，以维系和满足自身或家人生存发展需要的一种职业。从这个角度讲，辅导员应当是高校内部通过劳动获得社会地位和政治地位的有固定收入的从业人员。"辅导员是高等学校教师队伍和管理队伍的重要组成部分，具有教师和干部的双重身份"，这种观点已经得以明确。那种随便什么人都能胜任辅导员工作的观念正在高等学校改革发展进程中被逐步扭转。专职为主、专兼结合的高校辅导员队伍的建构模式已成时代主流。这一职业不再是可有可无，而是值得广大辅导员终身从事、大有可为的理想职业。一类职业理应有其特有的专业门槛和职业准入体系。当前，以思想政治教育为主的相关专业应作为职业准入内在的专业底线。思想政治教育是一门科学，只有从业人员具备了开展大学生思想政治教育的理论基础，才能更好地胜任其本职工作。

（二）高校辅导员队伍建设的含义

高校辅导员队伍建设是指高校等有关组织遵循辅导员成长及其职业发展客观规律，通过提高思想认识、加强领导管理、改进方法措施等组织推动和自身能动，提高辅导员素质，优化队伍结构，增强其育人功能的有意识的社会活动。该定义包含以下几个要点：

一是明确了高校辅导员队伍的建设者。这既包含了高校辅导员队伍建设三

---

① 马太效应（Matthew Effect）指强者愈强、弱者愈弱的现象，广泛应用于社会心理学、教育、金融以及科学领域。马太效应是社会学家和经济学家常用的术语，反映的社会现象是两极分化，富的更富，穷的更穷。

个层面的组织——国家、地方等高等教育主管部门和高等学校，又包括高校辅导员队伍自身。之所以强调国家、地方等高等教育主管部门，是因为从宏观的层面上讲，国家教育主管部门是高校辅导员队伍建设的立法机构，具有决策、导向和监督的重要职责；地方教育主管部门是高校辅导员队伍建设中介于国家和高校之间的纽带，负有宣传、组织实施国家关于高校辅导员队伍建设政策的功能，同时应兼具向上反馈、建议，对下指导、监督等作用。高校是辅导员队伍建设最直接的组织者、实施者，是辅导员队伍建设的执行层。国家、地方的各项政策能否正常落实，关键在于高校，同时高校是辅导员队伍建设最直接的受益者。根据主体间性理论，高校辅导员队伍自身也是队伍建设的主体，只有充分发挥辅导员自身的主观能动性，才能更好地发展自己，进而推动队伍整体素质的全面提高。

二是提出了高校辅导员队伍建设应遵循的基本原则。高校辅导员队伍建设应遵循辅导员成长及其职业发展客观规律。从微观层面讲，高校辅导员队伍建设就是为了提高辅导员个体的素质和能力，促进辅导员的全面发展。辅导员的培养教育既遵循人才培养的一般规律，又有其内在的本质要求和特殊的职业发展要求。从宏观层面讲，辅导员队伍建设要从思想、组织、制度和能力等方面加以建设，以提升辅导员的素质和能力，不断满足和适应大学生思想政治教育的根本需要。因此，加强辅导员队伍建设就应当按照辅导员自身需求和工作实际，有针对性地实施培养和教育，这就需要按照辅导员的成长及其职业发展的客观规律采取有效措施。

三是提出了高校辅导员队伍建设的措施、方法和途径。组织推动需要建设主体转变思想观念、提高思想认识，高度重视辅导员队伍建设，为其提供政策导向、制度保障、人力支撑和经费支持等。同时，组织推动还需要采取有效措施解决辅导员队伍建设中选拔、培训、发展、管理、支撑和评价等环节中存在的实际困难，有效推动辅导员队伍建设。自身能动是指高校辅导员在组织推动的背景下，充分发挥自身的主体性，按照建立学习型组织和学习型社会的根本要求，自觉主动地结合辅导员工作的实际需要，进行自主学习、自我开发和自我超越，不断提高大学生思想政治教育和管理的能力及工作水平。组织推动和自身能动两者相辅相成，共同作用，才能更好地促进辅导员队伍素质的整体提高。组织推动是外因，是新时期加强和改进大学生思想政治教育的必然要求，是辅导员队伍建设得以实现的核心要素。自身能动是内因，辅导员在组织推动的前提下，唯有将辅导员工作视为自己生命的一部分，将其作为一项可以终身从事的事业来对待，才能更好地扮演好辅导员角色，从而自强不息，奋发进取。

四是明确了高校辅导员队伍建设的目的。加强辅导员队伍建设的目的是提高辅导员素质，优化队伍结构，增强其育人功能。其中，提高辅导员自身素质是队伍建设的基本要求，没有辅导员个体素质的明显提高，就无法实现队伍结构的优化，增强育人功能便无从谈起。优化队伍结构是辅导员队伍建设的关键环节。结构决定功能，合理的队伍结构是辅导员个体功能价值最大化的基本保证。增强辅导员队伍的育人功能是辅导员队伍建设的根本目的，要通过队伍建设来提高辅导员的素质和能力。在优化队伍结构的基础上，辅导员能够更好地发挥大学生思想政治教育和管理的育人功能，更好地促进大学生的成长成才和全面发展。

五是指明了辅导员队伍建设是一项有意识的社会活动。活动由目的、动机和动作构成，具有完整的结构系统，而过程是指事物发展所经过的程序。辅导员队伍建设是一项复杂的系统工程，有特定的目标、原则、内容、方法以及对策和措施。从建设的运行程序上讲，它包含了队伍的选拔、培训、发展、管理、支撑和评价环节，共同组成了队伍建设的开发体系。由此可见，高校辅导员队伍建设更侧重有意识的实践活动，而不是一个简单的建设过程。有意识的社会活动阐释了高校辅导员队伍建设的利益关系。加强高校辅导员队伍建设能够实现高校、辅导员队伍和大学生多方共赢的良好局面。因为学校投入辅导员队伍建设将促进辅导员队伍素质能力的提高，增强育人功能，提高人才培养质量，而人才质量的提高反过来又将推动高校的发展。

六是整个定义反映了核心"建设"的本质意蕴。"遵循辅导员成长及其职业发展客观规律"需要在坚持与时俱进的基础上补充高校辅导员队伍建设的相关内容，如随着网络技术的发展，一些关于辅导员队伍建设新的制度或政策将不断扩充和创建。同时，"素质提高""结构优化"和"增强育人功能"回应了"从无到有的创建"以及"对已有对象的补充、完善、巩固和提高"的基本含义。

第二节　高校辅导员队伍建设的目标

应当紧密结合党的教育方针和高校人才培养的根本要求，不断满足高校辅导员队伍成长和发展的内在诉求，明确高校辅导员队伍建设的目标。高校辅导员队伍建设的目标是指采取有效措施，建设一支数量充足、结构合理、素质过硬的辅导员队伍，以满足一定时期内大学生日常思想政治教育和管理的工作需要，以及能够为推进高校改革与发展、维护高校和社会稳定做出巨大贡献的辅导员队伍。

一、数量充足

数量充足就是高校等辅导员队伍建设组织通过切实采取有效措施，严格按照教育部的规定，配满一线专职辅导员，适量补充兼职辅导员，以保证队伍成员在数量上能满足正常开展大学生日常思想政治教育的现实需要。

随着高等学校自主办学权力的日益加强，高校领导、人事部门和学生工作部门应该根据教育部《普通高等学校辅导员队伍建设规定》中一线专职辅导员师生比 1 ： 200 的要求配备辅导员，以保证高校辅导员队伍的人员数量。1 ： 200 的师生比是经过国内思想政治教育专家和教育部等领导共同研究得出的科学论断，具有一定的科学性和合理性，是当前和今后一段时间内专职辅导员数量配备的红线。当前，部分高校辅导员人员数量配备不足，既不利于高校对青年学生的培养和教育，又不利于高校辅导员自身健康发展，是对大学生成长和辅导员队伍发展重视不够的表现。因此，高校领导应从党和国家关于人才培养质量的战略高度和以人为本的辅导员队伍建设理念出发，高度重视高校辅导员队伍的配备，并采取有效措施补充新的人员，以满足教育部对辅导员队伍配备的基本要求。

保证高校辅导员的数量需要明确以下内容。第一，教育部在配备比例中强调的是"一线专职辅导员"的比例是 1 ： 200，而非辅导员，如果是辅导员与学生的比例，应当大于 1 ： 200 的比例。第二，高等学校应充分考虑本校学生群体的实际情况，根据教育对象的学科差异合理设定高校辅导员的岗位编制。一般而言，重点本科院校、普通本科院校和高职高专院校的学生素质存在一定的差异，所以应依次减少辅导员负责的学生人数，适当增加辅导员的编制，如适当减少艺体类等专业的辅导员负责的学生数量。第三，兼职辅导员应作为对专职辅导员队伍的补充。"专兼结合、以专为主"的辅导员队伍建制模式已成为辅导员队伍建设的时代主流。兼职辅导员主要由高校专业教师、职能部门教师或返聘离退教师组成。由于现在高校教师工作压力、学习压力和科研压力都相对较大，离退休教师的体力有限，兼职辅导员在某种层面上不能全身心地投入大学生日常思想政治教育和日常管理工作之中，因而兼职辅导员不适宜负责太多的学生，高校应在考虑办学成本的情况下设置必要的兼职辅导员。一般情况下，兼职辅导员负责的学生人数不应超过 100 人。

确保辅导员的数量，关键是解决编制的问题。因此，各省市和高校在制定高校辅导员队伍发展规划之际，应使辅导员的数量需求与学校学生发展规模相适应，科学设置辅导员岗位，保证辅导员队伍的数量能满足辅导员队伍建设和大学生日常思想政治教育和管理工作的需要。

二、结构合理

（一）性别结构

高校辅导员队伍的性别结构从范围上讲，主要包括国家、省市和高校三个层面男女辅导员的比例和相互关系。相对而言，男性和女性之间在生理、心理和智力等方面各具优势，因而组建一支性别结构合理的辅导员队伍能更好地发挥辅导员队伍的育人功效。优化高校辅导员队伍的性别结构需要在分析现有队伍男女比例的基础上，在选聘辅导员时将性别作为选拔指标之一，通过对新进辅导员男女比例的控制，逐步调整和优化辅导员队伍的性别结构。一般情况下，辅导员男女比例应控制在 4∶6 之间较为适宜。但这一范围还需根据学校性质、教育对象男女比例和便于开展大学生日常思想政治教育与管理工作的实际需要进行适当调整。

（二）年龄结构

年龄结构是指辅导员队伍中不同年龄阶段人员之间的比例构成和相互关系。年龄不仅是辅导员生理和心理素质成熟的重要标志，还是评价辅导员经验和能力的重要参数，它关系到辅导员队伍的功能发挥和协调发展。一般情况下，年长的辅导员见多识广、经验丰富、办事稳重，但是由于生理成长规律的制约，与中青年辅导员相比，他们在体力、精力、接受新事物和工作创新等方面略显不足。年轻辅导员易于接受新鲜事物、勇于创新、精力旺盛，但是存在人生阅历肤浅、工作经验欠缺、思想不稳、办事易冲动等不足。中年辅导员更多的是集两者的优势于一身，是高校辅导员队伍中的中坚力量。根据人才学[①]的基本观点："合理的年龄结构，应该是一个具有老、中、青合理比例的梯形模式。"优化高校辅导员队伍的年龄结构需要形成一支老、中、青数量比例依次递增的辅导员队伍，形成一个三角形的年龄结构模式。其中，老年辅导员应发展成为队伍的核心领军人物，占少数；中年辅导员应成为队伍的骨干力量，数量居中；青年辅导员应成为队伍的生力军和先遣部队，数量居多。充分发挥三者各自的优势和特长，既有利于大学生成长成才，又有利于辅导员个体的成长进步和队伍的可持续发展。

---

① 人才学是研究人才成长、人才培养和人才管理使用规律的新兴学科。

（三）学历结构

学历结构是指高校辅导员接受正规教育的年限和层次，具体包含专科及以下、本科和研究生。相对而言，高学历、高学位的辅导员更有利于高校人才培养。因为高学历、高学位的辅导员接受事物快、创新意识强、科研能力强，能让大学生产生一种学术和知识上的敬畏，有助于开展辅导员工作。优化高校辅导员队伍的学历结构既需要在辅导员招聘中提高辅导员学历、学位方面的职业准入门槛，着力引进高学历、高学位的毕业生，又需要通过继续开展辅导员攻读硕士学位、博士学位等学位提升计划来加以改善。高校辅导员应在组织推动的作用下，紧紧抓住继续学习和深造的机会，充分发挥自身的主观能动性，在专业知识、学历学位方面有新的突破和质的飞跃。合理的学历结构应是以研究生学历的辅导员为主导，其中具有思想政治教育相关专业博士学位的辅导员应占有一定的比例，硕士学位辅导员居于主流位置，本科学历的辅导员比例逐步减少。随着高等教育事业的发展，专科生将逐渐被淘汰。现实中，高校辅导员队伍的学历学位结构受高等学校的性质、地理位置、经济收入和政策保障等因素影响。因此，优化辅导员队伍的学历学位结构需要高等学校加大投入，营造良好的外围环境，通过吸纳人才和继续教育等途径来加以改善，逐步优化辅导员队伍整体的学历学位结构。

（四）专业结构

专业结构是指高校辅导员个体最高学历专业背景之间的差异在队伍中所表现的组合比例。由于社会分工和经济结构的细化，不同专业和学科之间的分化与相互融合日益显著。由于种种历史原因，高校辅导员队伍的专业结构极其复杂，不同专业背景的辅导员从某种意义上讲或许有利于对不同专业学生进行学业指导，但复杂多样的专业背景恰恰是高校辅导员队伍专业化、职业化和专家化发展的瓶颈所在。根据高校辅导员的工作职责和时代使命，高校辅导员主要承担着大学生日常思想政治教育和管理的责任。因此，合理的专业结构应是以思想政治教育及其相关专业为主体，其他相关学科专业背景的人员作为队伍的有益补充的建构模式。

一方面，如果具有思想政治教育相关专业背景的辅导员比例太小，就不利于队伍建设和高校人才培养。职业成熟的重要标志之一就是拥有专业的科学知识体系。囿于当前没有专门的辅导员学或辅导员工作学等学科专业，思想政治教育相关专业无疑是教育、培养和生产高校辅导员人才队伍最佳的"孵化器"。高校辅导员主要从事日常大学生思想政治教育和管理工作，而思想政治教育是一门科学，非思想政治教育相关专业的辅导员势必在思想政治教育基础理论的知识储备、思维模式、行为方式上与有思想政治教育专业相关学科背景的辅导员存在较大的差距，从而影响大学生思想政治教育工作的有效开展，进而影响育人效果。这就好比让一个人文社会科学专业背景的学生去从事高等数学、大学物理教学一样，效果可想而知。另一方面，复杂多样的专业背景降低了高校辅导员队伍的社会地位，削弱了辅导员队伍自身的职业认同。目前，很多高校在辅导员准入机制上还没有对从业人员的专业背景做出明确的要求，无论什么专业背景的高校毕业生都能从事辅导员工作，这无形之中降低了辅导员的准入门槛，给人以辅导员工作是什么人都能胜任的职业假象，是忽视或轻视思想政治教育的一种表现形式，降低了高校辅导员队伍的社会地位。当然，为便于有效指导学生的专业学习和学生科技活动，可以选拔少数与学生学科专业相对应或接近的辅导员，作为以思想政治教育为核心的辅导员队伍的有益补充，但比例不宜太高。

为此，高校在选拔、聘用辅导员时必须关注从业人员的专业背景，将思想政治教育相关专业作为职业准入的关键考核指标。同时，依托具有思想政治教育专业硕士点和博士点的高校，应进一步加强思想政治教育相关专业第二学位、硕士学位和博士学位的教育培养力度，继续为辅导员队伍朝着思想政治教育专业发展提供政策、平台、时间和后勤保障，逐步改善和优化高校辅导员队伍的专业结构。

（五）职称职级结构

高校辅导员队伍的职称职级结构是指对辅导员个体的素质能力、学术科研、业绩贡献等按照一定的评价标准进行等级层次划分，在队伍整体中所呈现的比例结构。一般而言，高校辅导员队伍的职称结构应包括教授、副教授、讲师和初级等职称结构，以及处级、副处级、科级及以下等行政职级结构。当今社会，辅导员队伍的职称、职务是衡量其能力水平、彰显其自身价值和社会地位的重要标志，关系到辅导员队伍的薪酬待遇和发展稳定。

原则上，一所高校内，辅导员的职称职级结构的比例应基本与该校专业教师职称职务结构的平均水平相当，这样才能体现对辅导员队伍应有的尊重和肯定。优化高校辅导员队伍的职称职务结构是保证队伍稳定和解决辅导员队伍可持续发展问题的重要途径，是激励高校辅导员自强不息、奋发进取的不竭动力，对提高辅导员队伍的政治地位、经济收入和社会认同度以及培养高校辅导员队伍的核心领军人物都具有极其重要的现实意义。当前，不少高校缺少教授级辅导员，鲜有副教授级辅导员，讲师及以下的辅导员占了绝对比例，这显然不利于辅导员队伍的建设和发展。因此，高校应在坚持以人为本、尊重知识、尊重人才、尊重劳动、尊重创造的前提下，为高校辅导员创造改善职称职级评定的政策和环境，逐步造就并增加具有较高层次职称职级的辅导员，不断优化辅导员队伍的职称职级结构。

三、素质过硬

（一）思想政治素质过硬

过硬的思想政治素质是新时期高校辅导员开展工作的重要条件和内在的职业要求。高校辅导员队伍的思想政治素质主要包括思想素质、政治素质和道德素质。其中，思想素质是先导，政治素质是核心，道德素质是保障，彼此相互促进、相互制约。

首先，思想素质过硬。辅导员的思想素质主要是指辅导员的世界观、人生观和价值观以及辩证的思维方式的内在综合，是辅导员开展大学生日常思想政治教育和管理的本质基础和行为先导。作为以马克思主义为指导思想的社会主义国家，我国高校辅导员队伍的思想素质过硬就是要求辅导员能够正确运用辩证唯物主义和历史唯物主义的基本观点，认识世界和改造世界，为其有效开展辅导员工作提供正确的思想观念和行为意识。其中，世界观总是处于最高层次，对理想和信念起支配作用和导向作用；同时，世界观是个性倾向性的最高层次，它是人的行为的最高调节器，制约着人的整个心理面貌，直接影响人的个性品质。世界观决定辅导员的人生观和价值观。人生观是对人生的意义和目的的根本观点。在高校党委领导下开展工作的辅导员应坚持把无产阶级和人民群众的集体利益放在首位，把大公无私、舍己为人、全心全意为人民服务视为人生的根本意义和价值，把实现社会主义和共产主义理想视为人生最高的目标。价值观是指一个人对周围客观事物（包括人、事、物）的意义、重要性的总评价和总看法，一方面表现为价值取向、价值追求，凝结为一定的价值目标；另一方面表现为价值尺度和准则，成为人们判断价值事物有无价值及价值大小的评价标准，它属于个性倾向性范畴。毛泽东指出："代表先进阶级的正确思想，一旦被群众掌握，就会变成改造社会、改造世界的物质力量。"因此，高校辅导员必须具备比一般人更加过硬的思想素质，通过各项工作的开展和与青年学生的朝夕相处，以自身的科学素养、正确的思想影响和熏陶青年学生。

其次，政治素质过硬。政治素质是辅导员作为一个政治角色，对自己所承担的政治义务和所享受的政治权利的理解、把握、反映和行动等情况的总和，说到底是辅导员政治意识和政治行为的统一。辅导员制度作为当今中国高等教育所特有的一种制度，是执行党的教育方针的重要保障，这既是巩固国家政权的有效措施，又是人才培养的重要保证，同时也是高校辅导员队伍存在的价值所在。因此，高校辅导员必须具备正确的政治方向、坚定的政治立场、科学的政治观点、严明的政治纪律，在意识形态领域内始终保持良好的政治鉴别力和政治敏锐性，正确引导青年学生健康成长。理论上成熟是政治上成熟的基础，这需要广大辅导员自觉主动地学习并贯彻中国特色社会主义理论体系，在中共中央、国务院《关于进一步加强和改进大学生思想政治教育的意见》等政策文件的指导下，自觉同党中央保持高度一致，坚决执行和贯彻党的路线、方针、政策，筑牢思想防线。辅导员应在国际交流、交融、交锋中始终坚持中国共产党的领导，增强文化自觉和文化自信，坚持马克思主义在意识形态领域的指导地位，用社会主义核心价值引领时代主旋律；正确认识、理解改革发展中存在和面临的突出困难及潜在风险，自觉维护党和国家的尊严威信，共同维护高校和社会的稳定，风清气正地团结和引领广大青年学生，永远跟党走，不断增强其爱国主义、集体主义精神，坚持中国共产党的领导，坚持社会主义、共产主义理想信念。

最后，道德素质过硬。道德是社会意识形态之一，是依靠社会舆论、人们的内心信念和传统习惯来调整个人与个人、个人与集体、集体与集体之间关系的行为准则和规范的总和。"国无德不兴，人无德不立。"事实上，良好的道德素质是高校辅导员构建和谐人际关系的前提，也是有效开展工作的基础。一方面，高校辅导员要与学校教职员工保持交流与沟通，获悉大学生学习、生活等方面的信息；另一方面，辅导员与大学生朝夕相伴，能够对大学生实施有效的隐性教育。辅导员道德素质的核心就是教书育人、立德树人，通过言传身教，充分发挥自身的道德示范作用，塑造和净化青年学生的灵魂，让大学生在耳濡目染中得到熏陶，接受教育。辅导员要满怀对青年学生的无限关爱，树立崇高的职业理想和坚定的职业信念，把全部精力和满腔热情献给教育事业，关心每一个学生的成长进步，以真情、真心、真诚教育和影响学生，对学生施以最生动、最具体、最深远的教育。

（二）专业知识素质扎实

专业知识素质是高校辅导员有效实施大学生日常思想政治教育和管理工作的理论锐器，是推动辅导员队伍专业化发展的重要基础和保障，决定着辅导员的工作质量、发展效益和人生价值。高校辅导员工作的特殊性需要其具备坚实的基础理论知识、扎实的专业知识和广博的相关知识。

首先，坚实的基础理论知识。马克思主义是我国立党立国的根本指导思想，是社会主义意识形态的旗帜和灵魂，是社会改革、建设和发展的理论武器，也是高校辅导员有效开展大学生日常思想政治教育和管理工作的理论基础。高校辅导员必须系统掌握马克思主义基础理论、毛泽东思想和中国特色社会主义理论体系等基础理论知识，用科学的理论武装头脑，不断巩固马克思主义在意识形态领域的指导地位，团结和引领广大青年学生建设中华民族共有的精神家园，在青年学生中形成统一的指导思想、共同的理想信念、强大的精神支柱和基本的道德规范，巩固广大青年学生团结奋斗的共同思想基础，凝聚起推进现代化建设和民族复兴的强大力量。辅导员要通过系统深入的学习，坚持以马克思主义为指导，整合和引导社会思潮和文化追求，正确把握文化发展方向，最大限度地形成思想共识，凝聚人心，形成建设中国特色社会主义的巨大动力。坚定中国特色社会主义共同理想，就能使全国人民、全体中华儿女汇成振兴中华的滚滚洪流，使中华民族伟大复兴的道路越走越宽阔。大力弘扬民族精神和时代精神，就能不断丰富中华民族团结奋进、自强不息的精神内涵，激励全体人民为振兴中华努力奋斗。要旗帜鲜明地宣传和倡导社会主义荣辱观，在全社会形成知荣辱、讲道德、守法纪、促和谐的文明风尚，为中国特色社会主义事业提供强大的思想道德支撑。新时代，扎实的理论知识还体现在对习近平新时代中国特色社会主义思想的学习、理解与运用上。只有根据青年学生的不同特点分类进行教育引导，汇集全民智慧和力量，全面推进社会主义核心价值体系建设，才能使之真正融入人们的思想观念，成为行为规范，发挥实际作用。因此，高校辅导员只有深刻领会和运用党和国家关于教育、科技、人才等的政策来指导自己的实践工作，自觉主动地运用社会主义核心价值观引领时代风尚，才能在意识形态领域始终保持清醒的头脑和正确的方向。

其次，扎实的专业知识。辅导员缺少专业学科的支持是一个不争的事实，虽然有人主张建立辅导员学，但是当前思想政治教育专业无疑是辅导员开展工作最有力、最核心的专业知识。那种用学生事务管理、心理辅导或职业规划等取代思想政治教育的主张是错误的。现实中，辅导员事务性工作过分挤占大学生思想政治教育的做法是危险的。事实上，辅导员工作必须以大学生日常思想政治教育为核心，这是党和国家赋予高校辅导员最为重要的历史使命，其他各项工作都只是辅导员开展大学生日常思想政治教育的必要补充和手段。坚持理论与实践相结合、运用科学理论指导实践是教书育人的根本原则，所以辅导员必须系统扎实地掌握思想政治教育学科的专业知识，如思想政治教育史、思想政治教育学原理、思想政治教育方法论和思想政治教育管理学等专业基础知识。除此之外，辅导员还要与时俱进，及时了解和掌握当前思想政治教育领域发展的前沿问题，积极开展调查研究，将专业知识淋漓尽致地运用到学生的教育、管理与服务之中。

最后，广博的相关知识。我们认为思想政治教育专业知识重要，但是并不意味着可以排除其他相关知识对辅导员科学文化素质的有益补充。素质良好的辅导员必须具备广博的相关知识。一方面，由于辅导员工作内容的复杂性、教育对象的多样性、社会环境的多变性，辅导员需要一专多能，只有这样才能更好地教育、管理和服务青年学生，才能胜任辅导员工作；另一方面，思想政治教育学本身是一门多学科交叉的应用型学科，它广泛吸收了与思想政治教育学有着密切联系的教育学、管理学、心理学、社会学和伦理学等相关学科的理论成果，开展大学生思想政治教育势必需要相关学科知识的有益补充。知识渊博的辅导员对学生有着天然的震撼作用，会全面激发青年学生对辅导员的敬畏之心、效仿之行，所以除了掌握临近的相关学科知识以外，辅导员还应对经、史、法、美、文等学科知识有所了解。另外，坚持思想政治教育与业务工作相结合是辅导员开展工作的一项基本原则，与学生建立共同的话语体系是拉近师生关系的必要准备。因此，辅导员不仅要较为熟练地掌握教育对象所学的专业知识，还要具备一定的媒介素养和网络运用的知识。

高校辅导员从事的是一项系统性、综合性、专业性很强的工作，没有良好的专业知识素质是无法正常开展各项工作的。因此，辅导员需要积累丰富的理论知识、扎实的专业基本功和广博的学科相关知识。

（三）健全的身心素质

世界卫生组织①对健康的定义："健康是生理、心理和社会的健全状态，而不只是没有疾病。"就高校辅导员而言，健康素质主要包括身体、心理和卫生等方面内容。辅导员工作是一项复杂的体力劳动，又是一项复杂的脑力劳动。辅导员只有以健康的身体素质和良好的心理素质为依托，才能更好地完成辅导员工作的神圣使命。健康的身心素质包括以下两个方面：

（1）健康的身体素质。健康的身体素质是指人类各项生理机能和谐相处，各项生理功能可以正常运作，它是思想政治素质和科学文化素质的载体，也是人类其他各项素质的基础。当前，高校辅导员工作职责界限模糊，导致辅导员工作压力大、工作时间长。加班加点的工作需要健康的体魄、旺盛的精力。辅导员只有拥有健康的身体素质，才能充分施展思想政治素质和科学文

---

① 世界卫生组织（World Health Organization，缩写 WHO）是联合国下属的一个专门机构，总部设置在瑞士日内瓦，只有主权国家才能参加，是国际上最大的政府间卫生组织，截至 2015 年共有 194 个成员国。1946 年，国际卫生大会通过了《世界卫生组织组织法》，1948 年 4 月 7 日世界卫生组织宣布成立。于是，每年的 4 月 7 日也就成为全球性的"世界卫生日"。

化素质，发挥立德树人的育人作用。

（2）良好的心理素质。心理素质是指人在感知、思维、观念、情感、意志、兴趣等多方面心理品质上的修养，它是一个内容非常广泛的概念，涉及人的性格、兴趣、动机、意志、情感等多方面的内容。良好的心理素质是高校辅导员的必备条件，也是开展大学生日常思想政治教育不可或缺的心理准备。辅导员要在与青年学生相处的现实生活之中，以敏捷的思维、积极的心态、稳定的情绪、丰富的情感、和蔼的性格、高雅的气质、明确的自我意识、广泛的兴趣爱好和坚强的意志品行对待生活和工作，影响、感化学生，这样才能游刃有余地应对纷繁复杂的学生工作。知识经济时代的到来加快了现代人生活的节奏，要立足于竞争激烈、信息爆炸的现实社会，高校辅导员承受着来自各个方面的挑战和压力。工作中时常会遇到学生意外事件，偶尔会遭到领导的责难、同事的误会、学生的误解，生活中也可能会遇到经济拮据、爱情失意、情感受挫等现实问题，这都需要辅导员以良好的心理素质应对和化解。

第三节　高校辅导员队伍建设的原则

一、以人为本的原则

（一）尊重高校辅导员的主体价值

坚持以人为本，必须尊重高校辅导员的主体价值，提高辅导员队伍建设的思想认识。高校辅导员队伍是大学生思想政治教育的主体之一，关系到青年学生健康成长成才，对促进高校改革和发展具有重要的价值。辅导员队伍建设者要充分肯定和高度认可辅导员的社会价值和育人作用，自觉将加强高校辅导员队伍建设统一到中央的决策上来，转变思想认识、创新体制机制，采取有效措施，着力提升辅导员的素质能力，提高其工作水平，增强育人效果。高校辅导员的劳动贡献关系到如何培养人、培养什么人和为谁培养人，关系到我国现代化建设的后继者。因此，需要避免只重视科研、教学等硬实力建设，削减人文、思想等文化软实力投入，只重视科研、教学队伍建设，轻视辅导员队伍建设等不良倾向。高校辅导员队伍建设者要提高思想认识，要时刻把人民群众的安危冷暖放在心上，深怀爱民之心，恪守为民之责，善谋富民之策，多办利民之事，倾听群众呼声，关心群众疾苦，为群众办实事、办好事。高校的核心职能是人才培养，大学生则是高校存在和发展的根本保障。占据高校绝对人数的大学生是高校改革、发展和稳定的基石。维护高校稳定，推动高校改革、发展，各地各校思想政治工作者功不可没，特别是广大辅导员更是付出了心血和汗水。随着我国改革开放的不断深入，世情、国情、党情发生了深刻变化，对大学生的生活方式、思维范式都产生了很大的影响。广大辅导员在高校党委的领导下长期身居一线、躬耕基层，与大学生朝夕相处，是大学生的"温度计"和"传感器"。高校辅导员通过耐心教育，将党和国家的精神及时传达给青年学生，让青年学生在思想和行为上与党中央保持高度一致；通过悉心管理，将各种潜在的隐患扼杀在摇篮之中，为青年学生创造和谐的成长空间；通过真心服务，及时将党和国家的温暖送给青年学生，使其共享改革开放成果，促使其更加忠于党的领导。高校只有通过辅导员队伍的辛勤工作、无私奉献，紧密团结、凝聚和引领青年学生，才能杜绝和避免各种风险和危机，为促进高校改革和发展提供和谐的政治环境。

尊重辅导员的主体价值就是要尊重辅导员的劳动成果和社会价值，提升辅导员的社会认同，满足辅导员的客观需求，保障辅导员的切身权益。要像重视学术骨干一样重视辅导员的选拔、培养和发展，让其干事有平台、生活有保障、发展有空间。应始终关注辅导员的需求，关注他们的生活世界和精神世界，把辅导员的工作实际与发展诉求作为制定政策的依据和重要内容。应注重辅导员的个性化发展，给他们独立发展的自由空间，尊重辅导员的独立人格、需求、能力差异，用人性化的标准对辅导员进行全方位评价和考核。要全面激发和调动辅导员的主动性、积极性和创造性。

（二）满足高校辅导员的根本利益

利益是关系范畴，指的是人与人之间对需求对象的分配关系，是人类社会发展的最终动力。从哲学上讲，利益是利益主体对客体价值的肯定，它反映客体满足主体的某种需要。坚持以人为本，必须满足高校辅导员的根本利益，协调高校辅导员的利益关系，满足其物质和精神方面的需求。要提高辅导员生活质量和幸福指数，不断实现好、维护好、发展好广大辅导员的根本利益。

要协调高校辅导员的利益关系，尊重辅导员的合法权益。马克思指出："这种共同利益不是仅仅作为一种'普遍的东西'存在于观念之中，而是先作为彼此有了分工的个人之间的相互依存关系存在于现实之中。"处理好利益关系是高校辅导员队伍建设的根本和保障。马克思指出："人们为之奋斗的一切，都同他们的利益有关。"正确处理好辅导员的利益关系是辅导员潜心教书育人的原动力和队伍建设的根本要求。强调以人为本需要坚持历史唯物主义的基本立场和观点，需要摒弃中国古代的民本思想和西方的人本主义、个人利益至上的思想。我们既要鼓励和提倡辅导员无私奉献、甘于淡泊，又不能以牺牲辅导员正当的合法权益为代价。要尊重辅导员的社会价值和主体地位，按照"发展为了人民、发展依靠人民、发展成果由人民共享"的利益原则，满足辅导员物质和精神生活的客观需要。广大辅导员要正视自己的工作价值和重要作用，正确处理个人利益与他人利益、社会利益的关系，按照社会主义共同理想的基本要求，更加自觉地追求进步、提升自我，更大限度地发挥大学生思想政治教育的育人作用，用实际行动证明自我，赢得社会的肯定和认同。

要满足高校辅导员的物质需求，提高辅导员的生活质量。毛泽东强调："马克思列宁主义的基本原则，就是要使群众认识自己的利益，并且团结起来，为自己的利益而奋斗。"尊重高校辅导员的主体价值是因为辅导员在人才培养，促进高校改革、发展和稳定等方面做出了积极的贡献，取得了显著的成绩。在坚持按劳分配的原则下，应当满足高校辅导员的物质利益。"高等学校要根据实际，将辅导员、班主任的岗位津贴等纳入学校内部分配体系筹考虑，确保辅导员、班主任的实际收入与本校专任教师的平均收入水平相当。"马克思指出："为了生活，首先就需要吃喝住穿以及其他一些东西。因此，第一个历史活动就是生产满足这些需要的资料，即生产物质生活本身。"恩格斯指出："人先必须吃、喝、住、穿，然后才能从事政治、科学、艺术、宗教等。"因此，需要不断满足辅导员正当的物质需求，提高其生活质量。学校还应制定相应的政策，加大对高校辅导员队伍建设人力、财力和物力的投入，加强辅导员的培养培训和对外交流，提升辅导员的素质能力；根据辅导员的任职年限和工作实绩确定相应级别的行政待遇和职称聘评，确保辅导员发展有空间。同时，在住房问题、办公条件等方面应加大投入，为辅导员的工作生活提供必要的保障，不断提高辅导员的生活质量。

应满足高校辅导员的精神诉求，提高辅导员的幸福指数。坚持以人为本，必须关注高校辅导员的精神生活和幸福指数。要体现社会主义的人道主义和人文关怀，满足人们的发展愿望和多样性需求。一方面，要加强高校辅导员的科学文化知识教育。高校辅导员队伍建设者要充分认识"只有了解人类创造的一切财富以丰富自己的头脑，才能成为共产主义者"。要不断加强高校辅导员队伍的组织文化建设，营造辅导员队伍发展的良好环境，发挥辅导员的聪明才智，增强组织凝聚力、向心力，培植共同的理想信念。另一方面，要着力提升辅导员的思想道德素养。思想道德是精神文明建设的灵魂，是"经济工作和其他一切工作的生命线"，决定着我国社会主义精神文明建设的性质和方向，对社会的政治经济发展具有巨大的能动作用。当前，需要以社会主义核心价值观和宏伟中国梦统领辅导员队伍的思想道德建设，"努力在全社会形成统一的指导思想、共同的理想信念、强大的精神力量和基本的道德规范"。要坚持马克思主义指导思想，将其作为统领辅导员思想、行为的灵魂、指导思想和精神旗帜，坚持中国特色社会主义共同理想；坚持以爱国主义为核心的民族精神和以改革创新为核心的时代精神。以社会主义荣辱观为行为准绳，帮助辅导员树立正确的世界观、人生观和价值观，磨炼意志、汇聚力量、振奋精神，使其以满腔的热情与对党和人民的无限忠诚敬岗爱业、潜心育人，全心全意地为学生服务，将自身价值实现与人才培养、高校以及社会改革、发展和稳定紧密联系，实现个人和社会的共同发展。

（三）促进高校辅导员全面发展

高校辅导员队伍建设坚持以人为本，就是坚持人的自然属性、社会属性和精神属性的辩证统一，以尊重、关心、理解和支持辅导员事业的发展为基础，重视辅导员自身的成长和全面发展。

纵观高校辅导员队伍工作的现实境遇，不同程度地存在着队伍缺编、辅导员工作时间长、劳动强度大、心理压力重等现实问题，缺乏全面发展的条件。应积极倡导"给每一个人提供全面发展和表现自己的全部能力，即体能和智能的机会"。因为人的全面发展是经济社会发展的根本目的，离开了人的全面发展，经济社会发展就失去了目标和动力。当前，高校辅导员超负荷的工作显然是以牺牲自我利益为代价的，难以实现"成为自己本身的主人——自由的人"，有违"发展为了人民、发展依靠人民、发展成果由人民共享"的根本宗旨。事实上，只有在所有人为了大家也为了自身全面的发展而进行劳动和创造的条件下，在为了社会所有成员的全面发展的经济基础和社会基础上才能建立起来。因此，只有不断促进高校辅导员的全面发展，高校辅导员才能通过发挥聪明才智和独特的人格魅力对大学生进行思想政治教育、管理和服务，在自我约束、自我设计、自我创造中实现职业价值。

二、统筹兼顾的原则

（一）统揽全局

统筹兼顾是坚持科学发展观的根本方法，是高校辅导员队伍建设必须遵循的行为范式。高校辅导员队伍建设是一项系统工程，关系到不同的利益主体，涉及方方面面，需要按照统筹兼顾、全面协调的原则加以建设。统筹兼顾就是要把辅导员队伍纳入高校人才队伍开发之列。辅导员队伍建设主体要从高校发展的战略全局和人才培养的战略高度，用全面的而不是片面的、联系的而不是孤立的、发展的而不是静止的观点对待高校辅导员队伍建设。正确把握当前辅导员队伍建设中存在的突出问题，客观分析存在问题的内在原因，在科学发展观的指导下积极探寻辅导员队伍建设的措施和方法，不断满足辅导员队伍的切身利益。在统筹兼顾的原则下，优化辅导员队伍结构，提升辅导员队伍素质，增强辅导员队伍能力，促使辅导员队伍健康和谐地发展。要把辅导员队伍建设与学校教学、科研队伍建设放在同等重要的位置，统筹规划，统一领导，处理好专任教师、管理人员与辅导员的关系，努力形成大学生思想政治教育的合力。

（二）科学规划

规划就是指制定比较全面的、客观的和长远的发展计划，是对未来整体性、长期性、基本性问题的思考，并设计未来行动的具体方案。为此，高校在辅导员队伍的选拔、配备、培养和退出等方面应有基本的、统筹的指导方针、战略目标和总体部署，要有条不紊、系统地推进。科学规划就是让广大辅导员深刻认识到"工作有平台、生活有保障、发展有空间、事业有方向"，这不但有利于高校教师队伍建设的整体推进，而且可以使广大辅导员看到自身职业发展的美好前景，科学规划自己的职业生涯，有助于激发广大辅导员的工作热情和昂扬斗志，增强育人效果。

（三）协调发展

科学发展观的第一要义是发展。"发展才是硬道理"是中国共产党历史经验的总结。高校辅导员队伍建设应坚持协调发展，既要关注眼前的现状，又要着眼于未来的发展；既要关注世界或全国范围内高校辅导员队伍建设的情况，又要认识本地区、本校辅导员队伍建设存在的不足，坚持可持续发展战略。坚持以高校辅导员队伍专业化、职业化和专家化发展为导向，切实解决好辅导员队伍职业发展中的障碍和瓶颈问题。现实中，辅导员队伍的评价考核、激励保障、职称评定和职务晋升必须始终坚持统筹发展的指导原则。

三、实事求是的原则

（一）解放思想

解放思想是实事求是的前提。加强高校辅导员队伍建设需要提高思想认识，解放思想、与时俱进地处理辅导员队伍建设和发展中存在的各种问题。邓小平指出："我们讲解放思想，是指在马克思主义指导下打破习惯势力和主观偏见的束缚，研究新情况，解决新问题。"因此，坚持解放思想就需要克服、避免束缚高校辅导员队伍建设的思想桎梏，按照与时俱进的要求，紧密结合当前党和国家赋予辅导员的时代使命和殷切希望，按照辅导员自身和辅导员职业发展的内在要求以及青年大学生成长成才的需要加以建设。在不断满足辅导员物质文化需求的同时，使辅导员发挥更好的育人作用。

同时，邓小平在《解放思想，实事求是，团结一切向前看》中强调："一个党，一个国家，一个民族，如果一切从本本出发，思想僵化，迷信盛行，那它就不能前进，它的生机就停止了，就要亡党亡国。这是毛泽东同志在整风运动中反复讲过的。只有解放思想，坚持实事求是，一切从实际出发，理论联系实际，我们的社会主义现代化建设才能顺利进行，我们党的马列主义、毛泽东思想的理论也才能顺利发展。"因此，在高校辅导员队伍建设中必须坚持解放思想，坚持清除影响和阻碍高校辅导员队伍建设的各种不利因素，为高校辅导员队伍建设破除思想上的障碍。

（二）一切从实际出发

一切从实际出发，就是从客观事物存在和发展的规律出发，在实践中按照客观规律办事。一切从实际出发是实事求是的基础，是有效推进高校辅导员队伍建设的根本保证。一方面，高校辅导员队伍面临的工作环境和社会环境发生了显著的变化。辅导员肩负着重要的历史使命，其工作职责和工作内容也在不断增加。随着社会环境的变化，教育对象呈现出鲜明的个性特点。"一些大学生不同程度地存在政治信仰迷茫、理想信念模糊、价值取向扭曲、诚信意识淡薄、社会责任感缺乏、艰苦奋斗精神淡化、团结协作观念较差、心理素质欠佳等问题。"这些变化加大了辅导员的工作强度和难度。随着党和国家对高校辅导员队伍建设越来越重视，专兼结合、以专为主的建制模式需要关注辅导员的发展和出路。当前和今后一段时间，应当按照专业化、职业化和专家化的要求不断加强辅导员队伍建设，以满足辅导员队伍建设和大学生思想政治教育的现实需要。另一方面，需要通过广泛深入的调查研究，掌握当前高校辅导员队伍建设的现状。"没有调查就没有发言权"强调的就是要从实际出发。只有通过调查研究，全面准确地掌握高校辅导员队伍建设取得的成绩、存在的不足，为党和国家制定辅导员队伍建设的各项政策提供一手材料，才能有针对性地采取有效措施，不断加强辅导员队伍建设。一切从实际出发就是要贴近辅导员队伍建设的实际，政策制度的制定要贴近实际，对政策措施的实施要贴近实际，做到有的放矢、对症下药。从全国范围讲，各省市、各高校辅导员队伍建设发展不平衡，辅导员的素质能力还存在较大差异。因此，需要按照一切从实际出发的原则，认真学习领会党和国家关于辅导员队伍建设的政策要求，紧密结合自身实际，切实转变思想认识，加大投入力度，采取有效措施，致力辅导员队伍建设。

（三）理论与实践相结合

理论联系实际体现了认识与实践相统一、矛盾的普遍性和矛盾的特殊性相联结的马克思主义认识论和辩证法。理论联系实际是在高校辅导员队伍建设中贯彻实事求是思想路线的根本途径和方法。坚持理论联系实际就是应用马克思列宁主义的立场、观点、方法，对高校辅导员队伍建设实际进行认真研究，正确地分析研究辅导员队伍建设取得的成绩、存在的困难和问题，从中总结规律，作为以后行动的向导。需要在调查研究的基础上加强高校辅导员队伍建设的理论创新，用科学的理论指导辅导员队伍建设。

高校辅导员队伍建设是思想政治教育队伍建设最为重要的组成部分，需要运用科学的理论加以指导，为政策制定、政策实施提供理论保障。因此，需要在辅导员队伍建设的历史回顾和现实实践中加以总结分析，探寻适应辅导员队伍建设的理论源泉。加强辅导员队伍建设的理论创新需要坚持与时俱进的理论品质，敢破敢立，推陈出新。

第四节　高校辅导员队伍建设的内容

一、思想建设

（一）加强高校辅导员队伍建设者的思想建设

高校辅导员队伍建设者是指辅导员队伍建设的主体，包括建设的组织机构和领导人员；从组织层次上讲，主要包括了教育部、省市教育主管部门和高校三个层面。高校辅导员队伍建设者是辅导员队伍发展规划、制度政策等的制定者和落实者，是辅导员工作开展的指引者、辅导员队伍发展的引领者。加强高校辅导员队伍建设者的思想建设需要高校辅导员队伍的建设者坚持解放思想、实事求是，与时俱进、开拓创新，以人为本、执政为民的建设理念，将高校辅导员队伍建设上升为贯彻落实《教育部等八部门关于加快构建高校思想政治工作体系的意见》精神和为社会主义现代化培养合格建设者与可靠接班人的人才培养战略高度，重新审视高校辅导员队伍建设的重要性、必要性和紧迫性。高校辅导员队伍建设者应根据高校辅导员队伍建设的现实状况和实际需求，在政策、制度、经费、保障、监督等方面采取有效措施，把高校辅导员队伍建设作为加强和改进大学生思想政治教育过程中的关键环节。

（二）加强高校辅导员自身的思想建设

高校辅导员队伍建设需要建设主、客体相互作用和共同努力，这样才能更好地完成队伍建设的目标和任务。新时期，转变高校辅导员队伍建设者的思想观念、加强高校辅导员队伍建设的组织推动只是高校辅导员队伍建设的外在因素，还需要充分发挥高校辅导员队伍自身的主体性。一方面，需要辅导员正确认识自身工作在高校人才培养中的重要价值和现实意义，自觉增强教书育人的使命感和责任感。作为一名在岗在任的辅导员，应当热爱辅导员工作，把学生的发展和进步视为实现自身人生价值的重要阶梯，自觉增强职业认同感和组织归属感。另一方面，需要高校辅导员自觉增强大学生日常思想政治教育和管理工作的能力和水平，通过参加各级培训、申报研究课题和自我学习、自我教育等方式增强自身的理论素养，提升自己的思想道德境界，注重在工作实践中反思总结提高，增强育人本领和工作技能。

二、组织建设

（一）建立高校辅导员队伍建设的组织机构

高校辅导员队伍建设需要组织的推动和引领为其提供宏观的政策导向以及发挥各省、直辖市和自治区教育主管部门的指导和监督力度，充分发挥高校在辅导员队伍建设中各项政策的执行和落实作用。

建立和完善高校辅导员队伍建设正式的组织机构。高校辅导员队伍建设的组织机构是对辅导员队伍建设各项政策的制定、实施进行领导、组织、监督的职能部门，包括国家、地方和高校三个层面。积极建构涵盖国家、地方和高校三位一体的建设格局，为高校辅导员队伍建设提供坚强的组织保障，能够不断增强辅导员的组织归属感，有效激发辅导员队伍的工作潜能。高校辅导员队伍建设的协会组织是对正式组织的有益补充。它的产生和发展是社会分工的结果，反映了高校辅导员队伍自我服务、自我协调、自我监督、自我保护甚至自我发展的意识和诉求。

（二）优化高校辅导员队伍建设的领导管理体制

传统的高校学生工作模式与新时期高校辅导员队伍工作职责的不断扩张、劳动强度的不断增大之间的矛盾日渐凸显，已经成为高校辅导员队伍专业化、职业化和专家化建设的瓶颈，不利于高校辅导员队伍的组织建设。完善高校辅导员队伍建设的领导管理模式有助于明确辅导员队伍工作的职责权利，从而更好地开展大学生思想政治教育和管理工作。要在高校辅导员队伍传统的"垂直式、集中式、矩阵式和分类式"等领导管理模式的基础之上，强化辅导员的

"双重身份"，加强辅导员的"双重领导"，落实辅导员的"双重待遇"，确保高校党委对辅导员队伍的领导和支持，确保辅导员队伍的健康发展。优化高校辅导员队伍建设的领导管理体制有利于保持队伍的稳定性、纯洁性，提升其凝聚力、向心力、生命力和战斗力，为进一步提高辅导员队伍的工作质量和工作效率提供坚强的组织保证。

三、能力建设

（一）学习能力

高校辅导员的学习能力是指辅导员通过阅读、思考和研究等途径，获取辅导员工作所需要的知识与技能的能力。广大辅导员要在工作和学习中运用已有知识储备，以快捷、简便、有效的方式获取知识、信息，从而改变已有知识结构，提高自身综合素质。新时期，高校辅导员工作的职责和内容不断扩展，教育对象的需求日趋多样化，这需要高校辅导员与时俱进，不断通过自我教育、自主学习、自我提高来增强育人本领和工作水平，以便更好地胜任辅导员工作。高校辅导员学习能力的强弱直接关系到其工作效果和自身的社会地位与声誉。在大力构建学习型社会的时代，高校辅导员必须加强学习，努力提高大学生日常思想政治教育和管理工作的能力，在教育、管理、服务中做好育人的本职工作。高校辅导员只有通过不断学习，紧跟时代步伐和教育对象的节奏变化，才能科学、有效地培养社会主义的建设者和接班人。通过学习，在自身理论素养不断提高的过程中由事务性辅导员向知识型、能力型和科研型辅导员转变，为辅导员队伍的专业化、职业化发展奠定基础。

（二）创新能力

高校辅导员的创新能力是指通过调查、分析、实验等研究方法，在理论和实践上从事创造活动的能力。它包括创新意识、创新思维和创新技能等三部分，其核心是创新思维，具体表现为思想理论的重大突破、方式方法的重大创新。就高校辅导员而言，创新能力主要包括理论创新能力和实践创新能力两个方面的内容。在理论创新上，高校辅导员要在具备扎实的科学文化素质的基础上，紧密联系学生工作的客观实际和大学生身心发展的客观规律，对思想政治教育、心理健康教育、职业规划教育和学生事务管理等内容进行探讨，通过课题研究、撰写学术论文等方式，探索新的教育方法和教育规律，在科学理论的指导下开展实践工作，丰富思想政治教育的理论基础，逐步从经验型辅导员向研究型辅导员转变。在实践创新方面，高校辅导员要紧密结合学生的实际需要和学校发展的中心任务，在因材施教、个性化教育的基础上，依托有利的社会资源和个人能力，丰富教育内容、拓展教育渠道、创新教育方法、延展教育阵地，扎实推进大学生思想政治教育和管理工作，增强教育的宣传力和感染力。

学习能力是创新能力的基础和前提，创新能力是学习能力的归宿和价值体现，学习中孕育着创新，创新中蕴含着学习。高校辅导员的学习创新能力是辅导员能力结构中最基层、最本质和最核心的能力，是高校辅导员教育管理能力和服务领导能力有效彰显的基础。

（三）教育能力

高校辅导员是教师队伍的重要组成部分，必须掌握相应的教育方法，懂得相应的教育规律，具备相应的教育能力。

教育有狭义和广义之分。狭义的教育主要指辅导员根据一定的社会要求，有目的、有计划、有组织地对受教育者的身心施加影响，把他们培养成为社会所需要的人的活动。事实上，很多高校辅导员承担着形势与政策、心理辅导和职业生涯等课程的教学工作，具有鲜明的政治特性和育人属性，理应归为教师队伍。因此，高校辅导员需要具备必要的课堂教学能力。

广义的教育是指辅导员通过与学生朝夕相处，增进大学生的知识和技能，影响大学生思想品德的活动。高校辅导员与学生朝夕相处，通过开展思想政治教育、心理辅导、职业指导、事务管理等工作，有针对性地开展个性化指导、教育和管理，帮助广大学生树立科学的世界观、人生观和价值观，坚定社会主义共同理想，忠于党的领导和社会主义现代化建设事业，化解青年学生在求学中所遇到的思想困惑、心理困顿和职业迷茫，使青年学生在思想道德素质不断提高的过程中更好地学习科学文化知识，增进知识技能。这些充分证明了高校辅导员的教师身份。

成功扮演教师角色需要高校辅导员具备相应的教育能力。现阶段，高校辅导员的教育能力主要包括教育内容的组织能力、教育过程的控制能力、教育方法的综合能力、教育效果的反思能力以及教育规律的探索能力。

（四）管理能力

管理是组织中维持集体协作行为延续发展的、有意识的协调行为。高校辅导员的管理能力是指在高等教育的条件下，辅导员对其所拥有的资源（人力、物力和财力等资源）进行计划、组织、领导、控制和协调，以有效实现人才培养目标的能力。由于工作性质和高等学校的学生工作模式，辅导员工作在很大程度上涉及对青年学生的管理，因而辅导员只有具备一定的管理能力，方能胜任本职工作。具体而言，高校辅导员的管理能力主要包括决策判断能力、分析鉴别能力、协调沟通能力、执行控制能力和反馈校正能力。

事实上，高校辅导员的教育和管理能力是开展辅导员工作的关键能力，因为在对青年大学生的教育培养中，管理中包含了教育，教育中渗透着管理，两者相辅相成，互为补充。《普通高等学校辅导员队伍建设规定》在配备与选聘中明确要求高校辅导员应当"具备较强的组织管理能力和语言、文字表达能力"，这是对其管理能力和表达能力的具体要求。高校辅导员的教育管理能力是辅导员学习和创新能力的价值体现，是开展辅导员工作最为基本的要求和能力底线。高校辅导员的教育管理能力更多侧重于高校组织层面的职责要求，是实现高校人才培养目标、履行党和国家人才培养任务的具体体现。高校辅导员的教育管理能力是辅导员工作最核心的能力，是高校辅导员履行工作职责和扮演社会角色的必备能力。"辅导员是高等学校教师队伍和管理队伍的重要组成部分，具有教师和干部的双重身份。"从这个意义上讲，高校辅导员的教育管理能力包含了作为教师身份应具有的教育能力和作为干部身份应具有的管理能力。

四、制度建设

（一）完善现有制度

改革开放以来，党和国家高度重视辅导员队伍建设。在教育部的领导下，专家、学者制定了一系列高校辅导员队伍建设的制度和政策，有力地推动和保障了我国高校辅导员队伍建设。通过对近四十多年高校辅导员队伍建设各项制度的全面研究，党和国家在不同的历史时期紧密结合我国经济社会的发展，特别是高等教育改革发展的实际需要，制定和颁布了与时代背景相适应的政策和制度，很好地满足了大学生思想政治教育和辅导员队伍建设的客观需要。

2004年，中共中央、国务院颁布了《关于进一步加强和改进大学生思想政治教育的意见》，教育部在2005年、2006年先后颁布了《教育部关于加强高等学校辅导员班主任队伍建设的意见》《普通高等学校辅导员队伍建设规定》《2006—2010年普通高等学校辅导员队伍培训计划》《教育部等八部门关于加快构建高校思想政治工作体系的意见》等重要文件。这些文件着眼全国、立足全局，为各地各高校制定高校辅导员队伍建设的制度提供了方向指导。各地各高校认真学习、深刻领会、严格执行、开拓创新，紧密结合辅导员队伍建设的政策文件和自身实际制定和出台了相应的制度，有力地推动了辅导员队伍建设。和国家宏观经济政策一样，高校辅导员队伍建设的政策文件要保持一定的稳定性，防止大起大落，但决不能矫枉过正，用刻舟求剑的思想待之，需要在中长期规划的指导下，坚持与时俱进地修订和完善辅导员队伍建设的相关制度，以满足队伍建设的发展需要，解决辅导员队伍建设和发展中存在的问题。当前，我国在高校辅导员队伍制度建设方面明确了辅导员队伍的工作职责，在辅导员的选拔、培训、发展和管理等方面都有了相应的政策要求。但根据辅导员队伍建设的实际情况和辅导员自身的发展需要，应当继续深入研究高校辅导员的工作职责，明确其职责界限；继续深入研究和制定辅导员队伍的选拔、培养、发展和管理等方面的制度建设，不断完善现有制度，使其为科学指导和有力保障辅导员队伍建设以及维护辅导员权利做出积极的贡献。

（二）建立新的制度

加强高校辅导员队伍的制度建设不仅需要完善现有制度，还需要坚持与时俱进和贴近实际的原则，不断建立新的制度，以更好地满足辅导员队伍建设的现实需要。

建立适应新形势下辅导员队伍建设工作的领导管理体制。高校辅导员队伍建设与管理体制受传统观念的束缚，管理手段弱化，工作职责领域边界模糊，考核评价缺乏科学性，培养与发展缺少系统性、全局性和发展性研究，高校辅导员队伍的工作支撑体系不健全。归根结底，这些问题都与高校辅导员队伍建设的体制和机制有关，需要继续深入研究，为辅导员队伍建设提供政策保障和制度指导。

建立高校辅导员队伍建设的评价制度。我国高校辅导员队伍建设发展不平衡，其关键在于缺少科学的评价制度。全面推进高校辅导员队伍建设固然需要有科学的理论予以指导，但更需要相关的政策和制度加以保障。不过，任何好的政策和制度若没有付诸实践，在现实中加以贯彻执行，都必将是一纸空文，形同虚设，不能产生任何实际的效益。因此，需要建立辅导员队伍建设的评价制度，以保证高校辅导员队伍建设各项政策、文件和制度贯彻执行的力度。当前，学术界和理论界在高校辅导员队伍建设方面更多的是关注高校辅导员工作考核评价，却鲜有人研究队伍建设的考核评价。因此，应在借鉴和参考教育部关于全国高校辅导员队伍培训研修基地考核体系的基础上，从高校辅导员队伍建设的思想认识、组织领导、体制机制和建设效果等方面统筹规划，建立高校辅导员队伍建设的评价制度。

第五节　高校辅导员队伍建设的途径

一、优化环境，增强队伍组织归属

营造良好的高校辅导员队伍建设的组织环境是队伍建设的根本保障。各地各高校领导应高度重视，全面认识辅导员队伍建设的重要性和紧迫性，充分认可辅导员队伍的育人价值，在政策保障、激励等方面予以倾斜。

首先，优化精神环境。国家、地方和高校领导要高度重视大学生思想政治教育和辅导员队伍建设，将"抓辅导员队伍建设就是抓接班人"的思想意识贯穿于高校人才培养和各项工作之中，自觉抵制和克服"重使用轻培养、重眼前轻长远、重科技轻人文"的不良思想。通过实际的行动和努力，使辅导员深刻感受到"工作有平台、生活有保障、发展有空间"，做到事业留人、待遇留人和情感留人，增强辅导员队伍的归属感和荣誉感。要提升辅导员的社会地位，从精神上激励辅导员潜心教书育人。要继续完善辅导员队伍的表彰奖励制度，增强对辅导员育人价值的认同。将高校辅导员纳入国家、地方和高校教师、教育工作者先进人物的表彰奖励体系，按比例评选，统一表彰。高等学校要形成全员育人的良好氛围，通过加强辅导员队伍的组织文化建设，营造良好的组织环境。要在全国范围内产生影响和效益，不断提升辅导员的社会声誉，营造尊重辅导员队伍的社会舆论环境，全面激励辅导员创先争优，发挥更大的育人价值。

其次，改善物质环境。要提高辅导员的经济收入，从物质上保证辅导员安心工作。为确保辅导员的实际收入与本校专任教师的平均收入水平相当并逐步提高，高校应出硬招、实招，积极改善辅导员的工作条件，根据工作实际，发放加班、通信补贴，调动辅导员的工作热情。

最后，强化政策保障。各地各高校应紧密结合中共中央、国务院颁布的《关于进一步加强和改进大学生思想政治教育的意见》《关于加强和改进新形势下高校思想政治工作的意见》《普通高等学校辅导员队伍建设规定》《教育部等八部门关于加快构建高校思想政治工作体系的意见》等文件的精神，紧密结合各地各高校辅导员队伍建设的实际情况，出台并实施辅导员队伍建设的相关政策，通过制度和立法的方式保障辅导员队伍建设的有序发展，为高校辅导员队伍建设提供有力的政策保障和行动指南。

二、严格准入，净化队伍源头活水

建立科学的职业准入机制、严把入口关是高校辅导员队伍建设的基础环节，有利于辅导员队伍后续发展和提高人才培养质量。

首先，坚持原则，严格标准。严格按照"政治强、业务精、纪律严、作风正"的要求，遵循德才兼备、以德为先的原则，明确界定高校辅导员的准入标准。在入职选拔时，侧重考核竞聘人员的政治、学历、专业和能力，公开、公正、公平地精心选拔合适的人员来担任辅导员。

其次，拓展渠道，严格程序。高校要充分依托大众传媒发布辅导员的招聘信息，坚持"走出去、请进来"的理念，扩大人员选聘的范围。严格规范辅导员选聘流程，确保高校辅导员的选聘有序推进。

再次，科学测评，严肃措施。高校在辅导员选拔中应充分借鉴人力资源管理等先进理念和方法，采用面试测评法、心理测试法、动态测试法等科学的测试方法进行甄别、筛选，确保人尽其才、才尽其用，以保证挑选出的人员能够发挥最大的育人价值。

最后，客观评价，严守底线。为科学评价、量化考核以及确保辅导员队伍的生机与活力，各高校需要采取辅导员职后准入制，设计和制定辅导员队伍工作的考核评价体系，并将考核结果与职务聘任、奖惩、晋级等挂钩。凡工作不称职的辅导员，经批评教育仍无改进的，应坚决调离工作岗位，以确保队伍质量。要严守配置一线专职辅导员的底线（1：200的师生比例），确保队伍数量。凡在事关政治原则、政治立场和政治方向问题上不能与党中央保持一致的，不得从事辅导员工作，以确保队伍纯洁。

三、扎实培训，提升队伍工作能力

加强辅导员培训是辅导员人力资源开发的重要途径。要坚持以人为本，积极制定培训计划、搭建培训平台、落实培训措施，使辅导员队伍培训有计划、有阵地、有措施、有保障。

首先，合理配置培训师资。各地各高校应充分发挥教育部高校辅导员骨干培训和研修基地在辅导员队伍培训培养中示范引领的重要作用。要紧密结合辅导员的实际需求，聘请相关政府官员、思想政治教育专家以及一线优秀辅导员骨干等组建一支复合型的施训队伍，为辅导员队伍进行系统的、有针对性的专业化培训，提供人力资源保障。

其次，系统实施需求分析。通过开展调研、座谈、走访以及心理测试等方法辨析辅导员队伍的差异和共性，摸清辅导员队伍的实际需要。为分层次、分阶段、分类别、有针对性地制定辅导员队伍培训计划以及选择合理的培训内容和科学的培训方法提供指导，做到有的放矢、因材施教。

最后，积极创新培训方式。各地各高校除实施辅导员岗前培训、骨干培训、专项培训和学位提升培训之外，还要有计划地开展学习考察、挂职锻炼等活动来提升辅导员的能力。高校通过开展辅导员沙龙、辅导员校本培训等方式系统地加强辅导员队伍培训，增强培训效果。与此同时，各高校需要营造辅导员队伍自主学习、自我发展、自我超越的学习氛围，营造良好的学术科研环境，通过建立学习型组织、科研立项和学术交流等方式激励辅导员队任不断提升自我，追求进步。

四、畅通发展，促进队伍动态稳定

要坚持全面协调可持续的发展理念，拓展业内空间、畅通发展出路、提升科研水平，全心全意为辅导员队伍谋发展。

首先，建立专业技术职务评聘序列，完善辅导员专业技术职务评聘制度。各地各高校应在"高等学校教师职务评审委员会"中单独设立"学生思想政治教育学科评议组"，将辅导员队伍的专业技术职务评聘纳入其中，并按与其他专业教师的比例数单列指标。具有评审权的高校应采取"指标单列、条件单列、评审单列"的模式自行评审，保障辅导员专业技术职务的发展空间。

其次，推行职级评聘相关制度，畅通辅导员队伍的业内发展空间。由于高校辅导员在专业技术职务评聘方面存在着一定的局限，在以人为本、关注发展的指导思想下，各高校需要拓展辅导员队伍的业内发展空间。各地各高校应根据教育部《普通高等学校辅导员队伍建设规定》的"高等学校应当制定辅导员管理岗位聘任办法，根据辅导员的任职年限及实际工作表现，确定相应级别的管理岗位等级"的基本要求，实施辅导员业内职级评定制度，保障辅导员应有的待遇和地位。实施辅导员职级评聘制度既是对辅导员专业技术职务评聘的有益补充，又是重视和关注辅导员队伍发展的具体体现，需要各级领导高度重视并逐步加强。

最后，搭建辅导员队伍的科研平台，提升辅导员的科研水平。实现高校辅导员队伍的科学发展需要搭建高校辅导员的科研平台，逐步提高他们的科研能力。事实上，提高辅导员队伍的科研能力既有利于队伍自身的发展，又有利于更好地指导大学生思想政治教育的各项工作，能够提升辅导员的社会地位，并激励其做出积极的贡献。各地各高校要搭建项目支撑平台，设置专项课题、划拨专项经费用于辅导员队伍的课题研究，鼓励辅导员从事科研活动，还要搭建辅导员队伍的理论研讨和工作交流平台。通过组织、开展国家、地方和高校等不同层次、不同级别的辅导员工作论坛，提升其学术、科研能力和工作水平。高校可以为辅导员配备专业理论导师、科研导师和业务指导教师，从组织层面关怀、指导辅导员有效从事科学研究，不断提升自身的科研能力和业务技能。

发展中的问题需要用发展的思想和措施予以解决。关注辅导员队伍的职业发展是实现辅导员队伍专业化、职业化和专家化建设的目标指向，也是维护辅导员队伍动态稳定的最为核心的因素。不从体制上、根本上解决辅导员队伍的发展问题，就难以维持辅导员队伍的稳定，不利于辅导员队伍建设，进而影响大学生日常思想政治教育和管理的效果。

五、科学管理，永葆队伍生机活力

要坚持人文关怀和制度规约相结合，全面加强高校辅导员队伍的管理，促使队伍永葆生机。

首先，重人文关怀，加强文化引领。加强组织文化建设有助于增强辅导员队伍的凝聚力和向心力，有助于促进辅导员的自我发展和自我实现，这也是激发辅导员队伍敬岗爱业、潜心育人的动力源泉和形成良好人际关系的重要保证。为此，应进行组织文化诊断、确立组织共同理想、浓厚组织文化氛围，为高校辅导员队伍建设营造良好的组织氛围。高校可以组织开展辅导员技能大赛，实施亲情化建设，高度关注并切实解决辅导员的现实困难，让广大辅导员感受到组织的温暖和党的关怀，安心工作，潜心育人。

其次，重评价督促，加强帮扶指导。为科学评价、量化考核高校辅导员队伍建设，各地各高校需要制定科学的考核评价体系，遵循"认识到位、组织健全、制度完善、成效显著"的原则和要求，设计和制定辅导员队伍建设的评价体系。建立和实施"国家—省市—校—院"四级评价和指导机制，形成上下联动、优势互补、职责分明的运行机制。教育部、地方教育主管部门成员应赴高校基层组织、指导和督促辅导员队伍建设。坚决做到各级部门高度负责、齐抓共管，下级对上级负责，上级指导和督促下级有效开展队伍建设，形成一级抓一级、层层抓落实的良好格局。党和国家应继续加大高校辅导员队伍建设的考核评价机制建设，将辅导员队伍建设成效作为对各省市、各高校年度或阶段考核评价的重要内容。通过制度的形式，采取一定的激励和惩罚措施，保证各地各高校大力推进辅导员队伍建设。为加大帮扶指导的力度，各高校可以通过借鉴学习、考察观摩，与其他高校开展"结对子""大手拉小手"等活动，让先进帮助后进，用优秀引领落后，做到整合资源、共同进步。在高校内部，要按照可持续发展的原则，优化辅导员队伍结构，在年龄、学历、专业和职称职级等方面合理布局，在工作中形成传帮带引的良好格局。

最后，重建设效果，强制度规约。为确保高校辅导员队伍建设的效果，应实行地方、高校主要分管领导"一把手"责任制，将辅导员队伍建设的实际效果作为其年度或届满考核的重要内容。各地各高校应强化辅导员的"双重身份"、明晰其职责使命，加强"双重领导"、增强其组织归属，实现"双线晋升"、明确其发展保障。高校要紧密结合自身实际，创造性地开展绩效管理、柔性管理、人本管理，形成支撑保障机制、培养发展机制、约束强化机制等对策措施，实现高校和辅导员的协同发展，不断提高队伍建设效果，使辅导员队伍永葆生机，焕发活力。

第四章　高校辅导员队伍建设的境况

新时期，高校辅导员队伍建设成绩显著，围绕辅导员队伍的知识更新、能力培养、素质提升做了大量的有益探索，辅导员队伍的组织结构、管理模式和工作创新都表现出鲜明特征，为进一步提升辅导员队伍的质量，优化辅导员队伍的发展，推动大学生思想政治教育工作起到了积极的作用。同时，随着高等教育改革的不断深入，教育主体需求的多样化和个性化，辅导员队伍建设也面临一些现实问题和困境，在核心定位评价方式、职业发展通道、职业能力和素质等方面，还急需进一步加强和改进。着眼于高等教育改革和国际化发展的趋势，分析辅导员队伍建设的主要问题，认清辅导员职业发展的机遇，有助于进一步思考辅导员的角色定位和职业道路，能够为更好地落实"立德树人"任务提供理论基础和实践路径。

第一节　辅导员队伍建设的工作现状

一、辅导员队伍建设的现实结构

（一）辅导员队伍的基本模式

辅导员的基本类型有专职辅导员和兼职辅导员两种，相应的队伍建设类型主要有三种基本模式：专职辅导员队伍、兼职辅导员队伍、专兼职结合的辅导员队伍。目前，大多数高校采用专兼职相结合的辅导员队伍模式，只有少数高校采用单一的兼职模式或专职模式。

兼职辅导员模式以清华大学较为典型。清华大学从辅导员制度创建至今，一直坚持"大多数人兼职、少数人专职"。绝大多数辅导员是兼职人员，既要从事学生思想政治教育工作，又要承担学习教学科研任务，将思想政治教育工作与日常业务工作进行有机结合。在兼职辅导员方面，同济大学设立了"社区辅导员"制度，每年从在读硕士研究生中公开招聘50余名品学兼优的学生党员进驻本科生宿舍，担任社区辅导员，指导学生社区文化、精神文明、党团建设等活动。复旦大学以"人才工程"的形式，聘请研究生担任兼职辅导员。

专兼职队伍模式是辅导员制度的基本模式，为大多数高校所采用。在专职的基础上，一些高校采用"流动性专职辅导员"的形式，即选拔优秀本科毕业生从事短期的专职辅导员（一般为2年），期满后免试攻读研究生，毕业后再视情况留任的用人模式，以优化人员结构，增加人才储备。

（二）辅导员队伍的性别结构

尽管从辅导员的定位、职责和具体工作内容来说，并没有性别上的刻意区分，但在实际工作中，辅导员队伍在性别分布上表现为女性辅导员偏多，男性辅导员偏少，出现一定的性别失衡现象。出现这种现象的原因如下：在传统观念中，高校教师和管理岗位稳定，相对适合女性；男性的社会期望较高，而辅导员薪资待遇、职业发展期望偏低，男性选择辅导员岗位的人数相对偏少；女性具有亲和力强、善于协调人际关系等特质，符合辅导员岗位中的教育、管理、引导等职责需要。总的来说，不同性别的辅导员开展工作时各有优势，但是从高校管理干部的储备角度来看，辅导员的性别失衡也会给高校干部队伍结构带来一定的影响，应当通过一定的政策引导来避免或减弱这种倾向。

（三）辅导员队伍的年龄结构

从年龄结构上看，高校辅导员队伍普遍呈现出低龄化、年轻化的特点。究其原因有以下几点。首先，辅导员作为学生思想政治教育和学生管理工作的一线人员，需要直接面对学生的学习、生活、情感等问题，这决定了队伍的年龄结构。在日常工作中，辅导员每天往往需要付出八个小时以上的时间，这要求其具有充足的精力、充裕的时间和充分的激情。其次，自《关于进一步加强和改进大学生思想政治教育的意见》和《普通高等学校辅导员队伍建设规定》发布以来，按照配比要求数量，各高校均加大了辅导员建设力度，通过招聘引进大量新任辅导员，使辅导员队伍趋于年轻化。最后，在一些高校中，辅导员是行政管理队伍的重要来源，许多经验丰富、工作出色的辅导员被调任行政管理岗位，也间接导致了现职辅导员的年轻化。

仔细分析辅导员的年龄结构，一方面，长期以来辅导员队伍建设的缓慢、滞后导致辅导员队伍中部分辅导员年龄偏大、能力偏弱、动力不足。一些高校将辅导员岗位作为教师分流的岗位去向，一些不适合教学岗位的教师被转到辅导员岗位上，但由于缺乏相应的知识和技能，难以满足职业发展的要求，导致长期滞留在辅导员岗位上。另一方面，随着新进辅导员数量的激增，相应的辅导员岗位培训、能力训练明显不够，缺少必要的保障和支撑。尽管年轻辅导员工作热情高、精力充沛，但存在着经验不足、相对浮躁等特点，难免浮于表面、忙于应付，做不深、做不实工作的情况也屡有发生。

（四）辅导员队伍的学科学历结构

从学历结构来看，辅导员队伍逐渐呈现出高学历的态势。早期辅导员均为大学毕业生留校担任，大多数辅导员拥有大学本科学历。近年来，高校招聘辅导员都普遍要求硕士研究生学历，具有博士研究生学历的辅导员人数也在逐年增加。高学历的趋势提高了辅导员队伍知识和技能的层次，为辅导员队伍的职业化、专业化奠定了很好的基础。从专业背景来看，百花齐放，各有千秋，呈现出多样化特点。多数辅导员配备在基层，需要与不同专业的学生打交道，而丰富的专业背景有利于辅导员贴近不同类型的学生，从而更加有效地开展工作。同时，从对辅导员的职业定位来看，"人生导师""健康成长的指导者和引路人"等角色需要辅导员具有更加专业化的知识结构，但有教育学、管理学、政治学等专业背景的辅导员比例又相对偏少，这为辅导员专业化带来了一定的负面影响。

（五）辅导员队伍的配备结构

《普通高等学校辅导员队伍建设规定》中明确要求，高校专职辅导员总体上要按照1：200的比例配备，保证每个院（系）的每个年级都有一定数量的专职辅导员。但在实际工作中，不少高校未能达到这个标准，有的只达到1：300，甚至更低。辅导员的配备比率偏低、工作任务繁重、行政事务类工作挤占思想教育类工作成为一种普遍现象。

从层级分布上看，辅导员基本配备在基层和一线，分布在专业院系中，学校层面的主要分布在心理咨询中心、就业指导中心以及管理部门，但大多数高校并不将这类人员计算在辅导员队伍之中。从服务对象上看，表现出本科、研究生辅导员不协调的现象。主要表现为本科生辅导员多，研究生辅导员少，有的高校没有配备专职研究生辅导员。尽管近年来研究生思想政治教育工作日渐受到重视，但对于研究生辅导员配备比例，《普通高等学校辅导员队伍建设规定》中并没有明确规定，由高校自行制定相关政策。

二、辅导员队伍建设的管理现状

辅导员队伍建设的管理现状是指目前各高校对辅导员队伍的管理和使用情况，具体包括辅导员队伍管理主体的设定、辅导员队伍工作职能的界定、辅导员队伍培养培训的落实、辅导员队伍考核激励的实施等方面。当前，各高校对辅导员队伍的管理更加精细化、专业化，呈现出管理制度上总体趋同、管理方式上略有差异的特点。

（一）辅导员队伍的管理主体

辅导员队伍的管理主体是指高校对辅导员队伍的领导机构和管理机构。目前，各高校普遍采用校院两级的辅导员队伍管理主体设置。在学校层面，成立辅导员队伍，建设领导小组（或工作小组），由学校党委书记、校长或分管学生工作的校领导担任组长，成员单位包括学校组织、人事、学工、团委等部门。领导小组委任职能部门（一般为党委组织部）为辅导员队伍管理的日常管理机构。在院级层面，由各院级党委副书记对本院辅导员进行领导、指导和管理。这样的辅导员管理主体设置既统筹整合了辅导员队伍建设相关职能部门，能够在全校层面形成工作合力，又兼顾了各职能部门的工作主动性，便于工作的开展。

目前，辅导员队伍管理主体设置虽然从组织构建上保证了对辅导员队伍建设的重视，但是在实际运作上面临诸多问题。一些高校辅导员队伍建设领导小组的职能未能充分发挥，机构设置形同虚设，在关于辅导员培养和发展的诸多问题上，相关职能部门协同不足，没有真正形成有效的协调机制，直接影响了辅导员队伍建设的整体效能。

（二）辅导员队伍的职能界定

辅导员职能是指辅导员作为职业所应承担的工作内容。目前，各高校对辅导员队伍职能界定基本上按照国家相关文件要求，将辅导员角色定位为教师和管理干部的双重身份，将辅导员队伍工作职能定位为对学生开展思想政治教育、专业学习、心理咨询、职业规划、就业指导、勤工助学等各种辅导性工作。部分高校通过出台相关制度或文件规定了辅导员队伍的职能，但是有一些高校没有专门的文件来界定辅导员队伍的职能。

尽管都是按照国家文件要求对辅导员队伍职能进行定位的，但是由于辅导员队伍管理主体的多元化，辅导员承担了党政部门的各种工作安排。辅导员在校内受到学工部门、校团委、教务处、就业中心等众多部门的领导和管理，负责教学、思政、就业、稳定等相关工作，实际工作常常超出本身的职责范围。

（三）辅导员队伍的培养培训

近年来，各高校逐渐重视辅导员队伍的培养培训，基本都会定期开展辅导员队伍的相关培训，包括岗前培训、业务培训、课程学习、形势讲座等。有条件的高校每年还会选送一批优秀辅导员参加国内外的专题培训，多层次提高辅导员的知识素质和业务能力。

各高校在具体培养培训方式上各有侧重。北京师范大学定期举办多层次、多元化的辅导员培训班，既包括教育学、心理学、社会学、管理学等方面的培训，又有"自杀的鉴别与预防""职业生涯规划"等专题研讨，同时有丰富的社会实践活动和专项考察。另外，该校坚持开展新生辅导员岗前培训，培训内容包括学生事务管理、心理辅导、生涯规划、学生安全、身体健康等模块；坚持开展辅导员学术沙龙活动，举办有关大学生心理健康教育、就业生涯规划的学术研讨活动；先后举办了全国"大学生心理咨询硕士学位班"、"学生事务管理硕士学位班"和"心理辅导博士高级研修班"，推动了辅导员队伍建设的专业化。复旦大学为辅导员设立每年5万美元的"青年精英培养基金"，辅导员可参加中美文化交流访问团等活动。同济大学实施辅导员专业水平提升计划，建立和完善辅导员队伍专业培养体系，对辅导员队伍实施多层次、分形式的培训，并且组织实施"新任辅导员培训计划""骨干辅导员发展计划""资深辅导员提升计划""专家型辅导员梯队建设计划""青年英才计划"等。

虽然各高校都对辅导员队伍的培养培训进行了有益的探索，但仍存在一些体制机制问题。一是培训组织机构未统一。学校相关职能部门都可以开展辅导员的培训，造成职责不清、分工不明，容易产生培训内容重复或缺失等现象，难以让辅导员在固定时间进行系统培训。二是培训内容不系统。对辅导员队伍的培训基本停留在岗位职责介绍、工作总结学习、政策法规解释、形势政策解读等方面，培训内容简单无序，必然影响培训效果。三是培训周期短，培训形式单一。辅导员培训方式一般采取专家讲课、集体参观考察等方式或分组讨论、案例分析研究及团队训练等方式，互动式学习和研究式培训相对较少，往往在培训上点到为止，缺少深入的研究和探讨。

（四）辅导员队伍的考核激励

高校基本上采取校院两级管理考核体制。学校制定学生辅导员管理办法，学生工作部门协同各院系做好辅导员的选派、培训、考核、奖励、经验交流等工作。各院系负责对辅导员进行日常管理及考核，学年末根据辅导员考核情况并听取各方面意见后，将初评优秀辅导员名单报学生工作部门，辅导员建设领导小组进行全面评估后报学校审批，并给予优秀辅导员奖励。例如，湖南大学坚持对辅导员工作进行量化考核，明确目标和要求，如专职辅导员的工作年限一般情况下至少为 4 年，新聘辅导员至少入住学生园区 2 年，推行"学生代考、安全事故、私自租房和学生党员严重违纪"的零指标目标管理。在专项"黄智勇奖教金"、"熊晓鸽奖教金"以及"师德标兵"中单列指标，奖励表现突出的优秀辅导员。复旦大学全面推行"360 度考评法"，每名辅导员不仅要接受来自"上下"体制的工作考评（职能部门和学生），还要接受"左右"体制的工作考评（同事互评和自我总结）。[①] 浙江大学则开展辅导员辨识率考核，通过随机抽取的方式考察辅导员对分管学生基本信息、针对性工作的掌握情况。

综合来看，高校辅导员考核激励工作仍然有诸多不完善之处，存在考核功能不明确、考核指标设置不科学及考核与激励脱节等问题。一是考核功能不明确。理论上，高校辅导员考核应该是辅导员奖惩、晋升、续聘的主要依据，而事实上大多数高校只是为了考核而考核，弱化了绩效考核的信度与效度，无法全面、准确地反映辅导员的工作绩效，考核的积极作用得不到体现，功能无法发挥。二是考核方法不科学。在具体考核指标及指标权重设置上未做出科学的分析和设定，辅导员绩效考核方法存在重显性、轻隐性的趋势，即对显性工作容易量化考核，隐性工作难以测评。大多高校采用量表式自我评价法、系统内部述职法、360 度考核法等考核方式，但都无法克服重显性、轻隐性的缺陷。三是考核结果与激励机制脱节。考核结果与激励是两码事，部分高校未把考核结果作为激励的参考依据，致使考核结果失去应有的价值，弱化了激励机制的功能。

三、辅导员队伍建设的发展状况

辅导员队伍的发展是指各高校以制度形式规定的促进辅导员职业晋升、能力提升的各类政策、措施和平台。各高校基本按照国家文件要求，遵循辅导员队伍职业化、专业化方向统筹和规划辅导员队伍发展。

（一）辅导员队伍发展的支撑条件

辅导员队伍发展的支撑条件是指各高校为促进辅导员发展所提供的政策、资金、待遇、工作条件等。一是政策支撑。各高校一般都制定了学生工作的相关制度，如一些高校针对辅导员队伍建设出台了专门制度，对辅导员的职责定位、选聘任用、培养发展、考核晋升都做出了细致明确的规定。二是资金支持。加强辅导员队伍建设需要必要的资金投入，资金投入的多寡会直接影响辅

---

① 谢军.建好人才工程预备队：复旦大学辅导员队伍建设调查 [N].光明日报，2006-09-04（2）.

导员队伍发展的成效。各高校在资金投入上差别较大，主要受制于各高校规模、筹资渠道等各方面因素。三是工资待遇。由于地域、高校层次的不同，高校间辅导员工作待遇不具有横向可比性。在高校内部，辅导员工资待遇处于本校中下级水平，基本与行政管理类人员持平，低于教师科研类人员。四是工作条件。各高校基本能满足辅导员开展工作所需的工作条件。部分高校的网络化程度较高，为辅导员开展工作提供了较好的网络信息支撑。

（二）辅导员队伍发展的准入机制

辅导员队伍发展的准入机制突出表现在辅导员的选拔任用上。当前，辅导员的选拔任用普遍表现为准入标准越来越高，选拔机制日趋完善，选拔程序越来越严格，在学历层次、学科背景、学生工作经历等方面均提出了比以往更高的要求。例如，北京交通大学在选留辅导员的过程中特别注重考察其真实动机，一般会选留真心热爱学生工作，把学生工作当作事业的志同道合者；中南大学严把入口关，应聘辅导员必须参加《行政职业能力测试》和《申论》笔试，从源头上保证辅导员队伍的质量；湖南大学则在选拔、面试合格后进行为期一个月的试用考察，考察合格方可与学校签约。

目前，我国高校辅导员队伍选拔任用仍然暴露出不少问题。一是未建立科学的选拔标准与招聘体系。部分高校辅导员职业准入标准存在指标模糊及难以满足职业素养要求等问题，导致选聘的部分辅导员存在技能不高、素质不强、专业化程度低等问题。二是原则性选拔标准模糊。教育部对高校辅导员职业准入标准做了原则性规定，即"政治强、业务精、纪律严、作风正"，但很多高校对如何具体判定没有统一的文件政策解释，更缺乏详细的执行规则，导致在辅导员选拔招聘过程中对原则性标准很难把关。三是辅导员选拔标准与职业素质要求存在差异。辅导员的主要工作职责与当前辅导员选拔招聘的标准设定不一致。部分高校一般只是以政治面貌、学历、性别、年龄、毕业学校类型及学习成绩等易于测试的简单标准作为主要评价标准，而对辅导员的德性标准和才性标准规定较为笼统，在笔试、面试中也难以进行有效评估。四是辅导员招聘范围不广。部分高校在辅导员候选人的招聘范围上存在地域限制、经验限定、名校偏好、学历偏见及性别歧视等现象。

（三）辅导员队伍发展的路径通道

辅导员队伍发展的路径通道主要是指辅导员的职务职称晋升和辅导员的分流。在职务职称晋升方面，各高校基本上实行辅导员双岗制，即辅导员既具有专业教师身份，又具有行政管理身份。在辅导员专业技术职务评审中，有的高校实行了"岗位单列、序列单列、评议单列"，为辅导员专业技术职务发展铺就了道路，即所谓的"教授辅导员"发展路线。在辅导员行政级别晋升中，有的高校实行了副科级、正科级、副处级、处级辅导员，即所谓的"处级辅导员"发展路线。这些措施在一定程度上对稳定辅导员队伍，引导辅导员队伍朝着职业化、专业化方向发展起到了积极的作用。

在职务晋升方面，武汉大学在辅导员队伍中设立了副主任辅导员、主任辅导员、副处级辅导员、正处级辅导员。辅导员行政职务晋升将实行工作年限和考核相结合，硕士研究生毕业辅导员在辅导员岗位上工作3年，经考核合格可晋升为副主任辅导员；在辅导员岗位上工作6年，经考核合格可晋升为主任辅导员；在辅导员岗位上工作10年，按照一定比例经考核优秀可晋升为副处级辅导员；在辅导员岗位上工作13年，按照一定比例经考核优秀可晋升为正处级辅导员。博士研究生毕业担任辅导员1年且考核合格可直接晋升为主任辅导员。南京师范大学对表现突出的辅导员，具有本科学历且连续工作3年的可定为副科级，连续工作5年的可定为正科级。同时，学校按照辅导员总数的5%设置副处级非领导职务，由从事辅导员工作8年以上、表现突出的正科级辅导员竞聘上岗。西南大学出台《关于进一步加强辅导员队伍建设的实施意见》，比较全面地提出了辅导员队伍专业化、职业化发展的任职条件、选拔聘任、培养与发展、管理和考核以及政策保障，特别提出了"辅导员工作满2年，可在职校内攻读思想政治教育相关专业高一级学位；工作满4年，可申请攻读校外其他专业高一级学位。辅导员攻读高一级学位纳入学校专任教师培训计划，辅导员工作满1年（具有本科学历的工作满3年），考核合格，享受副科级待遇；工作满2年（具有本科学历的工作满5年），考核合格，享受正科级待遇"。

在职称职级评定方面，上海外国语大学严格执行辅导员六级晋级标准，将辅导员的工作年限、研究能力、工作能力等作为聘任等级的递进条件，由低到高设置一级至六级辅导员岗位，严格参照教师职称评定标准制定相应的职级条件，以此推进学生辅导员队伍的专业化培养和多样化发展，激励学生工作干部素质与能力的全面提高。天津大学为辅导员职称评定制定了相关政策。在指标、评定标准、评定程序等方面做了相应的规定，保障符合条件的辅导员能够按照助教、讲师、副教授、教授这条路顺利发展。

虽然各高校都基本明确了辅导员队伍发展的路径通道，但是在具体操作层面仍不完善。在职务职称晋升方面，辅导员的职称晋升要求基本都是参考本校思想政治专业的职称晋升要求。由于辅导员事务工作繁多，极少能够满足职称晋升尤其是教授职称晋升的条件，客观上阻碍了辅导员的职称晋升。辅导员职务晋升亦然，副处及以上职务屈指可数，辅导员实际的职务晋升困难重重。大部分辅导员基本就是讲师（正科到顶）。而对于辅导员分流，各校缺少规划，基本都是辅导员根据自身实际，选择竞争其他岗位来实现分流。

（四）辅导员队伍发展的载体建设

辅导员队伍的发展载体是指国家、地区、高校为促进辅导员队伍发展所搭建的平台。在国家层面，设立了辅导员基地和辅导员协会。教育部制定了《2006—2010 年普通高等学校辅导员培训计划》，在 5 年内分批选拔 5 000 名和 500 名优秀辅导员攻读硕士和博士学位。从 2005 年开始，教育部每年选派30 名左右的辅导员进行为期 3 个月的出国培训。另外，还在全国建立 21 个辅导员培训基地，相继成立与辅导员发展相适应的职业性、社会性团体组织。2008 年 7 月，山东大学成立了"全国高校辅导员工作研究会"，这是唯一一家全国性辅导员行业学术组织。通过举行辅导员论坛、评选辅导员年度人物、编辑发行《高校辅导员》杂志等，推动辅导员的专业化、职业化建设。2020 年颁布的《教育部等八部门关于加快构建高校思想政治工作体系的意见》文件中再次强调要重视建设高水平教师队伍，打造高素质思想政治工作和党务工作队伍，同时要加大马克思主义学者和青年马克思主义者培养力度，这几项要求促使了高校更加重视高校辅导员的思想政治教育工作，以达到辅导员专业化、职业化发展的目的。

在高校层面，西南交通大学注重辅导员学术研究团队建设，该校依托马克思主义理论与思想政治教育博士点，依据辅导员的发展意愿和专业背景，组建了学生党团建设、心理健康教育、校园文化、网络思想政治教育、大学生生涯辅导等 10 个辅导员学术研究团队，聘请具有副高以上职称教师担任学术研究团队的指导教师，以团队形式开展学术研究和工作研究，支持辅导员向专家化方向发展。同时，建立学生工作信息资料中心，每年投入 20 万元作为学术团队研究基金。上海工程技术大学为更好地整合学生工作队伍的人力资源优势，提高工作实效和质量，搭建了学生工作创新平台，组织创建了若干个"辅导员工作室"，包括就业指导与职业教育咨询工作室、党团建设教育工作室、心理健康教育工作室、学生社区服务工作室、思想政治教育工作室、产学合作教育工作室、学生事务法律咨询工作室、辅导员培训工作室（辅导员沙龙）等，全面提升辅导员的整体业务能力，满足新时期学生思想政治教育工作的需要。

第二节　辅导员队伍建设的主要问题

近年来，高校辅导员队伍建设得到了教育行政部门的高度重视，辅导员队伍日益成熟，各项管理制度不断完善，成就显著。然而，随着时代发展和高等教育体制改革的不断深入、辅导员队伍自身的不断壮大，辅导员队伍建设中存在的一些问题已开始显现出来，集中体现在核心定位、评价方式、职业通道、能力素质等方面。

一、辅导员队伍的核心定位

（一）辅导员工作专业化不明确

辅导员除了负责学生思想政治教育工作，还要花费大量的时间和精力协助不同职能部门处理日常业务。俗话说"上面千条线，下面一根针"，这正是对辅导员日常工作的生动写照。辅导员实际上成了"保姆""消防队员""办事员""勤杂工"等，成了学校管理服务工作中的"万金油"。这种现象的存在对辅导员专业化的发展非常不利。只有辅导员分工明确、职责清晰、专职专能，才能有效促进辅导员队伍向专业化发展。

（二）辅导员角色定位出现偏差

教育部对辅导员提出三种角色要求，一是教育角色——大学生的人生导师；二是管理角色——大学生日常思想政治教育和管理的工作者、组织者和指导者；三是服务角色——大学生健康成长的知心朋友。同时，明确规定辅导员的工作职责是以思想政治教育为主，具体负责学生的党建和团建、评优评奖、违纪处理、就业指导、心理咨询等工作。但是在实际工作中，辅导员处于一种被多重管理、多重领导的状态。辅导员的身份没有得到科学界定，增加了辅导员的工作压力，弱化了辅导员的主体角色，尤其是教育角色、服务角色的作用没有突显出来。由于学生的数量增多以及特点的多样性，辅导员既要胜任大学生"人生导师"的职责，又要承担大量繁琐事务，结果造成辅导员不知所从，导致"辅而不导"，削弱了思想政治教育职能的发挥。

二、辅导员工作的评价

（一）辅导员考核缺乏针对性

辅导员多半需要处理琐碎繁杂的日常事务，其工作的定量与定性评价没有完全统一。高校一般采用德、能、勤、绩、廉五个指标划分等级对行政管理干部进行考核，这种方式虽然操作简单，但没有周全地考虑到辅导员职能范围广这一特点，不能真实全面地反映出高校辅导员的工作特点和能力。对于辅导员的某些特殊工作，如学习困难学生的转化情况、奖助学金评比等缺少一个合理的评价方式。对辅导员的考核，相关规定也只是指出："各高等学校要制定辅导员工作考核的具体办法，健全辅导员队伍的考核体系。对辅导员的考核应由组织人事部门、学生工作部门、院（系）和学生共同参与。"就目前来看，量化考核强调的是可证性，是"人的到场"，这样易于造成格式化的机械强制；而模糊评议强调的是工作到位，倾向综合评价，但缺乏可证性且过于主观化。

（二）辅导员专业评价和行政考评存在矛盾性

"高等学校应当把辅导员队伍建设作为教师队伍和管理队伍建设的重要内容。"这意味着辅导员在职务晋升方面可以走行政职务晋升和专业技术（教师）职务晋升两条道路。事实证明，行政化道路晋升会受行政编制的限制，专业化道路也需要一个类似"专职辅导员评聘"的组织来进行评审，这些都使辅导员晋升受到阻碍。在具体职称评审的过程中，将教学科研作为主要职能的高等院校又会对辅导员从事学生工作业绩的"合法性"产生怀疑，即使参与了教学职称评定，一线辅导员职称也很难评上去。除了受辅导员自身的知识能力等主观因素影响，最主要的因素是高校没有把辅导员的职称评审单列，而是把辅导员和思想政治教育系列专业课教师放在一起评审，在科研、课时等方面没有政策倾斜或者特殊政策的考量。

三、辅导员队伍的职业通道

（一）辅导员专业化发展的障碍

虽然政策制定方面已经明确了辅导员的"双重身份"，但高校仍未形成独立的组织管理模式，没有形成一套合理的评价体系，这样就使辅导员的"双重身份"没有制度可以依靠。具体表现在要求不专、发展方向不明；缺乏职业理想、自我意识低迷、学科背景与辅导员职业关联度不高；辅导员队伍专业化管理机制的结构性缺失和内涵型缺失并存。[①] 在培训与成长体系方面，国家也采取了很多措施，如设立了全国性的辅导员培训基地等，但在学校内部工作制度、培训体系以及建立不同院系辅导员之间的工作互动机制、辅导员与任课教师之间的互动机制等方面都有待进一步加强。

---

① 陈宁.辅导员队伍建设中"非专业化"障碍及其跨越[J].思想教育研究，2007（11）：25-28.

（二）辅导员队伍的稳定性不足

人们习惯把辅导员队伍排斥在专业教师队伍之外，认为只有专业学术人才才是教师。辅导员更多被看作是教学上的辅助人员，或者是一般行政管理人员，只要是跟学生有关的工作都可以交给辅导员来处理。这给辅导员造成了极大的心理压力，使辅导员一方面在教师队伍中被边缘化，另一方面为繁杂的工作所累。同时，现行高校的行政管理用人制度决定了辅导员是过渡性职业，无法打持久战。有的人是因为工作需要，被调到专门的行政管理岗位；有的人把辅导员工作当作一个"跳板"。辅导员岗位的频繁流动让辅导员队伍成了为其他工作岗位培养和输送人才的"蓄水池"和"造血器"，而自身又严重"贫血"。辅导员在职业、学术和管理领域的弱势地位，使辅导员对工作发展与前景没有期望，职业领域整体缺乏动力。

（三）学校整体发展与辅导员个体发展目标较难统一

在实际工作中，辅导员往往承担大量日常的行政管理事务，但辅导员缺乏对自身职业的认同感和归属感，学校把辅导员当成辅助人员或者边缘队伍，这就造成了学校的要求与辅导员的诉求难以协调统一，学校在整体发展中缺少对辅导员职业发展的考量，这会对辅导员队伍建设产生非常不利的影响。具体表现在以下方面：一是辅导员忙于事务，工作强度大，科研水平低，对学生引导不够，辅导员岗位流动性大，安心岗位比例偏低；二是队伍结构比例失调，队伍普遍年轻，缺乏经验，素质参差不齐，角色定位职责不够清晰，工作任务繁重；三是岗位要求高，待遇偏低；四是考评体系不完善，工作效率和积极性偏低；五是职业发展空间有限，容易出现职业倦怠等现象。

四、辅导员队伍的能力素质

（一）知识结构与理论修养不足

由于高校辅导员队伍的学科和专业背景原因，辅导员群体对与教育相关的基础性知识掌握不够，理论水平显著不足。辅导员只有把握时代特点和青年发展的变化规律，不断改进工作方式，与时俱进，才能增强工作的适应性和灵活性。[①]

在专业知识上，辅导员职业本身要求从业人员要掌握思想政治教育、教育学、社会学、心理学等多学科的专业知识，具有较高的专业素养和较为丰富的经验积累。在现实情况下，辅导员队伍整体上存在着专业结构、学历结构不合

---

① 张彦. 加强辅导员能力建设论析 [J]. 学校党建与思想教育，2012（16）：20-21.

理等问题，这些问题成为辅导员职业能力建设的不利影响因素，从而降低了辅导员的威信，损害了辅导员队伍的形象。①

在理论水平上，辅导员队伍属于高校思想政治教育队伍的有机构成，其首要任务就是贯彻国家意志和社会要求，促进学生的成长和发展。辅导员应当具有基本的政治素养和良好的政策理论水平，拥有把握社会主流意识形态的能力，以及具备"培养什么人"的判断力和自觉性。在具体工作中，只有掌握了较好的理论水平，才能够较好地引导学生树立坚定的理想信念、服从党的指导思想，要树立为社会主义伟大事业培养继承人的根本目标，不断提升政治理论功底和实践运用能力，增强大学生思想政治教育的主动性和针对性。②

（二）能力素质提升尚有空间

由于辅导员群体整体上呈现年轻化的倾向，一般都是应届毕业生入职，既缺乏工作经验，又欠缺相应的能力和素质，在短时期内提升个人综合素质和能力较为困难。结合辅导员专业化发展的新要求，辅导员工作对个人的综合能力要求日益提高，迫切需要有针对性地加强辅导员队伍的能力素质建设。

研究性学习是辅导员职业发展的重要途径，其中分析问题的能力尤为重要。辅导员要努力培养科学分析能力，对形势发展进行分析，对实践效果进行判断，并能做出合理的工作计划。同时，辅导员需要具备强烈的责任意识和敬业精神，以精益求精的态度不断增强管理和服务学生的能力，在处理纷繁复杂的学生日常事务的过程中努力实现个人的成长与发展。③

科研能力是辅导员工作的一项基本能力。要实现辅导员由实践型角色向实践—研究型角色转变，建设国家要求的专业化辅导员队伍，提升辅导员学生管理工作水平，提高大学生思想政治教育水平，从而使辅导员达到"人师"的崇高境界，所以必须提升辅导员的科研能力。④辅导员所从事的工作以引领型、实践性和助力型为主要特点，即便有长期实践的经验总结和前人的言传身教，但仍需要抓住当前社会变化和学生发展的新情况，有针对性地研究辅导员工作的新方法、新规律和新路径。"使辅导员工作脱离仅仅实践的角色，进入更深、更高的发展层面。"⑤

---

① 湛风涛.高校辅导员职业能力建设探析[J].思想理论教育导刊，2012（12）：115-117.

② 姜媛媛.高校辅导员应该具备的五种能力[J].长春工业大学学报：社会科学版，2012，24（4）：155-156.

③ 黄小铭.高校辅导员职业能力培养研究[J].教育探索，2013（7）：109-110.

④ 柏路.关于提升辅导员科研能力的思考[J].思想教育研究，2012（10）：78-81.

⑤ 张杰，王庚.论高校辅导员职业发展能力的培养[J].思想理论教育导刊，2009（8）：103-106.

第三节　辅导员队伍建设的机遇与挑战

一、全面提升高等教育质量的时代要求

（一）全面提升高等教育质量

随着我国高等教育的稳步发展，高等教育的发展目标逐渐发生转变，即从过去注重数量和规模向注重质量和效益转变。"提高质量是高等教育发展的核心任务，是建设高等教育强国的基本要求。"现阶段，我国高等教育发展的核心任务是全面提高教育质量，这是实现教育强国战略的基本要求，也是当前高等教育改革发展的主旋律。

（二）提升高等教育质量的基本途径

为全面提升高等教育质量，《国家中长期教育改革与发展规划纲要（2010—2020年）》（以下简称《教育规划纲要》）从以下几个方面高度概括了提升高等教育质量的基本途径，包括提高人才培养质量、提升科学研究水平、增强社会服务能力及优化结构办出特色等。

第一，提高人才培养质量。《教育规划纲要》指出："提高质量是高等教育发展的核心任务，是建设高等教育强国的基本要求。"重视提高人才培养的质量，即是要"着力培养信念执著、品德优良、知识丰富、本领过硬的高素质专门人才和拔尖创新人才"。根据《教育规划纲要》要求，高校应加大教学投入、加强基本教学设施的建设、深化教学改革、推进和完善学分制、强化实践教学环节、加强就业创业教育和就业指导服务、严格教学管理、健全教学质量保障体系等，通过全方位的途径和手段全面提高人才培养的质量。以上途径和措施的直接目标就是"充分调动学生学习的积极性和主动性，激励学生刻苦学习，增强诚信意识，养成良好学风"，最终全面提升高校人才培养的质量。

第二，提升科学研究水平。科研水平是反映高等学校综合实力的重要方面，在社会发展和变革中发挥着重要的作用。《教育规划纲要》指出："鼓励高校在知识创新、技术创新、国防科技创新和区域创新中做出贡献。"在这一要求下，高校应注重科研平台建设，加强基础研究和应用研究，促进科研与人才培养的互动与结合，同时"完善以创新和质量为导向的科研评价机制"，以此促进高校科研水平的提升。

第三，增强社会服务能力。社会服务是高校的重要功能之一，也是高校加

强与社会联系的必要手段。《教育规划纲要》指出，高校需要树立积极的社会服务意识，提升社会服务能力，全方位开展社会服务。具体而言，高校可以从加快成果转化、进行科普教育、推进文化传播、参与决策咨询和开展志愿服务等方面深化社会服务水平，提升社会服务的能力。

第四，优化结构办出特色。根据《教育规划纲要》要求，优化结构即是要适应国家、区域经济和社会发展的需要，建立动态调整机制，优化学科、专业、类型、层次结构，促进多学科交叉和融合，大力培养应用型、复合型、技能型人才。另外，从国家教育资源平衡发展的角度出发，高校需要进一步加大对中西部地区的招生规模，为地区性人才培养做贡献。在高校竞争日益激烈的今天，高校应当对自身进行合理规划和定位，尽量克服同质化倾向，在发展过程中努力结合自身的优势和特点，形成各自的办学理念和风格，在不同层次、不同领域办出特色。

（三）辅导员队伍建设面临的机遇

要全面提升高等教育的质量，核心问题还是人。这个"人"主要指高校的教师队伍。"大学的教师队伍在一个大学里发挥着核心的作用。"[①] 辅导员是大学教师队伍中不可分割的重要部分。要提升高等教育的质量，实现立德树人的任务，辅导员队伍是一支关键的依靠力量。因此，辅导员队伍的建设和发展需要在提升高等教育质量这个大背景下进行规划和设计，同时需要将辅导员队伍建设和发展纳入大学整体立德树人体系。正确处理好教师队伍与辅导员队伍的关系能够有效提高人才培养的质量，也能够为高校辅导员队伍建设提供重要机遇。

作为辅导员，要充分认识人才培养质量的重要性，围绕高校人才培养的根本任务开展人才培养的实践工作，特别要加强学生教学与实践环节的指导和引导，切实提升人才培养的质量。具体而言，辅导员队伍处于人才培养的第一线，与学生密切接触，可以积极探索人才培养的具体模式和途径，在创新人才培养模式中发挥积极而有效的作用。例如，从社会服务能力入手，开展志愿服务实践活动，提升大学生的综合素质和能力；积极推进文化传播，弘扬优秀传统文化，提升大学生的人文素质。

在当前高等教育大众化阶段，大学从传统的知识传授转向社会专门技术人才的培养，高校与社会的交流与合作越来越紧密，社会对大学人才培养提出了新的要求。针对日益扩大的大学职能，辅导员工作要主动融入这些变化，在大

---

① 张维迎.大学的逻辑[M].北京：北京大学出版社，2012:4.

学整体变革中找到高素质人才培养的手段和路径。例如，在教育方法上，注重人才的实践教育、创新教育和全球化发展教育；在教育手段上，在世界范围内加强和拓展与国外高校的交流与合作。合作办学是教育国际化的重要内涵。《教育规划纲要》中指出："引进优质教育资源。吸引境外知名学校、教育和科研机构以及企业，合作设立教育教学、实训、研究机构或项目。"合作与交流是促进教育国际化最直接的方式。要加快高等教育的国际化发展，积极鼓励开展中外合作办学、推动合作与交流、互派留学生等，通过合作办学引进的境外优质教育资源、管理制度能够为人才培养创造充足的物质和信息资源，进而推动学生创新能力的培养。

（四）辅导员队伍建设在高等教育国际化竞争中的机遇

在高等教育国际化的背景下，加强辅导员队伍的建设必须深刻理解高等教育国际化趋势导致的人才培养要求变化，进一步认识到人才的培养是全方位、全过程和全要素的结合，既要把培养具有国际视野、国际竞争力的创新人才作为工作的出发点，又要把培养"可靠""合格"的放心人才作为工作的落脚点，否则必然会陷入培养目的和效果的"乱"，适得其反。同时，要培养国际化人才，就需要打造一支国际化的辅导员队伍，促进辅导员队伍的专业化、职业化发展。辅导员队伍要不断适应高等教育国际化的需求，在学生事务工作、学生管理教育等方面更加体现国际元素，融入国际高等教育的大趋势。例如，若借鉴国外高校学生事务管理工作的经验，辅导员的工作和分工将会日益精细，专业化程度也会越来越高，学生事务的管理也将逐步向规范化、程序化、法制化发展。

高等教育国际化发展对人才培养提出了更为明晰的要求，国际化人才培养的理念和实践也有了新的内涵。从人才培养上看，高校辅导员需要及时更新教育理念、方法和手段，积极从国际教育的视角审视当前的学生工作，不断学习国际先进的教育理念和方法，逐步将学生事务工作的理念和实践与国际接轨，提升人才培养的服务水平，为提高我国高等教育的国际地位、影响力和竞争力贡献力量。

二、辅导员队伍自身发展的新机遇

辅导员队伍建设不仅面临着提升高等教育质量和高等教育国际化的机遇，随着我国高等教育人才培养实践的不断探索，党和国家相关部门高度重视高校辅导员队伍建设，大力创造条件，推动队伍发展，为辅导员队伍自身发展提供了前所未有的机遇。

（一）国家政策的有力保障

国家教育行政部门高度重视辅导员在高校人才培养过程中所发挥的重要作

用，也非常关注辅导员队伍的建设和发展。自 2000 年以来，在国家政策层面，公布和实施了一系列关于辅导员队伍建设的文件和指示。2004 年，《关于进一步加强和改进大学生思想政治教育的意见》文件对加强和改进大学生思想政治教育提出明确要求。2006 年，全国高校辅导员队伍建设工作会议召开，《普通高等学校辅导员队伍建设规定》把对辅导员数量的配备要求纳入教育部本科教学评估指标体系。2010 年，《教育规划纲要》明确要求高校"加强辅导员、班主任队伍建设""重视辅导员和班主任培训""创新德育形式，丰富德育内容，不断提高德育工作的吸引力和感染力，增强德育工作的针对性和实效性"。在这个背景下，各级政府和高校也陆续出台了相应的配套措施来配合国家的顶层设计，以制度性安排和政策强制力为高校辅导员队伍建设提供细化、到位的保障机制，有效落实和深化辅导员队伍改革和创新发展的思路。

（二）专业化发展的机遇

按照《关于进一步加强和改进大学生思想政治教育的意见》的指导意见，2005 年发布的《教育部关于加强高等学校辅导员、班主任队伍建设的意见》中指出："要统筹规划专职辅导员的发展。鼓励和支持一批骨干攻读相关学位和业务进修，长期从事辅导员工作，向职业化、专家化方向发展。"国家教育行政部门对辅导员的角色定位和工作定位的进一步明确在一定程度上改善了辅导员的角色困惑和职责模糊不清的状况，为辅导员专业化、职业化发展奠定了政策基础。

辅导员职责体现为以学生事务管理为基础、以思想政治教育为核心、以学生发展指导为主体，寓教育于引导服务之中。2014 年 3 月，教育部《高等学校辅导员职业能力标准（暂行）》出台，进一步为辅导员专业化发展指明了方向。这个国家层面的辅导员职业能力标准将辅导员的专业能力发展分为三个等级，即初级、中级、高级；详细厘定了每个等级的工作内容和能力要求，将辅导员工作进行专业功能划分，包括思想政治教育、党团和班级建设、学业指导、日常事务管理、心理健康教育与咨询、网络思想政治教育、危机事件应对、职业规划与就业指导、理论和实践研究九大方面。应该说，辅导员职业能力标准的出台进一步强调了辅导员的工作目标和具体要求，极大地促进了辅导员工作的职业化和专业化，为辅导员专家化发展奠定了重要基础。不少高校也积极探索、大胆创新辅导员队伍建设，大力推进辅导员专业化发展。我们有理由相信，随着高等教育的持续发展和国家教育政策的不断优化，高校辅导员队伍建设已经进入了良性发展的新时期，辅导员队伍的基本状况和总体质量得到了显著的提升，已形成一支学历结构合理、工作经验丰富、发展潜力较大的辅导员工作队伍，为下一步的职业化和专业化发展打下了扎实的基础。

（三）培养力度的不断增强

《教育规划纲要》将教师包括辅导员定位为"学生健康成长的指导者和引路人"，指出各高校应当将师德表现作为教师聘用、考核和评价的重要内容，并明确提出加强辅导员和班主任培训，通过研修培训、学术交流和项目资助等方式来提升辅导员专业水平、优化队伍结构建设。

通过构建不同层面的培训体系，进一步加强对辅导员的培养力度。国家部门、地方政府和各高校通力合作、多方联动，从国家辅导员研修基地到省市培训点，再到国内外高校进行交流学习。同时，结合校内开展的普及性培训，积极鼓励辅导员参与，逐步构建国家、省研修基地及校内外分层次、多样化的培训交流体系。这一培训体系能够有效帮助辅导员拓展工作视野，提高工作创新能力。相关部门和高校通过举办校级、省级和国家级辅导员职业技能大赛等，为辅导员提供展示工作技能和个人魅力的平台，不断引领辅导员队伍加强专业学习、增强专业技能，推进职业化发展。另外，各高校也坚持以学生教育管理服务工作面临的新情况和新问题为重点，不断组织辅导员开展校内外工作交流，并投入专项经费支持辅导员科研工作，以研究促进工作，提高辅导员的科研能力和水平。

（四）职业发展途径的逐步拓宽

职业发展是高校辅导员普遍关心的问题，也是决定辅导员职业是否具有吸引力和活力的重要问题。近年来，各高校一直积极探索辅导员队伍职业发展的良性运行机制。经过实践与探索，结合自身特点，各高校逐渐形成了多种发展路径。总的来说，目前高校辅导员主要有以下几种职业发展途径：一是把辅导员队伍作为后备干部培养，将其作为高校管理干部选拔的重要来源，积极推荐优秀辅导员流动到校内外其他管理岗位；二是通过人文关怀和文化建设加强辅导员的职业归属感，为辅导员提供职业生涯规划，鼓励和吸引更多的优秀辅导员坚持在辅导员岗位上，走职业化、专家化的发展道路；三是将辅导员评聘纳入学校教师队伍的评聘制度之中，建立起以工作业绩为主要内容、以学生满意度为重要指标的考核体系；四是根据辅导员的任职年限及工作表现，给予相应级别的行政待遇和倾斜政策。这些途径的探索为辅导员的职业发展提供了较为广阔的发展空间和可能性。

总之，国家从政策和制度层面有力地保障了辅导员队伍建设的职业环境，而辅导员专业化发展、培养力度的增强和职业发展路径的拓宽则指明了辅导员队伍工作的发展方向和基本趋势。这既对高校辅导员队伍建设提出了新的要求，又为高校辅导员队伍的发展提供了重要机遇。

第五章　高校辅导员队伍建设的对策

　　本章针对前四章进行了系统的研究，并针对高校辅导员队伍建设中存在的问题，提出了要加强高校辅导员队伍建设者的思想认识、端正辅导员队伍自身的思想认识；通过革新高校辅导员队伍建设的领导管理体制，浓厚辅导员队伍建设的组织文化，建立健全高校辅导员队伍建设的制度，以加强领导管理；通过科学化选拔、专业化培养、职业化发展和系统化评价，不断改进高校辅导员队伍建设的方法措施，较为全面、系统地提出了高校辅导员队伍建设的对策，有助于增强大学生日常思想政治教育与管理的效果。

第一节　提升高校辅导员队伍建设的思想认识

一、提高高校辅导员队伍建设者的思想认识

　　从层次上讲，高校辅导员队伍建设者主要包括教育部、地方高等教育主管部门和高校三个层面的领导和工作者。提高高校辅导员队伍建设者的思想认识需要坚持解放思想、实事求是，与时俱进、开拓创新，以人为本、执政为民的建设理念，将高校辅导员队伍建设提升到贯彻落实《关于加强和改进新形势下高校思想政治工作的意见》和《普通高等学校辅导员队伍建设规定》等文件精神和为社会主义现代化培养合格建设者和可靠接班人的战略高度。根据辅导员队伍建设的现实状况和实际需求，在政策、制度、经费、保障、监督等方面采取有效措施，把辅导员队伍建设作为加强和改进大学生思想政治教育过程中的关键环节来认真组织落实。

（一）严格评价监督，确保政策落实

各地方高等教育主管部门是高校辅导员队伍建设的纽带和桥梁，提高其对高校辅导员队伍建设的思想认识是确保各省、自治区、直辖市高校辅导员队伍建设的前提和基础。首先，需要各地方高等教育主管部门按照党和国家关于大学生思想政治教育和高校辅导员队伍建设的根本要求，积极地争取地方常委领导的支持、地方人力资源和社会保障局等相关部门的配合，共同推进高校辅导员队伍建设。其次，根据本地辅导员队伍建设的实际情况，制定并实施适合本地高校辅导员队伍建设的政策文件，依托教育部高校辅导员队伍培训和研修基地等有条件的高校组织开展培训，为辅导员队伍的发展营造氛围、搭建平台。最后，加强对本地高校辅导员队伍建设的指导、评价和监督，确保各项政策顺利落实。

为有效促成各省、自治区、直辖市高校辅导员队伍建设者思想认识的提高，教育部应像对待教育部高校辅导员培训和研修基地建设一样，实施指导、督查，定期进行评比，并公布评比结果。对思想认识不到位、建设成效较差的地方予以相应的处理并责成限期整改。

（二）增加经费投入，保证队伍编制

高校校级领导是辅导员队伍建设最基层的组织者、执行者，其思想认识直接影响辅导员队伍建设的效果。随着高等教育体制改革的不断深入，高校自主办学的权力日益增强，形成了党委领导下的校长负责制这一管理模式，学校领导的思想认识对贯彻落实党和国家以及地方高等教育主管部门有关高校辅导员队伍建设的各项政策具有极其重要的作用。从某种意义上讲，高校是辅导员队伍建设主体中最基层的组织，是各项辅导员队伍建设政策能否真正贯彻落实的关键所在。

提高高校领导的思想认识需要高校领导将辅导员队伍建设纳入学校建设发展整体的战略布局之中，通过制定和实施具体的制度和政策，在人力、物力、财力和智力上加大投入，提供保障。具体而言，就是严格按照教育部的规定配备足够的辅导员，确保辅导员队伍的规模和编制；像培养学术骨干一样将辅导员的培训纳入学校师资培训规划和人才培养计划之中，提供交流、考察和进修深造的机会和平台，确保辅导员队伍素质能力的提高；制定并实施适合辅导员队伍职业发展的职称、职级制，确保辅导员队伍有合理的发展空间；根据辅导员的工作特点，在岗位津贴、办公条件、通信经费方面等予以补贴，确保辅导员的平均收入不低于相应专业教师的实际收入。

实施高校党政"一把手"辅导员领导责任制，把辅导员队伍建设状况作为评估考核高校办学质量、办学水平和大学生思想政治工作的重要指标，作为高校领导班子和领导干部工作业绩考核的重要内容。加大辅导员队伍建设在高校党委工作评估中的权重，上级教育主管部门要不定期地对辅导员队伍建设进行抽查和督促。各高校要根据学校的实际情况，紧密结合上级教育主管部门对高校辅导员队伍建设的政策和制度要求，创造性地采取有效措施加强辅导员队伍建设。

（三）加强人文关怀，科学指导工作

当今，不少高校实行的是学校和院（系）两级负责、双重领导的管理模式。院（系）要对辅导员进行直接领导和管理，辅导员的工作、生活与院（系）领导息息相关。提升院系领导，特别是分管学生工作和辅导员队伍建设的党总支书记或副书记的思想认识，需要坚持以人为本，切实加强对辅导员的人文关怀和工作指导。

加强对辅导员的人文关怀要求院系领导把辅导员作为学生工作的核心和最重要的资源，从辅导员的切身利益出发，充分信任、尊重、关心辅导员。信任辅导员就是要给予辅导员足够的时间、空间及一定的权力来参与各项学生事务的管理，将辅导员作为学院的主人和建设者。尊重辅导员就是要以平等友好的方式对待辅导员。管理语言、管理行为应有较丰富的文化内涵，应充盈人文关怀气息，尽力减少"管、控、压"的权力强制痕迹，尊重他们的个性人格，尊重他们的劳动贡献，更多地鼓励和肯定他们在学习和工作中所取得的成绩，对于辅导员出现的失误和过错则应以博大的胸怀帮助解决，促进提高。关心辅导员要求院系领导充分了解辅导员的内心需要和思想动态，注重辅导员的长远发展、全面发展，注重辅导员培训，在政治待遇上予以关心、生活上予以关爱、工作上予以关怀，真正做到感情留人、待遇留人，从而不断激发辅导员工作的积极性和创造性，挖掘辅导员的潜能，实现辅导员的价值，以实现高校和辅导员自身的共同发展为最终目标。

同时，高校要把与辅导员队伍建设相关的工作列为对各院系考核的重要指标，将辅导员队伍建设的实际效果作为对院系领导班子和领导干部年度考核的重要内容。各级高等教育主管部门和领导应通过指导、检查和激励等措施调动各级辅导员队伍建设者的积极性，把握好高校辅导员队伍建设的各个关键环节，从思想认识、体制机制、政策措施、培养人才等方面采取有力措施，调动广大辅导员的积极性，提高辅导员的工作水平。

二、端正高校辅导员队伍自身的思想认识

新阶段，转变高校辅导员队伍建设者的思想观念、加强高校辅导员队伍建设的组织推动只是高校辅导员队伍建设的外在因素，其核心和关键是要充分发挥高校辅导员队伍自身的主体性。

辅导员对自身职业性质、标准、职责、价值等的理解、判断、期待与认同是影响辅导员职业价值取向的内部动因，也是辅导员职业形象树立的基础。加强对辅导员专业意识的培养可以提高辅导员对辅导员工作存在的价值和必要性的认识。高校辅导员需要自觉增强大学生日常思想政治教育和管理工作的能力，提高水平，通过参加各级培训、申报研究课题和自我学习、自我教育等方式增强自身的理论素养，注重在工作实践中反思、总结、提高，增强育人本领和业务技能。

辅导员的职业情感是需要和人的社会性联系在一起的一种较复杂又稳定的评价和体验。对辅导员实施必要的职业情感教育有助于增强辅导员的职业认同感和价值归属感，提升辅导员的工作激情和信心，从而表现出一种献身学生工作、自强不息、执着追求的精神状态。促使辅导员终身从事辅导员工作需要辅导员正确认识自身工作在高校人才培养中的重要价值和现实意义，自觉增强教书育人的使命感和责任感。作为一名在岗在任的辅导员，应当热爱辅导员工作，把学生的发展和进步视为实现自身人生价值的重要阶梯，自觉增强职业认同感和组织归属感。

辅导员的职业动机是形成专业态度的驱动力量，任何动机都是基于需要而产生的。不同的动机会带来不同的行为态度与行为效果。辅导员一旦确立了正确的职业动机，职业动机就将对其职业发展起到激发、定向、维持与调节的功能，会影响辅导员的教育情感、态度、效率等，最终影响其专业化、职业化发展。态度是人们在自身道德观和价值观基础上对事物的评价和行为倾向，表现为对外界事物的内在感受、情感和意向。要构建、开发辅导员职业态度内容体系，提高辅导员价值认同、情感归属等内在的职业心理动机和职业理想信念。加强对辅导员职业意识内容体系的建设有助于辅导员明确自身的社会地位和价值，准确地进行自我角色定位，从而克服因部分辅导员从业心态不端而导致的队伍稳定性差的问题。

第二节　加强高校辅导员队伍建设的领导管理

一、革新高校辅导员队伍建设的领导管理体制

（一）革新高校辅导员队伍建设的领导体制

领导体制是指独立的或相对独立的组织系统进行决策、指挥、监督等领导活动的具体制度或体系，其核心内容是用制度化的形式规定组织系统内的领导

权限、机构、关系及活动方式，遵循明确的管理层次、等级序列、指挥链条、沟通渠道等进行的规范化、制度化或非人格化的活动。高校辅导员队伍建设需要通过组织的推动和引领，为其提供宏观的政策导向，发挥地方教育主管部门的指导和监督作用，确保高校辅导员队伍建设各项政策的执行和落实。

首先，建立健全高校辅导员队伍建设的组织机构。高校辅导员队伍建设的组织机构是指辅导员队伍建设各项政策制定、实施的领导组织、监督等职能部门，包括国家、地方和高校三个层面。建构涵盖国家、地方和高校三位一体的领导格局，为新时期高校辅导员队伍建设提供坚强的组织保障，能够不断增强辅导员的组织归属感，有效激发辅导员队伍的工作潜能。根据人力资源管理的相关资料，高校辅导员队伍建设科学完善的组织机构如图 5-1 所示。

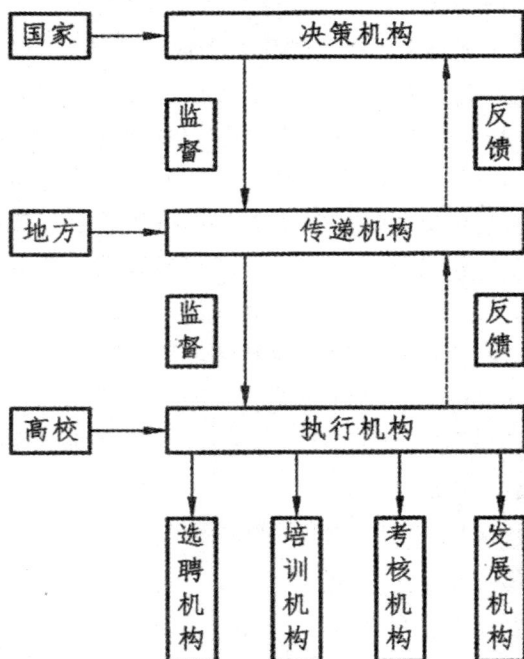

图 5-1 高校辅导员队伍建设的组织机构

在国家层面上，高校辅导员队伍建设的组织管理机构主要是从宏观层面上规划和制定高校辅导员队伍建设的各项政策。《关于加强和改进新形势下高校思想政治工作的意见》和《普通高等学校辅导员队伍建设规定》等都是新阶段高校辅导员队伍建设的政策依据和行动指南，地方和高校应高度重视并全面贯彻执行。目前，在国家层面上，教育部思想政治工作司牵头负责全国高校辅导员队伍建设，开展了大量辅导员队伍建设的指导、监督工作，为高校辅导员队伍建设做出了表率。

在地方层面上，高校辅导员队伍建设的组织管理机构主要是指各省、自治区、直辖市高等教育主管部门下设的学生工作部（处）或宣教处。其主要职责是负责向所辖区域高校传递和部署高校辅导员队伍建设的相关要求，负责指导、监督和向国家反馈高校辅导员队伍建设的执行落实情况等。地方层面的高校辅导员队伍建设的组织机构是队伍建设的桥梁和纽带，对本地区高校辅导员队伍建设具有重要的作用。例如，上海市高校辅导员队伍建设能在全国范围内取得特别突出的成绩，与上海市教委的职能发挥和辛勤努力是密切相关的。

在高校层面上，高校是辅导员队伍建设的执行机构，在国家和地方关于辅导员队伍建设的政策指导下，通过设置选聘机构、培训机构、考核机构和发展机构，贯彻落实上级关于高校辅导员队伍建设的各项政策和措施。高等学校直接接受地方教育主管部门的监督，同时要向上级职能部门反馈本校辅导员队伍建设的实施情况。随着高校自主办学权力的日益增强，高校对辅导员队伍建设的重视程度、投入力度直接影响着辅导员队伍建设的效果。由于各个高校办学规模、层次水平存在差异，考虑到成本效益的实际现状，高校在设置辅导员队伍建设的选聘、培训、考核和发展机构时，可以考虑通过建立利益共同体、虚拟组织等方式进行，以降低成本投入，但是不设置相应的组织管理机构是极不利于高校辅导员队伍建设的。

其次，成立高校辅导员队伍建设的协会组织。协会是指由个人或组织为达到某种目标，通过签署协议自愿组成的团体或组织。建立并完善新时代高校辅导员队伍建设的协会组织机构，是对正式组织的有益补充。它的产生和发展是社会分工的结果，反映了高校辅导员队伍自我服务、自我协调、自我监督、自我保护甚至自我发展的意识和诉求。

2008年，中国高等教育学会辅导员工作研究分会正式成立，为全国高校辅导员的成长和发展做出了积极的贡献，取得了优异的成绩，赢得了高校辅导员队伍的高度认可。有的省、自治区、直辖市和高等院校也先后建立了对应的辅导员协会，积极为辅导员队伍建设搭建了属于自己的组织机构，营造了良好的组织环境。但是，全国各省市和众多高校辅导员队伍建设的协会组织数量还有待增加，协会组织的功能还有待进一步发挥。高校辅导员队伍建设协会只有得到了充分的发展，才能更好地适应和满足新时代高校辅导员队伍建设的需要。

再次，深化双重领导体制，明确校院两级职责。高校辅导员队伍建设领导体制是高校辅导员队伍领导管理的重要内容。教育部颁发的《普通高等学校辅导员队伍建设规定》明确提出了"高等学校辅导员实行学校和院（系）双重管理"，强调指出"学生工作部门牵头负责辅导员的培养、培训和考核等工作，同时要与院（系）党委（党总支）共同做好辅导员日常管理工作。院（系）党委（党总支）负责对辅导员进行直接领导和管理"。为此，加强高校辅导员队伍建设双重领导必须明确校院两级的工作职责，建立相应的高校辅导员队伍建设的领导机构，加强高校院系党总支副书记的领导管理能力。

有学者指出，"建立健全辅导员队伍建设的体制，不仅能明确辅导员队伍建设的领导责任和管理关系，而且能为辅导员队伍建设各项措施的全面落实提供最根本的组织保障。领导体制和管理体制也因此成为辅导员队伍建设的基础"。一方面，在校级层面上，需要成立高校辅导员队伍建设领导小组，以有利于辅导员队伍切身利益和发展为目标，履行或实施规划职能、协调职能和督导职能，为辅导员队伍建设各项政策的有效落实提供政策、人力、物力和财力上的支持和保证。另一方面，在院系层面上，要形成以分党委或党总支副书记为领导的辅导员队伍建设小组，履行好执行职能、管理职能和发展职能。在高校内部，院系分党委、党总支副书记是辅导员最直接的领导，对辅导员工作的开展和队伍建设具有至关重要的作用。

（二）革新高校辅导员队伍建设的管理体制

管理体制是指管理系统的结构和组成方式，它规定了在各自方面的管理范围、权限职责、利益及其相互关系的准则。它的强弱直接影响到管理的效率和效能。

传统的高校学生工作模式与新时期高校辅导员队伍工作职责不断扩张、劳动强度不断增大之间的矛盾日渐凸显，影响和制约了高校辅导员队伍的专业化、职业化和专家化发展，引起了学术界和理论界的高度重视。当前，学术界对高校辅导员队伍建设的管理体制或组织结构进行了理论探讨。北京邮电大学等高校进行了辅导员队伍管理体制的实践创新和变革，均取得一定的成绩，为革新高校辅导员队伍建设的领导体制奠定了坚实的理论和实践基础。在理论研究方面，彭庆红教授在分析国内四种较为典型的高校辅导员队伍建设管理体制和工作系统组织结构模式的基础上，进行了理论和实践创新，提出了建构如图5-2所示的组织领导模型，具有一定的代表性。

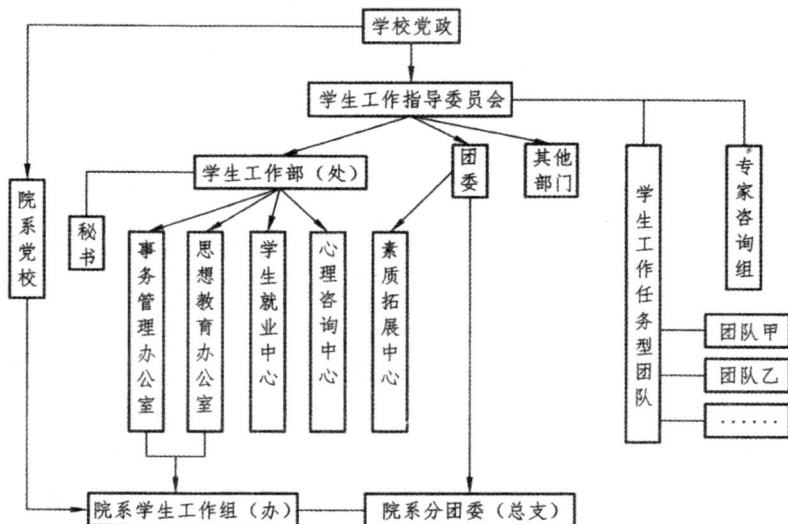

图 5-2　高校辅导员队伍领导模型

通过分析研究，学者们对高校辅导员队伍工作模式进行了有益的探索，做出了积极贡献，但仍存在一些不足。为了达到明确高校辅导员工作职责、降低辅导员工作的劳动强度、增强辅导员队伍的育人效果的目的，学者在坚持以人为本、面向学生和全员育人的原则下，借鉴理论研究的诸多成果，优化和完善了高校辅导员队伍的领导管理模式。具体如图 5-3 所示。

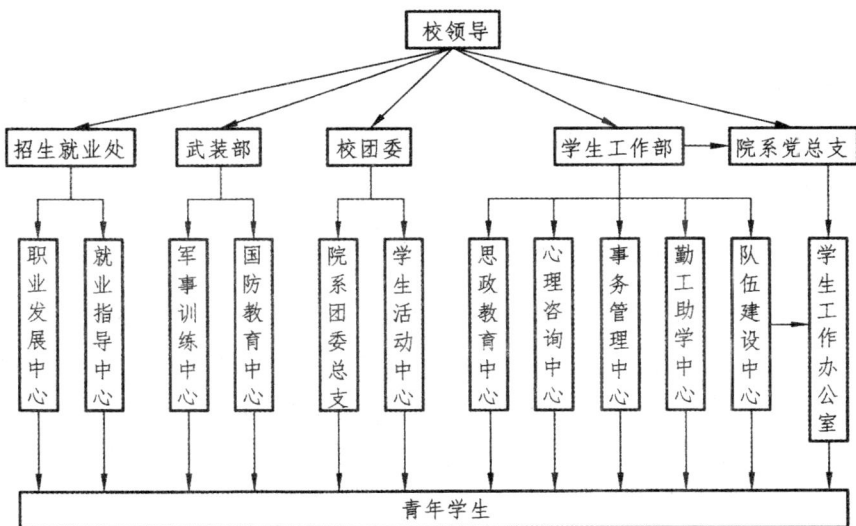

图 5-3　高校辅导员队伍建设领导体制

从宏观上讲，高校辅导员队伍建设的领导体制涵盖了国家、地方、高校对辅导员队伍建设的领导与管理的思维理念、价值取向和行为模式。在坚持加强党对高校辅导员队伍建设领导的原则下，对辅导员队伍建设产生最为直接影响的建设主体主要体现在高等学校层面。因此，从狭义上讲，高校辅导员队伍建设的领导体制是在实施学校和院（系）双重领导的前提下，高校关于辅导员队伍建设的目标指向、行为方式、工作范式的总和。由于现行高校辅导员工作承载着学生工作的绝大部分内容，高校辅导员队伍建设与学生工作模式有着天然的紧密联系，直接影响着高校辅导员队伍建设的领导体制。

要树立"以生为本""全员育人"的教育理念，学校领导必须根据当前大学生成长、成才的基本规律和内在要求，对非教学活动的各个方面进行分层分级，理顺工作职责，明确高校辅导员队伍的职责界限。现代社会组织都强调职责明确、权责对等，只有这样，组织内各系统才能良好运转，发挥最大效益。根据对《普通高等学校辅导员队伍建设规定》中高校辅导员队伍的九条工作职责的审视，辅导员应是专门从事大学生日常思想政治教育和管理工作的专业人才队伍，能够为学生全面发展和健康成长提供专业性强、不可替代的服务。明确职责界限要求我们不能将辅导员队伍的职责完全等同于辅导员个体的职责，两者是有区别的。事实上，让一个辅导员承担几百名学生的思想指导、学业辅导、心理疏导、职业引导等工作本身就非明智之举。学校应组织学校各部门，将与学生相关的各项工作逐一细化，根据工作的性质、内容进行对应归口。对于边界模糊的工作，可根据学校实际，通过召开教代会、工代会予以决定，并通过制度予以保障。学校各职能部门应明确学生教育管理工作的职责界限，主动承担相应的育人职责，除院系党总支和学生工作部门外，其他职能部门不能无条件地给辅导员安排额外的工作任务。同时，要建章立制，逐步使辅导员队伍从泛化无序的工作范式向科学规范的思想政治教育回归。

二、浓厚高校辅导员队伍建设的组织文化

（一）深刻认识加强高校辅导员队伍组织文化建设的重要意义

关于组织文化的含义，学术界有不同的定义，但是共同价值观是组织文化含义的核心，这已基本成为国内外学者的共识。他们都强调了组织文化是人们的认知结构、思维方式、理想信念、情感意志等的集中体现。美国著名的管理

学教授斯蒂芬·P. 罗宾斯（Stephen P. Robbins）[①]认为组织文化是成员共享的意义体系，与其所重视的一组重要特质相互搭配即成为组织文化，并将组织文化归纳为成员的认同、强调团队、以人为主、单位整合、控制、风险容忍度、报酬准则、冲突容忍度、过程结果取向以及开放系统重视度等十大要素。这一描述十分适合高校辅导员队伍的组织文化建设。加强高校辅导员队伍的组织文化建设，需要深刻认识其重要意义。

首先，加强组织文化建设有助于增强高校辅导员队伍的凝聚力和向心力。组织文化是组织中全体成员共同创造的群体意识，能把各个方面、各个层次的辅导员团结在组织的周围，产生一种凝聚力和向心力，使个人的情感意识、行为规范与组织的发展紧密联系，对组织产生强烈的归属感和认同感，使辅导员将组织视为自己的精神家园，从而以组织的生存和发展为己任，与组织休戚相关、进退与共。大学生思想政治教育是一项系统工程，需要社会各界、高等学校，特别是辅导员队伍内部形成良好的育人合力。加强高校辅导员队伍的组织文化建设有助于队伍内部形成强大的合力，让大家心往一处想、劲往一处使，为共同推动大学生思想政治教育和管理工作做出积极的贡献。从人力资源管理的角度看，要使组织成员高效率工作，应先使员工对组织文化及组织目标有较高程度的认同，从而使组织目标与个人目标实现有机统一，形成对组织的承诺和职业忠诚。

其次，加强高校辅导员队伍的组织文化建设是辅导员队伍敬岗爱业、潜心育人的动力源泉。高校辅导员工作是一项良心活。由于高校辅导员队伍工作的特殊性质，辅导员队伍的劳动效果和质量难以在短时间内显现。因此，一个辅导员在工作时间、工作精力的投入上更应强调由自发状态向自觉行为转变，不断增强立德树人的意识和本领。加强组织文化建设、营造良好的组织氛围不仅有助于舒缓辅导员的工作压力和心理压力，还有助于增强高校辅导员队伍工作的自觉性和主动性，是辅导员队伍敬岗爱业、潜心教书育人的动力源泉。

再次，加强高校辅导员队伍的组织文化建设有助于辅导员队伍的自我发展和自我实现。一个人的成长和进步离不开群体组织的氛围。根据人才学基本理论知识，人才资源的有效开发既需要组织的推动，又需要个人的努力。因此，良好的组织文化对高校辅导员队伍的自我发展和自我实现具有积极的作用。因为组织文

---

① 　斯蒂芬·P. 罗宾斯(Stephen P. Robbins)是美国著名的管理学教授，组织行为学的权威，他在亚里桑纳大学获得博士学位，曾就职于壳牌石油公司和雷诺金属公司，有着丰富的实践经验，先后在布拉斯加大学、协和大学、巴尔的摩大学、南伊利诺伊大学、圣迭戈大学任教。

化就是在组织具体的历史环境及条件下，将人们的事业心和成功欲转化成具体的奋斗目标、信念和行为准则，形成员工的精神支柱和精神动力，使大家为组织的共同目标而不懈奋斗，并在实现组织目标的同时发展自我、实现自我和超越自我。正是因为组织文化对组织成员具有强烈的导向和规范作用、激励与约束作用，所以才能在辅导员队伍的建设和发展中产生积极的、正面的效果。

最后，加强高校辅导员队伍的组织文化建设是形成良好人际关系的重要保证。而良好的人际关系是现实社会顺利开展各项工作的重要保障。高校辅导员工作在很大程度上需要和不同层次的人员交往和沟通，要组织、协调各方面的教育资源，全面、客观地掌握青年学生的思想动态和意识行为。加强高校辅导员队伍的组织文化建设，对内旨在提升队伍组织内部的自豪感、责任感和荣誉感，形成心理共识；对外旨在逐步塑造高校辅导员队伍的组织形象，提高社会的认同度和满意度。

（二）明确高校辅导员队伍组织文化建设的内容体系

加强高校辅导员队伍的组织文化建设必须科学明确组织文化建设的内容体系。根据组织行为学相关理论知识，从层次上讲，组织文化内容体系主要包含观念层、制度行为层和物质层三个方面的内容。具体而言，高校辅导员队伍组织文化建设的内容体系应该包括组织核心价值观、组织精神、伦理规范、组织素养和组织形象等方面的内容。

首先，凝炼高校辅导员队伍的核心价值观。高校辅导员队伍的核心价值观是指高校辅导员队伍建设的管理层和全体辅导员对该组织的经营活动以及指导这些活动的基本观点，包括高校辅导员队伍存在的意义和目的、组织结构的作用、行为准则和利益分配等，具体包括组织哲学、价值观念和组织精神等内容。

其次，明确高校辅导员队伍的伦理规范。组织的伦理规范是组织在长期的教育管理活动中形成的、高校辅导员应自觉遵守的道德风气和习俗。

再次，增强高校辅导员队伍的组织素养。组织素养包括组织中各级员工的基本思想素养、科技和文化教育水平、工作技能、精力以及身体状况等。组织素养越高，组织成员的管理哲学、敬业精神、人本主义的价值观念、道德修养等就越高。

最后，塑造高校辅导员队伍的组织形象。组织形式是指社会公众和组织成员对组织、组织行为和组织的各种活动成果的总体印象和认可度。对高校辅导员队伍内部来说，高校辅导员队伍的组织形象主要包括辅导员的工作环境、规章制度和管理行为。并非所有的规章制度都是组织文化的内容，只有那些能激发职工积极性和自觉性的规章制度，才是组织文化的内容，其中最主要的就是民主管理制度。再好的组织哲学或价值观念，如果不能有效地付诸实施，就无法被职工所接受，也就无法成为组织文化。因此，坚持以人为本，充分尊重高校辅导员队伍劳动价值的组织哲学、价值观念、道德规范，是高校辅寻员队伍组织文化建设的直接体现，也是彰显高校辅导员队伍组织形象和社会地位的桥梁。

（三）提高高校辅导员队伍组织文化建设的措施

良好的组织文化能够创造出和谐、上进的组织氛围，产生源源不断的精神动力，推动组织和员工共同发展。加强新时期高校辅导员队伍的组织文化建设，应进行组织文化诊断，确立组织共同理想，采取有效措施，浓厚组织文化氛围。

首先，科学诊断高校辅导员队伍的组织文化建设现状，确立高校辅导员队伍组织文化建设的共同愿景。科学诊断高校辅导员队伍的组织文化需要明确组织文化的内容。高校辅导员队伍建设者要在明确组织文化建设内容的基础上，建构科学的测评体系，开展深入、全面和系统的调查研究，从观念层、制度行为层和物质层进行科学诊断，从而为凝练高校辅导员队伍组织文化的核心价值观、制定科学的管理制度与行为规范、优化办公环境等提供现实依据。确定新时期高校辅导员队伍组织文化建设的共同愿景，需要确立队伍的核心价值观。组织价值观是整个组织文化的核心，确立组织价值观要立足于本组织的具体特点、目的、环境要求和组成方式等，选择适合自身发展的组织文化模式，力保组织核心价值标准正确、明晰、科学，具有明显的特点。组织核心价值观和组织文化要体现出高校辅导员队伍的宗旨、管理战略和发展方向；要切实关注高校辅导员队伍的接受度，使之与本校辅导员队伍的基本素质相符；要发挥高校辅导员队伍的创造精神，认真听取辅导员的各种意见，并经过自上而下和自下而上的多次反复，审慎选出既符合高校特点又反映辅导员社会心态的核心价值观和组织文化模式。除此之外，高校辅导员队伍的组织文化建设要把握住核心价值观与组织文化各要素之间的相互关系，因为各要素只有经过科学的组合和匹配，才能实现系统的整体优化。

其次，强化高校辅导员对组织文化的认同感。任何一个组织，随着其生长发展和历史延续，总会形成一些共同的价值准则、基本信念和行为规范，形成区别于其他组织的独特的组织哲学、组织精神、道德准则和组织风气，即自己独特的组织文化。高校辅导员队伍的组织文化建设具有重要的价值功能，因而必须采取有效措施，让组织文化由自发向自觉转变，让组织的价值观念深入人心，从而强化高校辅导员对组织文化的认同感。一方面，需要利用一切宣传媒体进行宣传，使高校辅导员独特的组织文化深入人心，成为激励广大辅导员奋发向上的精神动力。另一方面，加强对高校辅导员队伍的培训，提高辅导员的职业素养和工作能力，提升整个高校辅导员队伍的社会形象和社会地位。提升其社会形象和社会地位的有效途径是树立起高校辅导员个体及队伍的先进典型。2007 年以来，教育部和部分省市组织开展的高校优秀辅导员年度人物的评选活动，就是树立典型、提升形象的有效途径。这不仅让优秀辅导员得到了心理上的慰藉与满足，还为其他辅导员树立了榜样，指明了前进的方向，提升了高校辅导员队伍的社会地位和组织形象。

再次，巩固和丰富高校辅导员队伍的组织文化。高校辅导员队伍组织文化的建设和发展同其他事物一样，存在策划酝酿、形成、巩固、发展、衰老的过程。组织文化的建设就是在传承与创新中不断发展和完善的。要保证组织文化相对持久的生命，延缓组织变革的周期，需要不断地巩固高校辅导员队伍组织文化建设的成果。因此，需要建立必要的制度保障，培养高校辅导员良好的职业道德和高尚的职业操守。辅导员不但要爱岗敬业，在大学生思想政治教育中扮演不可替代的角色，而且要具备维护队伍形象和声誉的职业操守与底线。

任何一种组织文化都是特定历史的产物。当组织的内外条件发生变化时，组织必须不失时机地丰富、完善和发展组织文化。这既是一个不断淘汰旧文化和不断生成新文化的过程，又是一个认识与实践不断深化的过程，并由此经过不断的循环往复而达到更高的层次。因此，高校辅导员队伍的组织文化并非是一成不变的，高校辅导员队伍建设的主客体应当坚持以人为本、与时俱进的发展眼光，不断丰富和完善高校辅导员队伍的组织文化，营造良好的组织氛围，促进高校辅导员队伍各种育人潜能的充分发挥，提高大学生思想政治教育的实效性。

三、建立健全高校辅导员队伍建设的制度

（一）完善高校辅导员队伍建设的制度

1. 完善高校辅导员队伍建设的现行制度

新阶段，在《普通高等学校辅导员队伍建设规定》的政策指引下，各地各高校纷纷建立了相应的制度体系，为高校辅导员队伍建设提供了政策指引和制度保障。目前，高校辅导员队伍建设既有的政策和制度主要包括高校辅导员队伍的配备与选聘、培养与发展、管理与考核等方面的内容。笔者从调研和访谈中获悉，到目前为止，很多高校或省市在高校辅导员队伍制度建设方面虽然遵照教育部的指示制定了相应的政策和制度，但这些政策和制度仍比较笼统，未

能将选聘、培养、发展等逐一细化，形成单一的规章制度，可操作性不强。另外，部分省市和高校还缺少适合自身辅导员队伍建设的规章制度。例如，大多数高校辅导员队伍发展的制度建设相对滞后，不少高校在辅导员队伍的发展和晋升方面依然采用与专业教师职务评聘相同的标准，未能严格按照教育部规定的高校辅导员队伍可以双线晋升的要求制定和落实高校辅导员队伍的发展制度。因此，必须完善高校辅导员队伍建设的现行制度。

2. 完善高校辅导员队伍制度建设的理念和措施

制度建设是一个制定、执行并在实践中检验和完善制度的动态过程。巩固和完善高校辅导员队伍的制度建设是对现行高校辅导员队伍制度建设内容的补充和改良，促使制度在高校辅导员队伍建设中发挥导向、保障和激励的作用。因此，完善高校辅导员队伍制度建设应以科学的理论为指导，关注社会环境和教育对象的变化，坚持以人为本、全面协调可持续发展的核心理念，坚持与时俱进、开拓创新的原则，不断巩固和完善高校辅导员队伍的现行制度。高校辅导员队伍建设者应当确立高校辅导员队伍建设的目的（为什么），明确高校辅导员队伍建设的内容（建什么），优化高校辅导员队伍建设的方法（怎么建），采取有效措施建立健全高校辅导员队伍建设的相关制度。

（二）探索和建立高校辅导员队伍建设新的制度

通过对高校辅导员队伍建设现行制度的分析，笔者发现，很多高校辅导员队伍的制度建设更多地侧重人力资源管理的研究范畴，制度建设的研究视野还不够开阔，需要进一步探索和创新。

根据组织行为学[①]的观点，任何组织或者队伍都有一个萌芽、形成、发展、衰退和消亡的过程。完整的制度建设应满足和伴随其整个发展过程。新时期，高校辅导员队伍制度建设还不完整。一方面，从现代人力资源管理的角度看，高校辅导员队伍的现行制度还未完全涵盖队伍建设的各个方面。例如，高校辅导员的淘汰退出制度、辅导员队伍建设的支撑联动制度、高校辅导员队伍建设的评价惩罚制度以及辅导员队伍建设的科学规划制度等还未被提上议事日程。另一方面，就高校辅导员队伍建设的内容而言，新时期高校辅导员队伍的思想建设、组织建设等具体制度还未涉及。《普通高等学校辅导员队伍建设规定》

---

① 　组织行为学是系统地研究人在组织中所表现的行为和态度的学科。它是行为科学的一个分支，是一门以行为学为基础，与心理学、社会学、人类学、工程学、计算机科学等学科相交叉的边缘性学科。社会的发展，尤其是经济的发展促使了企业组织的发展，因而组织行为学越来越受到人们的重视。

中涉及的配备与选聘、培养与发展、管理与考核等内容，仅仅从高校辅导员队伍建设的运行环节和建设措施等方面进行了政策和制度上的宏观指导，还不能完全满足新时期高校辅导员队伍建设的具体需要。高校辅导员队伍建设的长效机制还未完全建立。因此，高校辅导员队伍建设者需要进一步加强淘汰退出制度、支撑联动制度和思想建设、组织建设等方面的建设。需要采取有效措施建立新的制度，为高校辅导员队伍建设提供更加完备、可行的制度保障。

（三）加大对高校辅导员队伍建设制度的执行力度

高校辅导员队伍的制度建设是一项系统工程，需要国家、地方和高校等辅导员队伍建设主体上下联动、齐抓共管，这样才能更好地发挥制度在高校辅导员队伍建设中的重要作用。在建立健全高校辅导员队伍建设相关制度的前提下，要狠抓制度落实，加强督促检查，维护制度的权威性，真正做到用制度管权、按制度办事、靠制度管人。

首先，学深吃透制度。要想将制度变为自己的自觉行动，必须掌握其内容，牢记其规定。要通过举办讲座、召开座谈、开展讨论等形式，组织广大与高校辅导员队伍建设有关的人员认真学习，使大家对各项制度了解得更详细、理解得更透彻、把握得更准确、执行得更自觉。上级高校辅导员队伍建设的组织管理部门具有信息、政策和决策上的优势，应当加强对下级部门的指导和帮扶。上级部门除了下发高校辅导员队伍建设的政策文件，还可以进一步下派工作人员到基层短期现场办公，开展政策宣讲、咨询服务和技术支持等指导性的工作，帮助下级部门解决高校辅导员队伍建设过程中存在的突出问题。

其次，严格执行制度。实践表明，一些制度之所以没有发挥应有的效力，一个重要的原因就是执行不力、落实不够。要防止只把制度写在纸上、挂在墙上，做表面文章、摆花架子的行为；避免制度实施过程中一遇到困难和问题就半途而废、绕道而行的现象。在具体实践中，要做到执行决议不动摇、执行规定不走样、执行制度不变通，毫不含糊地严格落实各项决议决定、规章制度，切实用制度整合人们的思想，约束人们的行为，规范工作的程序，保证工作的落实。

在现实生活中，要大力推广部分地方或高校在辅导员队伍建设方面的先进经验。由于各地各高校对辅导员队伍建设的重视和投入力度不一，高校辅导员队伍建设存在较大的差距。因此，要采取有效的措施，广泛宣传和大力推广先进的经验和措施，激励、鞭策和督促辅导员队伍建设相对滞后和乏力的高校。在宣传上，应进一步通过报纸杂志、网络传媒等宣传高校辅导员队伍建设中的先进事迹、典型案例和建设成果，供其他地方或高校学习和借鉴。各高校在辅导员队伍建设上应相互学习，客观准确地评价自身在辅导员队伍建设中的投入与付出、成绩与不足，虚心向其他先进高校学习请教，在借鉴中紧密结合自身实际情况，采取有效措施，扎实推进高校辅导员队伍建设，让党和国家科学的政策和制度惠及广大高校辅导员。

再次，实施督促检查。对制度执行情况要经常督促检查，及时发现问题，堵塞工作漏洞，推动制度落实。新制度出台后，要有督促、有检查、有评估、有反馈，坚持客观、公正、准确、全面的原则，采取全面检查与重点抽查的方式，及时掌握制度执行的情况，尽快纠正偏离制度的行为。通过检查制度实施情况，做到拾遗补阙，该废除的废除，该修改的修改，该补充的补充，该完善的完善，以实现制度建设的与时俱进。

加强对高校基层辅导员队伍建设的指导和监督是新时期高校辅导员队伍建设的关键环节和重要保障。任何政策和制度不能得到有效贯彻、落实和执行，都只能是一纸空文，不能对高校辅导员队伍建设产生任何实质性的影响，甚至还会导致部分辅导员产生新的失落和不满。纵观改革开放以来高校辅导员队伍建设中存在的问题，有的是在 20 世纪 80 年代便已存在的问题，到现在都还没有得到根本的改变，其中一个重要的原因就是高校辅导员队伍建设的有关制度没有很好地贯彻和落实。因此，各级高校辅导员队伍建设的主体应当明晰职能、合理分工，在推进我国高校辅导员队伍建设相关制度建设的进程中扮演好各自的角色，发挥各自的作用。

第三节 改进高校辅导员队伍建设的方法措施

一、科学化选拔

（一）遵循高校辅导员选拔原则

1. 坚持德才兼备、以德为先的原则

德才兼备、以德为先是中国共产党对干部选拔任用工作历史经验的科学总结，是对党的组织路线和干部政策的丰富发展，是新时期党的干部工作的重要指导方针。科学实施高校辅导员的职业准入也必须坚持德才兼备、以德为先的指导思想和基本原则。

坚持德才兼备、以德为先的职业准入原则，就是要将高校辅导员的思想道德素质摆在职业准入的首要位置。坚持德才兼备、以德为先有助于保证高校辅导员队伍的整体素质。高校辅导员队伍的素质如何，直接影响着青年学生的成长和发展。因此，坚持德才兼备、以德为先是保证高等学校社会主义办学方向、提高人才培养质量，特别是培养社会主义合格建设者和可靠接班人的具体要求。

坚持德才兼备、以德为先是保证高校辅导员队伍专业化、职业化和专家化发展的基础环节。高校辅导员工作极其复杂且相当辛苦，如果没有热爱大学生思想政治教育和管理工作的思想准备、没有全心全意为学生服务的理想信念，辅导员就无法持续地、热情高涨地开展各项工作，还很可能导致思想不稳、工作乏力，难以潜心教书育人，容易产生职业懈怠。因此，只有精心选拔"政治强、业务精、纪律严、作风正"，德才兼备、乐于奉献、愿意长期从事大学生思想政治教育事业的辅导员，才能有效推进高校辅导员队伍朝专业化、职业化和专家化方向发展。

2. 坚持优化队伍结构的原则

大学生思想政治教育是一项系统工程，优化高校辅导员队伍结构就是在整合高校辅导员队伍内部资源的基础上形成育人合力，提高育人效果。结构决定功能，只有合理优化高校辅导员队伍的内部结构，才能更好地发挥高校辅导员队伍整体的育人功效。优化高校辅导员队伍结构，需要高校在全面、客观、科学分析辅导员队伍现实状况的基础上，从全局的、发展的和辩证的角度，密切关注高校辅导员队伍的年龄、性别、学历、专业以及职称职务等结构的合理配置。从入口处改善高校辅导员队伍结构是优化辅导员队伍结构的一个重要途径，应当科学规划，循序渐进。

3. 坚持竞争与择优的原则

竞争是社会主义市场经济的特征和规律之一，同时也是人才选拔的重要途径和根本措施。只有通过合理的竞争，才能挑选到合适的人选来胜任辅导员工作。为此，高校应在坚持发展经济的前提下，优化校园环境，浓厚校园文化，提升社会声誉，增进组织的吸引力和社会美誉度，在市场经济的调节下更多地吸引社会各界优秀人才竞聘辅导员岗位，为选拔优秀的、合适的人选提供人员保障。高等学校应当贯彻和落实"要像重视业务学术骨干一样重视辅导员、班主任的选拔、培养和使用"的指导思想，坚持竞争与择优的准入原则，确立科学的准入测评体系和方法，组建具有准入测评资质的测评人员队伍，坚持科学的选聘程序，方能挑选到合适的人选。随着社会分工日趋细化，不少职业都建立了自己的职业准入机制，如公务员、律师等必须通过专门的资格考试才能获取相应的从业资质。因此，高校辅导员的准入，也应当举办标准相对统一的职业资格考试，实行职业资格准入的运行机制，公平竞争、择优录用，达到人尽其才、才尽其用的良好效果。

4.坚持层次性和灵活性原则

由于我国高等学校辅导员队伍建设现状差异明显，高校辅导员职业准入应该注重层次性和灵活性。各高校应根据当前辅导员队伍建设的现实状况，严格遵循教育部相关文件精神，按照"专兼结合、以专为主"的配备方式设置辅导员工作岗位。由于不同高校在办学规模、国家经费投入和发展历史等方面情况不同，各高校应依照分层、灵活的原则，逐步加强对辅导员的补充和选聘。在选聘的过程中，应当严格按照客观规律办事，坚持公开、公平、公正的选人原则，精心选拔。

（二）明确高校辅导员选拔标准

1.政治标准

由于高校辅导员队伍的核心工作是大学生思想政治教育和管理，每个辅导员都必须具备较强的政治素质，因而应将政治标准作为辅导员准入的重要指标和入职底线。《关于进一步加强和改进大学生思想政治教育的意见》明确指出，"在事关政治原则、政治立场和政治方向问题上不能与党中央保持一致的，不得从事大学生思想政治教育工作"。之后，《关于加强高等学校辅导员班主任队伍建设的意见》中明确重申"在事关政治原则、政治立场和政治方向问题上不能与党中央保持一致的，不得从事辅导员、班主任工作"。因此，高等学校在选聘、考核辅导员之时必须考虑辅导员的政治觉悟，即能否在高校党委的领导下，贯彻和执行党的路线、方针和政策，遵守宪法、法律和法规，按照法定的职责权限和程序履行职责、开展工作。当前，不少高校将中共党员、学生干部作为辅导员选拔的一项考核指标，这充分说明了选拔辅导员的政治标准的重要性。

2.学历标准

大学生思想政治教育与管理工作的职责、内容不断扩展，教育对象日趋多样、复杂，大学生的自我意识和主体意识不断增强，新思想、新事物、新问题不断涌现，所以辅导员只有具备较高的学历层次才能更好地胜任辅导员工作。虽然国家和高校对辅导员队伍建设重视程度日益增加，不少高校将研究生及以上学历作为选聘辅导员的标准之一，学历层次有所提高，但是从全国范围来看，对辅导员的学历要求仍明显低于对专业教师的学历要求。这种做法让人在潜意识里认为大学生思想政治教育没有专业知识教育重要、辅导员比专业教师地位低下，从而影响辅导员队伍的地位和各项工作的开展。西方发达国家对学生事务管理者的学历要求具有明确的规定，不少从事学生事务管理的教师都必须具备博士学位。因此，将学历标准纳入高校辅导员队伍准入的重要指标，既有利于队伍的整体建设和发展，又有助于提高辅导员队伍的社会声誉。2012 年 2 月，上海市颁布《上海高校辅导员队伍建设发展规划（2012—2015 年）》，其中明确规定新聘专任辅导员应具有硕士以上学位，"985""211"高校招聘辅导员应以博士为主，将辅导员选拔的学历要求提高到了与专业教师同等的水平，这将有助于更好地推动辅导员队伍建设。

3. 专业标准

任何职业的发展都必须建立在专业知识的支撑之上。由于种种原因，高校辅导员队伍的专业结构复杂。大学生思想政治教育是一门科学，必须将思想政治教育相关专业作为职业发展和延续的专业基础。术业有专攻，不同的专业背景对人的思维模式、行为方式都会产生持久的影响。非思想政治教育相关专业的辅导员难免在马克思主义基本理论、思想政治教育的基础知识等方面储备不足，不利于科学、有效地开展大学生思想政治教育和管理工作。由于专业知识的缺乏，非思想政治教育专业的辅导员在撰写学生工作或大学生思想政治教育等相关学术论文以及在申报社科类项目时明显处于劣势，在职称评聘上相对困难。因此，将专业知识纳入高校辅导员准入的标准既是关注大学生思想政治教育与管理的具体体现，又是优化人力资源配置和坚持以人为本的重要途径。要想实现高校辅导员队伍建设专业化、职业化和专家化的发展目标，应当将辅导员的专业知识结构纳入高校辅导员准入考评指标体系。

4. 能力标准

能力是素质的具体展示。根据大学生思想政治教育与管理工作的实际需要，高校辅导员应当具备特定的业务工作能力。概括地讲，高校辅导应具备较强的政治鉴别能力、决策思辨能力、领导管理能力、组织协调能力、沟通交际能力、宣传写作能力等。辅导员应善于观察、思考和处理问题，能透过现象看本质，是非分明，正确把握时代发展的要求；能根据大学生的成长规律，在科学的教育规律的指引下，为学生提供帮助和服务；要对工作认真负责，密切联系学生，维护学生的合法权益；能坚持群众路线、实事求是，善于分析新情况，提出新思路，解决新问题，结合实际创造性地开展工作；要科学探索和准确把握大学生的发展规律，预测发展趋势，提出解决措施；要懂得尊重他人，具有全局观念、民主作风和协作意识；语言文字表达条理清晰，宣传能力强，能运用网络等载体与学生进行有效沟通；事业心强，有积极、乐观、向上的精神状态和爱岗敬业的热情，适时调整自己的思维和行为，保持良好的心态、情绪，自信心强，意志坚定，能正确对待和处理顺境与逆境、成功与失败；面对突发事件，能保持头脑清醒，科学分析，准确判断，果断行动，整合资源，调动各种力量，有序应对突发事件。

（三）严格高校辅导员选拔程序

1. 拟定辅导员选拔的规划

科学拟定高校辅导员职业准入规划，需要对当前高校辅导员队伍建设的现状进行全面分析。为此，高校必须遵循德才兼备、以德为先，优化队伍结构，竞争与择优等原则，注重层次性、灵活性，设置科学的职业准入标准。高校应科学评估高校辅导员的岗位需求，保证高校辅导员的数量；应严格按照教育部规定的1：200的师生比例配置一线专职辅导员，合理设置队伍编制，保证辅导员的数量；应充分考虑办学规模，注重办学的经济效益，在保证每个年级至少有1名及以上专职辅导员的前提下，坚持"专兼结合、以专为主"的构建模式，合理补充和配备专、兼职辅导员；应科学评估高校辅导员队伍的素质和工作能力，有针对性地调整准入标准和条件，通过科学准入机制的实施，改善高校辅导员队伍整体结构中存在的问题；应科学规划准入流程，确保高校辅导员的选拔、聘用能有序推进。为此，高等学校辅导员队伍建设的组织机构或负责人除了要充分考虑辅导员准入的条件、岗位数量需求，还应将考核时间、地点、内容、方式以及流程等具体内容公之于众，让广大应聘者能够以良好的从业心态选择适合自己的工作岗位。

2. 拓宽辅导员的选拔渠道

随着"人才资源是社会第一生产力"的意识不断深入人心，社会上不少企业对人才资源的争夺和竞争明显增强。为选择优秀的高校毕业生，不少企业已经将校园招聘的时间大大提前，招聘地域范围不断扩展，人才测评的措施和方法不断优化。这种现象既为高校选拔辅导员提供了有效的借鉴和启示，又对高校选拔合适的、优秀的辅导员提出了新的挑战。为此，扩大高校辅导员职业准入的选拔范围、拓宽高校辅导员职业准入的渠道应当引起高校辅导员队伍建设主体的高度重视。随着信息科学技术的不断发展，新媒体已成为信息社会交流和获取信息的重要载体。高校可以充分利用网络、电视、报纸等大众传媒发布辅导员招聘信息，拓展高校辅导员的选拔范围。另外，高校应加强高校辅导员队伍的组织文化建设，切实保障和提高辅导员队伍的经济收入和政治地位，扩大社会影响，增强高校的吸引力和影响力，以吸纳更多的应聘者竞聘辅导员岗位。

3. 组建选拔测评主体

组建高校辅导员职业准入的测评主体事关高校辅导员选拔、聘用的成败。根据管理学中的冰山理论知识，把一个员工的全部才能比喻成一座冰山，呈现在人们视野之中的部分如员工的资质、知识、行为和技能只有 1/8，而看不到的却占 7/8。看不到的 7/8 是由职业意识、职业道德、职业态度三个方面形成的才能基石。海面之下的是潜在的、隐性的且最为重要的，这对高校辅导员职业准入测评主体的素质和能力提出了新的要求与挑战。"世有伯乐，然后有千里马。千里马常有，而伯乐不常有。故虽有名马，祗辱于奴隶人之手，骈死于槽枥之间，不以千里称也。"[①] 因此，如果没有一支优秀的、具备一定专业理论知识和实践工作经验的测评队伍，高校是难以在众多竞聘者中遴选到合适的辅导员的。

二、专业化培训

（一）明确培训的原则

1. 理论性与实践性相结合的原则

高校辅导员队伍培训是以高校辅导员队伍素质和能力的提升为目的的教育教学活动。思想政治教育是一门科学，辅导员必须通过相对系统的理论学习和培训，丰富和夯实自己的理论根基，掌握马克思主义基本理论，具备扎实的思想政治教育专业基础知识和相关知识，为科学开展大学生思想政治教育和管理工作奠定坚实的理论基础。培训的最终目的是使辅导员将工作做得更好，这就要求辅导员培训要根据国家要求和社会发展的需要以及辅导员和大学生的成长与发展规律来实施，在提高辅导员理论水平和认知能力的情况下，注重学以致用，创造实践机会，紧密联系新的形势和任务，联系辅导员的思想和工作实际，把传授理论知识同解决实际问题、总结经验、推进工作结合起来。

在坚持理论性与实践性相结合的过程中，高校辅导员作为教育培训的主体，应积极响应、配合组织开展的各项培训活动，充分发挥自身的主体性，勤于学习、善于思考、勤于实践和敏于创新。高校辅导员应积极运用科学的理论知识指导和破解工作中遇到的实际困难，创造性地开展大学生思想政治教育和管理工作，提升辅导员工作的技术和科技含量。同时，理论的丰富和完善源于社会实践活动。高校辅导员工作在大学生思想政治教育的第一线，不可避免地会遇到这样或那样的现实问题，这就需要高校辅导员在解决现实问题的基础上，不断探索大学生思想政治教育和管理工作的内在机制与客观

---

① 出自《马说》。《马说》是唐代文学家韩愈的一篇借物寓意的杂文，属论说文体，原为韩愈所作《韩愈文选》中《杂说》的第四篇，"马说"这个标题为后人所加。此文作于贞元十一年至十六年间（公元 795—800）。

规律，丰富和完善其理论基础。

2.系统性与层次性相结合的原则

有效的培训需要建立在对培训需求进行客观分析的基础之上，制定科学系统的、能体现层次和差异性的培训规划。在高校辅导员队伍培训中，坚持系统性原则需要全面分析受训群体的客观需要，有针对性地组织培训的内容，合理配置培训师资，科学选择和运用合适的培训方法，提高培训的针对性和实效性，避免培训的随意性、盲目性和无序性。由于高校辅导员在年龄结构、专业背景、学历层次、综合素质和工作能力等方面存在着显著差异，我们在高校辅导员队伍的培训中应坚持分层、分级、分类的原则，尊重辅导员的个体差异，有针对性地开展不同层次的教育培训。系统性和层次性培训关注的是培训对象的客观需求和培训内容方法的具体运用，是一种自下而上的培训理念。坚持系统性与层次性相结合的培训原则不仅可以科学合理地进行资源配置，避免人力、物力和财力的浪费，还可以提升培训的吸引力以及增强培训效果。

3.长期性与发展性相结合的原则

高校辅导员队伍培训的长期性是受客观规律和队伍发展的现实需要所支配的。培训的长期性与发展性是受高校辅导员队伍素质、能力提升的客观规律所支配的。任何人素质能力的提升都是一个循序渐进、从低到高的螺旋发展的过程，不可能一次性实现素质能力的质的飞跃。坚持培训的长期性与发展性是为了满足教育对象和社会环境不断变化的现实需要。随着我国改革开放的不断深入，国际国内形势的深刻变化对大学生产生了新的影响，高校辅导员需要通过培训提高自己应对各种新情况、解决新问题的能力。全国高校辅导员队伍庞大，需要进行长期的、持续的教育培训。坚持发展性原则，需要高等学校力戒"重使用、轻培养"的片面认识。高校辅导员队伍建设者需要坚持以人为本、全面协调可持续的培训理念，将培训工作贯穿于高校辅导员队伍职业发展的全过程，以战略的眼光组织辅导员培训，正确认识智力投资和人才开发的长期性和持续性，充分认识到加强高校辅导员队伍培训的核心目的是为了满足大学生人才培养的内在要求。高校辅导员通过专业化培训，不断更新自身知识和调整能力结构，提升职业所必需的各种素质，是顺应时代发展的必然选择。高校辅导员队伍应自强不息，自觉培养和树立终身学习的发展理念，不断提升综合素质和工作水平。

（二）加强培训管理

1.分析培训需求

高校辅导员培训和其他培训活动一样，需要进行必要的培训分析。客观实施高校辅导员培训需求分析是提高培训针对性和实效性的基础和前提。根据培训管理理论，培训分析主要分为组织分析、任务分析和员工分析。高校辅导员培训分析可以分为组织发展目标需求分析、工作任务需求分析以及辅导员发展需求分析。

（1）组织发展目标需求分析。组织发展目标需求分析是基于组织当前的运行和发展状况，结合国内经济社会发展对高校人才培养的客观需求，借鉴国际高等教育的先进经验，分析组织在理想和现实之间的差距，确定高校发展的目标需求。高校辅导员培训实施的是国家、地方和高校三级培训模式，因而在进行组织发展目标需求分析时应从三个层次进行研究。教育部组织的辅导员骨干培训等高级培训不可能在更大范围内实施针对辅导员的需求分析，但是在进行组织发展目标需求分析时应侧重考虑我国经济社会和高等教育发展的实际需要。地方高等教育主管部门以及高校辅导员培训基地应针对本地教育事业和人才培养的实际需要进行组织发展目标分析。高等学校可以从学校发展战略的角度进行分析，具体可以包括学校的发展目标、学校的专业特色、组织实施辅导员培训的优势和劣势等内容。

（2）工作任务需求分析。工作任务需求分析可以根据党和国家对高校辅导员的工作要求和工作职责的政策文件逐项细化，结合当前辅导员工作实际需要进行分析。根据学术界的研究，高校辅导员工作集中在大学生思想政治教育、心理健康教育、职业生涯辅导以及学生事务管理等四个方面。因此，在进行工作任务需求分析的时候，应该严格按照专业化、职业化的要求，重点分析和考虑辅导员的工作任务、工作资格和工作绩效。工作任务需求分析是甄选和确定培训内容的基础环节，关系到培训的效果和质量。

（3）辅导员发展需求分析。这是评估辅导员履行工作任务的现实状况的关键环节，旨在分析辅导员当前的知识储备、业务技能和工作态度的现实状况，确定辅导员是否需要培训和需要哪些方面的培训。国家和地方的培训也许难以从个人层面上进行辅导员发展需求的分析，但是校本培训应全面实施辅导员发展需求分析，这样高校在组织实施培训时就可以做到有的放矢。同时，高校在进行辅导员发展需求分析的时候，要全面考核、分层对待，既要注意全面培训，又要考虑骨干培养，推进辅导员队伍的整体发展。

（4）培训需求分析的路径选择。科学地进行高校辅导员队伍培训需求分析，需要通过调研、座谈、走访以及心理测试等方式来辨析不同需求的差异和共性，掌握辅导员队伍的实际需要。在具体实施方法上，培训组织者可以采取绩效分析法、全面分析法、问卷调查法、过程观察法、前瞻性需求分析法等方法。在选择培训需求分析路径和方法的时候，培训组织者应根据培训的规模和实际情况，选择合适的培训需求信息，撰写相应的培训需求分析报告，为培训计划的制订、培训内容的甄选、师资的配备以及培训的实施和评估等奠定基础。

2. 注重培训过程管理

（1）加强对培训教师队伍的管理。培训组织机构或管理者应根据培训目标、内容等，精心组织安排最佳的培训师资力量，共同制订教育培养方案，进行系统的课程设置，确保培训教师能够遵照教学管理需要开展培训工作。培训组织管理者对培训教师的培训过程要加强管理，保证培训质量。在辅导员培训过程中，培训教师是培训的主体，应结合培训内容和辅导员的实际需求来选择和调整教育培训的方式，确保教育培训的效果。

（2）加强对辅导员的培训管理。采取有效措施对辅导员进行培训管理是确保培训工作顺利推进和提升培训质量的必要条件。一方面，要加强组织管理与辅导员自我管理。在一次培训过程中，培训组织者需要建立临时培训小组或党支部，配置专门的辅导教师，在培训过程中发挥组织、指导、协调、管理和服务作用；还要从学员中选拔合适的人选成立临时委员会，协助培训主体共同管理，充分发挥组织在教育培训中的作用和功能。辅导员应珍惜培训机会，充分发挥自身优势和主观能动性，在培训教师的指导下主动进行自我教育、自我管理、自我发展，力争通过培训不断提升自身素质和能力。另一方面，要加强制度管理与思想引领。培训主体应根据培训对辅导员的具体要求，制定相应的管理制度或实施条例，对辅导员的学习、研究、讨论、组织生活、集体活动、考试、考勤等方面进行规定，并将考核结果纳入培训最终考核体系，从制度的角度加强对辅导员的约束与管理。在加强制度建设和管理的基础之上，辅以科学的思想教育，通过耐心细致的思想政治工作，深入了解学员的思想，为学员排忧解难，使辅导员潜心学习、刻苦钻研，自觉遵守培训中的各项规章制度，自觉提升学习的动力，再将学习动力转化成实际行动，从而提升培训效果。

3. 加强对培训的考核评估

（1）加强对培训机构的评估。培训机构是辅导员专业化培训的载体和平台，其建设效果和水平直接影响和制约辅导员培训的效果和质量。为此，加强对辅导员培训机构的评估意义重大。各级培训机构可以参照《教育部高校辅导员培训和研修基地建设与管理基本标准（试行）》以及《教育部高校辅导员培训和研修基地建设与管理办法（试行）》进行评估，从组织领导、基本保障、内部管理、培训培养、理论研究和工作绩效六个方面进行考核评估。对培机构实施评估，主要在于分析、判断培训功能发挥的效能，总结经验，弥补不足，为今后专业化培训创造新的条件。

（2）加强对培训教师的评估。辅导员培训教师处于培训活动的主导地位，在很大程度上决定着培训的效果。实施培训教师评估有利于改善教学活动，提高培训教师的素质，同时为培训教师的聘用要求和薪酬制定提供科学依据。在实施的过程中，针对培训教师的评估需要侧重考核和评估其教育教学态度、教学能力水平和教育培训效果。

（3）加强对辅导员培训效果的评估。开展辅导员培训评估是辅导员专业化培训中最主要、最基础的评估。辅导员是接受培训的主体，是培训活动的承受者。培训的核心目的是通过培训提高辅导员的管理能力。对辅导员思想和行为变化的检测和评定，可以调节、控制教育教学过程，为改进教育培训工作和评估教师的教学工作提供客观依据。对辅导员培训效果的分析可以分为反应评估、学习评估、行为评估和结果评估。具体的操作过程可以采取辅导员自评、学员间互评、培训教师以及培训机构负责人考评等方式。

三、职业发展

（一）完善辅导员专业技术职务评聘制度

国家应完善高校辅导员队伍的职称评定制度，以体现辅导员的社会地位、工作价值、业务技能和学术水平，充分体现对辅导员队伍的尊重与认可。完善辅导员专业技术职务评聘是改善队伍职称结构的重要途径，有助于维持队伍稳定，推进队伍职业化发展。

首先，成立高校辅导员专业技术职务评聘评议小组。根据"指标单列、条件单列、评审单列"的原则，各地高等学校教师职务评审委员会应当单独设立学生思想政治教育学科评议组，负责评审本地高校学生思想政治教育工作者的高级专业技术职务任职资格，将辅导员队伍的专业技术职务评聘纳入其中，并依据与其他专业教师的比例数单列指标。具有评审权的高校直接设立学生思想政治教育学科评议组，负责本校辅导员和其他学生思想政治教育工作者的专业技术职务评聘和推荐工作。

其次，科学设置职称评定等级。参照专业教师的职称评定等级，辅导员队伍职称等级同样分为助教、讲师、副教授、教授四个等级，根据专业教师职称评聘的时间规定，考虑到辅导员工作的实际情况和政策倾斜，辅导员职务评聘的工作年限可以规定为除助教工作一年后评定外，其余职称级别在辅导员每教完一届学生的时间段内进行评定。

最后，职称指标单列，合理调节职称比例。高校应按照不低于现有专业教师的职称等级比例为辅导员队伍分配比例。在科学考核的基础之上评聘副教授、教授级辅导员，并确保校内相应职称的待遇，填补高校教授级辅导员的空白，打造合理的队伍建设梯队，培育专家化辅导员。只有建立和实施高校辅导员队伍职称评定制度，才能从机制上、根本上保障辅导员队伍的发展，提升他们的工作积极性，从源头上解决人员流失严重、队伍稳定性差的问题。

（二）实施辅导员行政职务评定

基于高校辅导员管理者的角色，高校应对辅导员实施行政职务评定机制。实施辅导员行政职务评定，是对辅导员专业技术职务评聘的有效补充，是解决部分工作表现突出、大学生思想政治教育与管理效果优异，但因其学术科研能力较弱而未能评聘专业技术职务的辅导员的发展出路的有效途径。

首先，科学设置职务晋升等级。目前，高校内部处级干部岗位的数量与辅导员自身发展的需求存在突出的供需矛盾，迫切需要高校建立和完善辅导员队伍的职务晋升制度。高校可根据校内职能部门及管理岗位的设置情况，让辅导员享受初级、副科、正科、副处、正处五个职务级别的待遇，根据相应的工作年限和标准予以对应级别的晋升。

其次，科学拟定职务晋升指标。高校应根据《普通高等学校辅导员队伍建设规定》中第 13 条"高等学校应当制定辅导员管理岗位聘任办法，根据辅导员的任职年限及实际工作表现，确定相应级别的管理岗位等级"的要求，参考辅导员职称评定指标的基本要求，侧重强调辅导员平时的工作表现、特殊时期的表现和工作年限，在对高校辅导员全面考核的基础上，确定相应的行政级别，享受校内其他行政级别的相应待遇。

最后，优化职务晋升方法。笔者建议在高校年度考核的前提下，按"$3n + 1$"的年限予以晋升。n 代表职务的级别（初级 $= 0$，副科 $= 1$……）。除了年限条件，还需要根据考核的优秀次数等相关条件，进行破格、正常、延迟晋升，从而有效促进辅导员队伍的发展。

（三）拓展职业纵深发展渠道

随着高校辅导员工作职责不断增强、工作覆盖的内容不断增多、教育管理的难度不断增大，那种面面俱到、仅凭单个辅导员教育管理几百名学生的传统工作方式已经难以满足现代高等学校学生教育管理的客观需要，那样不仅会使工作效果大打折扣，还不利于辅导员队伍的职业化发展。高校应根据教育管理的客观需要，开辟以大学生思想政治教育和管理为主线，侧重心理辅导、职业引导、学业指导和学生事务管理专门化的纵深发展渠道，这是推进辅导员职业化发展的新的着力点和突破口。

首先，侧重思想政治教育职业化发展。高校辅导员队伍的根本职责就是对大学生开展思想政治教育，培养中国特色社会主义合格建设者和接班人。因此，高校辅导员应夯实自身马列主义理论基础，系统掌握思想政治教学原理、思想政治教育方法论等专业知识，根据思想政治教育方向的专业技术职务评聘的要求，走职业化发展道路。高校辅导员应通过不断学习和培训，用理论指导实践，使自己逐步成为大学生思想政治教育领域的专家、学者和领军人物。

其次，侧重心理健康教育职业化发展。为了促进大学生健康成长，对大学生实施必要的心理辅导是高校人才培养的必要环节，是对大学生思想政治教育的有益补充。为满足大学生心理健康教育的现实需要，高校辅导员可以选择心理辅导职业化发展。辅导员通过系统的专业心理辅导培训和参加国家心理健康教育的资格考试，成为合格的心理咨询师，使自己了解和掌握大学生心理健康教育的专业基础知识，能科学运用心理健康测试的先进方法进行科学诊断，有针对性地对大学生开展心理健康咨询、进行心理健康教育；能够有效识别大学生的心理问题并进行心理干预，为大学生的健康成长保驾护航。高校辅导员走心理健康辅导职业化发展道路，就是要使自己在心理健康教育方面不断学习和积累，逐步成为初级心理咨询师、中级心理咨询师乃至高级心理咨询师。

最后，侧重职业生涯辅导职业化发展。随着我国高等教育规模不断扩大、大学毕业生人数不断增加，大学生的就业压力也在增大。目前，大学生就业成为高校最现实、最紧迫的问题之一。加强对大学生职业生涯的辅导对提高大学生就业率和就业质量、有效实现人才资源的优化配置以及促进学校发展都具有重要的意义。这需要辅导员对大学生的职业定位、自我认知、择业决策、职业生涯规划和事业发展、职业道德等方面进行指导，帮助大学生科学地进行职业定位，拥有积极乐观的就业心态和系统扎实的知识、技能储备。为此，高校辅导员可以通过参加职业培训师教程①和全球职业规划师②等专业性职业生涯发展规划的培训，成为优秀的职业生涯规划师，为学生的成长和发展做出科学的引导。

---

① 职业培训师教程指的是以视觉化的工具为基础，在培训中以视觉化框架贯穿全场，为学员提供视觉化工具，引导学员进行自我学习。它是企业目前所需的最实用的培训之一。

② 全球职业规划师是美国咨询师认证管理委员会推广的一个全球性的认证体系，专门用来培养专注在职业发展、职业生涯规划和职业咨询领域的专业人员。

四、系统化评价

对高校辅导员队伍建设进行评价，是为了总结和评估队伍建设过程中存在的问题与不足，为采取有效措施改进和加强队伍建设提供有力的依据和保障。科学化评价辅导员队伍建设需要明确高校辅导员队伍建设评价的意义，在遵循客观规律的情况下，构建系统、科学的评价体系。

（一）充分认识高校辅导员队伍建设评价的意义

当前，高校辅导员队伍建设评价还并未引起理论界和学术界的高度重视，但其重要的工具价值却关系到高校辅导员队伍建设的成败和每一个辅导员自身的发展。充分认识高校辅导员队伍建设评价的意义，对科学构建评价指标体系、全面贯彻落实"以人为本"的原则具有重要的意义。

首先，高校辅导员队伍建设评价是辅导员队伍建设持续发展的重要保证。根据系统论观点，一个完整的系统应当包含输入—输出控制、反馈等环节，这样才能组成完整的闭环系统。高校辅导员队伍建设如果只关注输入、输出，对系统内在或外界的干扰不能进行有效的诊断、不能依靠反馈形成闭环系统的话，其建设效果可想而知。因此，高校辅导员队伍评价本身就是队伍建设过程之中的重要环节，而且是必不可少的环节。改革开放以来，党和国家高度重视大学生思想政治教育，恢复了一度中断的高校辅导员制度，重申了辅导员在高校人才培养中的重要地位和作用，大力展开高校辅导员队伍选聘、管理、培养、考核和发展等一系列制度的设计与创新，积极探索高校辅导员队伍建设的长效机制。评价作为高校辅导员队伍建设的重要内容和环节，有助于促进高校辅导员队伍建设其他机制的健全和完善。事实上，开展高校辅导员队伍评价的过程，就是对各地、各高校辅导员队伍建设工作的检查、指导、诊断和督促的过程。客观准确的评价会使评价主体对高校辅导员队伍建设的工作情况和工作效果有一个全面清晰的认识，可以准确衡量高校辅导员队伍建设的效果，为持续推进辅导员队伍建设工作提供客观依据，以便发现队伍建设在哪些方面还存在不足，从而为制定新的改进措施提供指导性和建设性意见，进而推动辅导员队伍建设的可持续发展。

其次，高校辅导员队伍建设评价是高校辅导员职业发展的重要保障，是实现高校辅导员队伍建设目标的重要途径。高校辅导员队伍建设评价关乎我国高校辅导员队伍成长、发展中的切身利益，应当考查并完善辅导员职业的准入机制、培训机制、管理机制和发展机制等内容，这有助于确立辅导员的职业边界、职业门槛，提升辅导员的职业地位。高校辅导员队伍建设评价还可以科学定位高校辅导员队伍的工作职责，将辅导员从事务型的工作模式中解放出来，使其把主要的时间和精力投入到大学生思想政治教育和管理等核心工作中，为实现专业化、职业化和专家化创造条件。此外，在科学评价的基础之上，它还可以促使高校客观地认识辅导员队伍建设中存在的突出问题，进一步制定和完善辅导员职业的标准体系，提高辅导员队伍的整体素质，增强辅导员队伍的职业认同感和归属感，增强辅导员工作的社会影响力和实效性。在高校辅导员队伍建设评价中，高校辅导员本身既是评价的主体又是评价的客体。通过辅导员队伍的自我评价、形成性评价和终结性评价，辅导员可以发现自己的优势与不足，从而有针对性地实现自我认识、自我改变、自我完善和自我超越，为自身业务素质的提升提供指导和帮助。

最后，高校辅导员队伍建设评价能够引导高校辅导员队伍建设主体重视辅导员队伍建设。通过辅导员队伍建设评价体系的构建，各地、各高校的辅导员队伍建设主管部门能够更加明确自己的工作职责和工作要求，并且按照评价体系的要求贯彻执行，认真检验高校辅导员队伍建设工作落实的效果，在工作中不断探寻新的方法和措施，真正形成责任明确、职能清晰的辅导员队伍建设和管理格局。同时，评价的基本功能包括及时将评价的结果反馈给组织管理者，使组织管理者针对反馈信息及时采取有针对性的措施，对存在的问题进行改进。在全国范围内开展高校辅导员队伍建设的科学评价，有助于在各地、各高校间形成对比与竞争。建设评价的反馈信息，可以让各地、各高校明确自身在辅导员队伍建设中存在的差距，便于其采取有效措施加以改进和加强。如果高校辅导员队伍建设只有布置没有检查，只有要求没有考核，再好的政策和措施都难免流于形式。同时，为了充分体现评价在高校辅导员队伍建设中的重要作用，辅以必要的奖惩措施是很有必要的，这是确保高校辅导员队伍建设成功的重要举措。

（二）构建高校辅导员队伍建设评价指标体系的原则

1.系统性原则

高校辅导员队伍建设是一项系统性工程，决定了辅导员队伍建设评价的系统性。恩格斯指出，"关于自然界所有过程都处在一种系统联系中的认识，推动科学从个别部分和整体上到处去证明这种系统联系"。因此，我们需要从系统和联系的观点来研究辅导员队伍建设的评价指标体系。

一是注重评价指标内容的完整性。建立高校辅导员队伍建设评价指标体系需要对辅导员队伍建设的关键事件进行全面分析，做到不遗漏空缺、不重复交叉，要体现指标体系内在的完整性、统一性与严谨性。辅导员队伍建设包括选拔配备、培养发展、考核管理等内容，这既是队伍建设的过程环节、方法途径和体制机制，又是设计队伍建设评价指标体系的核心内容。只有对辅导员队伍建设的过程环节准确诊断、客观评判，才能全面掌握队伍建设的实际情况，为有针对性地解决辅导员队伍建设中存在的困难和问题提供决策和指导。

二是注重评价指标体系的逻辑性与层次性。科学的评价指标体系不应是各个指标的简单堆砌与罗列，而应在科学理性分析的基础上体现出各评价指标在理论上的逻辑性以及评价指标不同权重的层次性。

2. 发展性原则

美国学者斯塔费尔比姆（Staffirbim）指出，评价最重要的意图不是为了证明，而是为了改进。建立和设计高校辅导员队伍建设评价指标体系应在聚焦辅导员队伍建设目的性的同时，积极关注辅导员自身的发展性，辩证统一地处理发展性与目的性的关系。研究表明，高校辅导员队伍建设的直接目的是提高辅导员的思想政治素质和业务能力；间接目的是促进和推动高校自身的改革和发展；根本目的是提高青年学生的思想政治素养，促进青年学生全面发展。而事物发展的根本标志是提高其存在的价值。建立辅导员队伍建设评价指标体系需要抓住阻碍和束缚辅导员队伍发展的主要矛盾，以求用科学的评价指标体系促进高校辅导员队伍建设。因此，聚焦辅导员队伍建设的目的性，关注辅导员自身的发展性、高校发展的持续性和学生成长的宗旨性应是科学构建评价指标体系的题中要义。有学者指出，发展性评价将着眼点放在辅导员的未来，涵盖大众教育和终身学习的需要，有助于实现辅导员素质的全面提升。对学校、辅导员和青年学生三者来说，在辅导员队伍建设评价指标体系中，辅导员居于核心地位，目的是通过辅导员自身的全面发展推动学校的建设、改革和发展，以及促进青年学生的全面发展，切实提高高校人才培养的质量。

3. 科学性原则

高校辅导员队伍建设评价不应只停留在实践感性的认识层面，而要上升到科学理性的价值追求，应在科学理论的指导下进行深入研究。

一是评价指标体系的科学性。根据测量学的基本理论，我们要充分运用关键绩效指标理论确定核心指标体系，利用多元智能理论避免指标体系的片面性，利用全方位的绩效考核法确保评价主体的全面性。

二是评价操作的可行性。所谓可行性，就是考核的目标要清晰具体，要使较为抽象的考核项目具体化和直观化，以增强其可度量性和可操作性。因此，在设计评价指标体系时，我们要关注操作运行的便捷性、资源成本的节约性和评价结果的可比性，只有这样，设计和选取的评价指标才具有价值和意义。

三是评价数据的科学性。根据现代测评学的基本理论，我们要对采集到的辅导员队伍建设评价指标体系的数据信息进行信度、效度和区分度等的检验，依托现代先进的测量技术和方法，考虑各指标的权重、常模等，以用于衡量和比较评价信息的结果。

（三）深入开展高校辅导员队伍建设评价的攻略

建立高校辅导员队伍建设评价指标体系的目的是通过实施科学有效的评价，为加强和改进辅导员队伍建设提供理论指导和制度保障。因此，我们要科学界定高校辅导员队伍建设评价的主体，科学运用评价结果推进辅导员队伍建设。

1.明确界定高校辅导员队伍建设评价的主体

有学者指出，学生工作是一个系统性工程，辅导员工作的考核评价须在体现考评内容的全面性的同时，体现评价主体的多样性，构建全面的考核评价体系。在宏观上，与辅导员队伍存在一定社会关系的组织和个人都是辅导员队伍建设的主体；在微观上，辅导员队伍建设的主体是对队伍建设产生最直接影响的高等学校、学工组织和院系及其相关领导。辅导员自身既是队伍建设的主体，又是队伍建设的客体，因为辅导员队伍建设的最终目的集中体现为辅导员个体素质能力、工作水平的提高以及辅导员队伍结构功能的最优化。只有科学界定辅导员队伍建设的主客体，才能激励其端正思想、提高认识，真正贯彻落实党和国家关于辅导员队伍建设的各项政策，积极主动地采取有效措施，切实加强辅导员队伍建设。

2.科学有效开展高校辅导员队伍建设评价

实施高校辅导员队伍建设评价需要紧密围绕评价指标体系，采取上级组织实地考评、高校自评和辅导员自评三级评价的信息采集模式，以全面获取和掌握辅导员队伍建设的实际情况。

上级评价主要是地方教育主管部门从管理者的角度对高校辅导员队伍建设情况进行评价。一方面，上级教育主管部门是高校辅导员队伍建设各项制度的制定者，对各高校开展辅导员队伍建设具有指导、监督和考核的职责；另一方面，上级教育主管部门对本地乃至其他各地高校辅导员队伍建设具有较为全面的了解，因而在考核评价辅导员队伍建设中具有较高的可信度。在高校自我评价中，高校应坚持实事求是、客观公正和严肃认真的原则，既要开展批评与自我批评，客观剖析诊断、如实总结分析本校辅导员队伍建设中取得的成绩和存在的问题，又要通过与其他高校的比较，查找自身在辅导员队伍建设中存在的差距。高等学校是辅导员队伍建设最直接的主体，也是培养辅导员最主要的阵地。本校辅导员队伍建设效果如何，高校最具发言权。辅导员是建设过程中的参与者和受益者。对于辅导员队伍建设的效果，辅导员具有最为切身的感受和体会。因此，辅导员在进行队伍建设评价数据采集时，应消除各种顾虑，客观公正地反映队伍建设的实际情况和存在的问题，确保信息采集的真实性。只有通过上级组织实地考评、高校自评和辅导员自评三级评价信息采集模式，才能确保高校辅导员队伍建设评价数据采集的真实性，为科学开展辅导员队伍建设评价提供有价值的原始信息。

3.科学运用高校辅导员队伍建设评价指标体系

实施高校辅导员队伍建设评价是高校辅导员队伍建设的重要环节，但若只有评价，而忽视对评价结果的反馈与应用，就达不到以评促建的根本目的。评价的主要功能不在于甄别，而在于以评价促进建设、促进发展，以评价过程中反映出的信息，鼓励评价对象发现问题、完善自我，以此促进个人的发展和社会的发展。因此，我们需要将高校辅导员队伍建设评价的结果及时反馈，加大对评价结果的有效运用。在分层管理思想的指导下，上级教育主管部门应加强对高等学校辅导员队伍建设的监督，制定并实施科学合理的奖惩机制，结合高校辅导员队伍建设的评价结果，对辅导员队伍建设不达标、不合格的高校予以通报并限期整改，对先进典型的高校予以表彰和奖励，有效促使高等学校严格贯彻落实辅导员队伍建设的方针政策，扎实推进高校辅导员队伍建设。高校还应建立辅导员队伍建设责任连带机制，将高校辅导员个人素质能力和工作业绩与绩效工资和发展晋升相结合；将高校辅导员队伍建设的实际效果与高校主要负责人和分管领导的年度考核相结合；将高校辅导员队伍建设的实际情况与高校招生名额、本科教学评估和财政经费划拨相结合，以科学的奖惩制度切实激励高校深入推进辅导员队伍专业化、职业化和专家化建设。

第六章　基于共情能力的高校辅导员工作发展研究

由于新时代大学生心理特点的变迁规律以及高校辅导员职业能力建设的时代要求，我们要拉近教育主体与教育对象之间的心理和情感的距离，真正做到以生命唤醒生命。我们也应当客观地承认，当前高校辅导员能力建设的水平与学生成长、成才的需求之间仍存在着一定程度的不适应性：在认知层面上，心理学与教育学的相关专业知识尚不完善；在情感层面上，与学生之间休戚与共的情感体验尚显不足；在实践层面上，全过程、全方位的沟通机制尚待健全。鉴于此，以满足学生多元需求、促进学生身心全面发展为目标的高校辅导员职业能力建设迫在眉睫。

共情体现出人际交往中彼此理解和相互悦纳的心理倾向，包含着共情意识、共情思维和共情反馈三个基本维度。西方心理学经由对共情本质的长期探索，逐渐发展出相对系统的共情理论与操作方法，并在教师、医护等群体中广泛应用。21世纪以来，高校思想政治工作愈加关注人的这一能动性因素，并自觉运用科学的心理咨询方法。高校辅导员共情能力的提升，可被视为充分满足学生成长发展需求和有效提升思想政治工作育人质量的有益尝试。

第一节　高校辅导员共情能力的基础理论

一、高校辅导员共情能力的概念界定

（一）共情能力的概念

从概念本身出发，我们认为共情能力是源于"共情"的一种能力，也被称作移情能力。从能力的构成结构来看，其主体包括双向互动的两方，双方在

交往过程中互动交流；从能力内容来看，在传达—感知—反馈的整体运行过程中，双方通过语言、情感和举动进行内心状态的彼此察觉和感受；该能力的关键内核是由己及人的素质。基于此，我们尝试对共情能力的概念进行理论概括：共情能力是指人在与他人进行社会交往和互动交流的过程中，所具有的理解和体验他人内心世界，并能做出相应的行为和态度回应的能力。该能力的形成是一个主体主动参与的闭环过程，即要求主体具有敏锐察觉他人心理状况的意识和善于感受、理解其状态的思维，并且能够合理地做出相应的语言性或非语言性的反馈，从而不断提升能力，提高社会交往质量。在丰富的社会生活领域，共情能力是很多职业从业人员的必备能力，尤其是教育和销售等职业。以教师这一群体为例，共情能力是教师必备的一项重要的职业能力与素质，是教师在长期的教学一线逐渐培养起来的。教师的共情能力能够有效激发学生的内在学习动力，从根本上促进学生的身心发展，不仅能够使学生顺利完成学业，还能为学生未来的职业发展与幸福生活奠定良好的基础。具体来说，共情能力就是教师能够设身处地从学生的角度出发，体会并理解学生的思想情感与情绪状态的感知和体验、需要和意图，并在适当的时机对学生表示关切、接受、理解、珍惜和尊重，即教师应具有既能充分与学生分享、交流、表达情感，又能客观理解、认识、分析学生情感的能力。

（二）高校辅导员共情能力的内涵实质

如前文所述，共情就是与对方共同拥有或分享某种情感与感受，它作为人际互动过程中一种重要的心理行为现象，是促进人际交往和沟通的重要变量，也是提升和改善人际关系的重要因素。因此，共情这种心理因素对从事具有人际互动内容的工作者来说，是一种非常重要的能力素质。"辅导员是开展大学生思想政治教育的骨干力量，是高等学校学生日常思想政治教育和管理工作的组织者、实施者、指导者。"辅导员的工作要求是要"恪守爱国守法、敬业爱生、育人为本、终身学习、为人师表的职业守则；围绕学生、关照学生、服务学生，把握学生成长规律，不断提高学生思想水平、政治觉悟、道德品质、文化素养；引导学生正确认识世界和中国发展大势、正确认识中国特色和国际比较、正确认识时代责任和历史使命、正确认识远大抱负和脚踏实地，成为又红又专、德才兼备、全面发展的中国特色社会主义合格建设者和可靠接班人"。这些工作要求也决定着高校辅导员必须具备共情能力，以便更好地做青年学生的"人生导师"和"知心朋友"。辅导员需要引导学生在大学生活中形成乐观向上、稳定平和的心理状态，并且能够准确地捕捉到大学生的思想动态、心理状况和情绪倾向，进而实现将自身的正确理念和科学方法灌注于大学生的思想与实践之中。而这些，恰恰是高校辅导员共情能力的集中体现。从这个意义上，我们甚至可以说共情能力应成为高校辅导员工作胜任能力评判的核心要素之一。

基于上述分析，我们尝试对高校辅导员共情能力的含义进行界定，即高校辅导员共情能力应是指高校辅导员在与大学生进行互动交流时理解和体验大学生的内心世界，并能做出相应的行为和态度回应的能力，该能力的强弱对高校辅导员的思想政治教育实效性有着重要影响。具体来说，高校辅导员的共情能力要求辅导员具有敏锐察觉学生心理状况的意识和善于感受、理解大学生情绪状态的思维，且能够在适当的时机合理地做出相应的语言性或非语言性的反馈。此能力应是多维度能力共同组成的能力系统，其中的各项能力既相互制约，又相互配合、相互补充。我们从辅导员共情能力的运行机制过程来分析，可以对应划分出三个维度：共情意识、共情思维、共情反馈。共情意识是指辅导员对学生情绪的敏锐识别；共情思维是指辅导员对学生情绪的自动化或控制性的理解和评估；共情反馈是指做出相应的态度倾向和情绪反应。由此，我们可以总结出高校辅导员的共情能力应具备的特征是可认知性、可理解性和可反馈性等。可认知性是指辅导员能够通过学生外显性的言行，了解对方的境遇、目的和诉求，觉知对方的思维与情感特征，客观上构成了共情发生机制的认识前提。可理解性是指辅导员能够走入对方的精神世界和心理场域，从而适时地对其反应给予回应，教育者与受教育者的相互作用被视为共情过程的关键环节。可反馈性是指在教育实践过程中辅导员可以根据对方反应及时调整自身的教育策略，以便呈现出最佳的教育效果，体现了共情的动态发展。对高校辅导员来说，其从事的日常思想政治教育和管理工作是面向人、为了人和培养人的生命活动。教育者与教育对象之间不是主客对立的二元关系，而是相互联系、相互作用的统一的生命共同体。辅导员通过对大学生感同身受式的理解与接受，将自身的思想观念、政治观点和道德规范传递给教育对象，助力其成长成才。

二、高校辅导员共情能力的理论支撑

"共情"这一概念源自西方心理学，共情的方法也多被运用于心理治疗的过程中。本书在运用西方经典心理学研究和实践方法的基础之上，结合中国高校思想政治教育的研究理论和高校辅导员实际工作的思考，拓宽思路，从马克思主义思想理论、中国传统文化和思想政治教育的相关方法中寻找理论支撑和确证。

（一）马克思关于人的本质及其自由而全面发展的思想

"人的本质不是单个人所固有的抽象物，在其现实性上，它是一切社会关系的总和。"①马克思、恩格斯曾经全面地考查和论证了人的本质，将其具体分解为自然属性和社会属性两个不可偏废的双重关系。在自然属性上，他们确证"一个完善的人，必定具备思维力、意志力和心力"；在社会属性上，马克思在确认德国哲学家路德维希·安德列斯·费尔巴哈（Ludwig Andreas Feuerbach）"天然纽带把许多人联系起来的共同性"的基础上，超越性地论证除了"天然纽带"，人与人之间还需要社会性的纽带。考查人的本质，需要既考虑自然属性又考虑社会属性，而且这两者的关系应以人的社会属性为主导。只有这样，才能够透视出人类社会的真正出路。在这个认知基础上，在社会化的生存境遇下，通过人与人之间的对象化活动来实现"人之为人"的本质力量，即实现"随着对象性的现实在社会中对人来说到处成为人的本质力量的现实，成为人的现实，因而成为人自己的本质力量的现实，一切对象对他来说也就成为他自身的对象化，成为确证和实现他的个性的对象，成为他的对象，这就是说，对象成为他自身"。②在此意义上，教育的本质就集中于教育者和受教育者的"主客交互"，通过富有成效的对话，形成普遍的尺度和共同视野，实现行动之间可能的一致。而我们所说的"共情"，也在这个意义上具有了价值的可行性和现实的必要性。

马克思、恩格斯在《共产党宣言》中指出，"代替那存在着阶级和阶级对立的资产阶级旧社会的将是这样一个联合体，在那里，每个人的自由发展是一切人的自由发展的条件"。以此为前提，作为培养人、塑造人的"教育"，其根本目的是促进人的自由而全面的发展。在教育上，"自由而全面"的发展指的是德育、智育、体育、综合技术教育的发展，即教育的任务是在社会物质高度发展的基础上，帮助社会成员在精神层面也达到一个新高度。因此，马克思、恩格斯构想的理想未来是在共产主义社会中，人的丰富本性得以全面生成。"已经生成的社会，创造着具有人的本质的这种全部丰富性的人，创造着具有丰富的、全面而深刻的感觉的人作为这个社会的恒久的现实。"③这里的

---

① 中共中央马克思恩格斯列宁斯大林著作编译局.马克思恩格斯文集（第1卷）[M].北京：人民出版社，2009:501.

② 中共中央马克思恩格斯列宁斯大林著作编译局.马克思恩格斯文集（第1卷）[M].北京：人民出版社，2009:190-191.

③ 中共中央马克思恩格斯列宁斯大林著作编译局.马克思恩格斯文集（第1卷）[M].北京：人民出版社，2009:192.

"全面"在教育中有两层体现，一是全面发展，是指人的体力、智力以及人的本质的全面实现；二是指所有人的全面发展，而并非是少数人的全面发展。这体现在思想政治教育上，就是要以马克思主义中的人的全面发展理论为主要依据进行展开、丰富与发展。具体而言，在教育理念和目标上，要坚持以人为本，培养有道德理想、有家国情怀、有文化纪律、有创新精神、有责任担当的社会主义新人。在教育内容和结构上，要重视知识与情感相结合、现实与感性相结合的教育方式，使教育真正成为培养人、发展人、成就人的活动。高校思想政治教育承担着高校立德树人的使命和责任，在此过程中要注重德育内容的形式和方法的丰富度，实现教育者和受教育者的良好互动，实现教育内容顺畅的"输"与"入"。基于此，作为高校思想政治教育的重要工作者和落实者的辅导员，应积极借助"共情"实现与大学生的互动交流，通过主体间性的互动与反馈，不断理解和体验大学生的内心世界，进而有针对性地提升思想政治教育的亲近性，实现教育实效；同时，通过思想政治教育过程的"共情"，实现教育者与受教育者的同步感受力和情感体验力，切实提升教育内容的全面性和感染力，培养"全面发展的人"。

（二）中华优秀传统文化中的共情意蕴

共情是个体设身处地对他人的行为和情绪体验进行共享和理解的过程，或者说是一种素质和主体要求，能够集中体现个体的价值和道德水平。儒家文化体现着中华优秀传统文化的精神实质，其丰富的思想和内容体系中蕴含着深远的理论意义和生动的实践意义的共情观，甚至由一种思想理论积淀转化为另一种具有一定独立性和稳定性的文化心理结构。儒家思想重视人与己之间的关系处理，重点关注人和人之间的心理沟通以及情感的移入和移出。事实上，共情这一心理现象或心理能力，早已出现在以设身处地和推己及人为重要理念的儒家理论体系中。

具体来说，儒家文化中具有共情意蕴的思想理论包括"仁""忠恕""恻隐"以及新儒家文化中的"尚情无我""伦理情谊"等思想。"仁"是仁爱，倡导人与人彼此怜爱，构建和谐的人际关系；"忠恕"之中的"忠"意味着推己及人地帮助别人，"恕"是强调基于同理心的宽容；"恻隐"即同情心；"尚情无我"关注仁道过程中的本真感悟和超脱；"伦理情谊"即在感情和行为中注意关照对方的情感体验和感受等。

孔子倡导"忠恕之道"，"忠"乃"己欲立而立人，己欲达而达人"，"恕"为"己所不欲，勿施于人"，着眼人伦道德秩序的建立与维护，强调以忠于内心的体验、推己及人作为处理人际关系的准则，从而实现人我和谐，各得其宜。历代儒学家纷纷注解，充分解读"忠恕之道"的人文精神和社会情怀：王弼将其注作"忠者，情之尽也；恕者，反情以同物者也。未有反诸其身而不得物之情，未有能全其恕而不尽理之极也。能尽理极，则无物不统。极不可二，故谓之一也。推身统物，穷类适尽，一言而可终身行者，其唯恕也"。[①]朱熹解释说："近取诸身，以己所欲譬之他人，知其所欲亦犹是也。然后推其所欲以及于人，则恕之事而仁之术也。"[②]即"由'尽己之心'的本体，衍生出'推己及物'的表现和作用"。[③]后世"絜矩之道"的伦理准则就是基于忠恕之道而生，成文见于《礼记·大学》。该准则的核心要义是用自己的感受作为评判标准和准则，也用此作为调整行为的依据，具体内涵就是如果自己厌恶别人对待自己的态度和行为，那么就推己及人不要用相同的态度、做相同的行为来影响别人。倡导与人相处应立足于自己的感知和感受，做"人同此心，心同此理"的人性假设，对别人的痛痒做感同身受的体悟，由此实现自己与他人情感上的共鸣。于是，在社会交往中，社会成员会学会努力发自内心去关爱他人，从根本上减少强加于人的矛盾冲突和不和谐，社会以君子之道为准则，和谐大同。絜矩之道即君子审己度人，是以共情。

孟子在"恻隐"之上拓展总结人性，提出了著名的"四端学说"，即"恻隐之心，仁之端也；羞恶之心，义之端也；辞让之心，礼之端也；是非之心，智之端也。人之有是四端也，犹其有四体也"。[④]以四端为基础，孟子构建了"仁义礼智"四种德行为框架的思想理论要点，进而提出了性善论和"仁政"等经典思想。"仁之端"——恻隐之心，其中包含了原始自然近于本能的道德情感，也因其自然性、本质性成为四端之基，确定了孟子思想的逻辑起点。从恻隐之心的生成理路分析，我们不难看出，其包含了观察—感知—反馈（感同身受）的过程机理，我们也可以因此确证恻隐之心的重要心理学基础便是共情的原理。

教育是"他我"交往的集中呈现形式之一，其基本矛盾点在于教育者所提出的教育目标要求与受教育者发展现状的矛盾。在教育大框架下的思想政治教育面临着受教育者自身思想道德水平同社会整体思想道德水平存在着一定差距的难题。破解这个难题是思想政治工作的核心和关键点所在。高校辅

① 王弼.周易注 [M].北京：中华书局，2011：11.

② 朱熹.四书章句集注 [M].北京：中华书局，2012：12.

③ 吴长庚.儒家"忠恕之道"与当代社会调节 [J].江西社会科学，2004(8)：109-113.

④ 孟子.孟子·公孙丑上 [M].北京：中华书局，2010：22.

导员是青年大学生第一课堂之外联系最密切的"他人"，是高校思想政治教育的重要承担者和实施者，通过"共"青年学生之心理，懂受教育者之"情"态，形成思想政治教育过程中的"恻隐"，形成思想政治工作的"絜矩之道"，必要且必须。

（三）人本主义心理学的基本理论与咨询方法

共情具有丰富的心理学基础，因而心理学的相关论断是高校辅导员共情能力研究的有力支撑。在人本主义方面，20世纪中期，人本主义心理学从后现代社会人性异化和反主流文化中抽离出来，之后立足于存在主义和现象学的哲学基础，并在行为主义和精神分析学派的批判中被越辩越明，进而提出了"以整体的人为对象"的核心理念。20世纪60年代以后，人本主义心理学越来越关注教育领域，关注点主要集中于对以分数标准为代表的外部强加给学生价值观，带来"焦虑"和"失望"的机械化和非人格化的教育制度的批判，并在此基础上倡导以人本主义心理学为基础，从尊重人性的角度出发进行全面的教育制度改革，从而建立起以学习者为中心的人本主义教育新体制，具体内容框架如下。

（1）人本主义的教育目标是自我实现。自我实现原本是一个哲学概念，在心理学中起源于瑞士心理学家卡尔·荣格（Carl Jung），发展为教育目标始于美国社会心理学家亚伯拉罕·马斯洛（Abraham Maslow）和卡尔·兰塞姆·罗杰斯（Carl Ransom Rogers）。马斯洛从潜能论的角度，将形成完美自己的人性和人格当作教育的终极目标；罗杰斯把自我实现视为教育的根本目标，注重培养学生适应变化的能力。

（2）人本主义的教学观是以学生为中心，强调学习者在教学过程中的中心地位。它倡导把学生看作"人"，从尊重学生的个人经验和现实需要出发，给学生足够的发展空间，激发他们的潜能，从而达到自我实现。学校和教师通过指导的间接性与非命令性，以真实情感对待学生，引导学生发现问题、表达自己的看法、互相交流，从而形成认知。教师与学生是合作者和朋友的关系。教师应该尊重和信任学生，使学生自身的潜能得以充分发挥，完成自我实现。

（3）人本主义的课程观是知情统一。传统的课程只重视学科结构，忽视了对情感和情绪的关注。而人本主义课程倡导"面向完整的学生"，将学生的认知和感受、理智和情感、行为和情绪进行融合，激发学生的内在潜能，从而达到自我实现。

高等教育在教育系统中是最接近和最受社会发展影响的阶段。青年大学生具有较高的知识水平和不一样的成长经历，因而具有不一样的生理和心理发展特征。青年大学生已进入人生观和价值观形成的关键时期，思想活动往往表现出更明显的多样性和复杂性，价值观也趋向多样化，对活动的主体性和积极性不断加强，参与意识也比较强烈。但是，传统德育的灌输性教育方法和德育内容的教条性在一定程度上忽视了学生的主体性，制约着学生的多元化和可持续发展。辅导员处于高校育人工作的第一线，是开展高校思想政治教育的骨干力量，在高校学生教育管理工作中既是组织者、实施者，又是参与者、指导者。辅导员应通过改进思维方式和工作方法，积极学习和运用人本主义理论和思路，使用共情等方法不断构建和谐融洽的师生关系，从而促进高校思想政治教育入脑、入心的实效性，促进学生的自我实现，使其健康成长、成才，同时提升自身的教育水平和获得感。

心理咨询法，从心理学意义上来讲，是指某些社会成员由于心理适应方面不良，甚至是调适困难，进而向心理专家寻求帮助的过程。在这一过程中，我们将需要解决问题并前来寻求帮助的一方称为来访者，将为其提供专业帮助和解决方案的一方称为咨询师。来访者一般通过语言沟通或文字书写等方式，将自己的心理状况和情绪体验表达出来，咨询师通过倾听表达做出判断，然后回应来访者，帮助来访者找出问题所在，提供心理疏泄的空间或提出解决问题的建议。来访者通过与专业咨询者的沟通寻求心理平衡，同时提高自己的心理承受能力，以达到更好地适应社会生活的目的。共情是心理咨询中的一项重要技术，是指咨询者对来访者内心世界设身处地的理解与体验，它表现为咨询师对来访者耐心的倾听和积极主动的察觉，做出感同身受的情感回应，提出解决办法，给予来访者丰富精神世界的体会，是一种无法言语的心与心之间零距离的沟通。

随着我国经济的高速发展和科学技术的日新月异，国家和社会面临着最深刻的变革。互联网、自媒体、大数据等给人们的价值观念、思维方式、生活方式带来了巨大的改变和影响，最终影响了人们的心理状态，在全社会形成一种价值追求和特点。在这场变革浪潮中逐渐成长起来的青年人——新时代大学生，从"90后"到"95后"，再到"00后"，所承受的时代所赋予的任务越来越重，受到的关注越来越多，压力也越来越大，心理所受的冲击和震撼也越来越强烈。随着成长过程中学习、就业、交友、恋爱等一系列问题的出现，他们在期待的同时，也在迷茫，心理状态脆弱多变。面对这样的受众群体，承担大学生思想政治教育重担的高校辅导员除了承担必要的教育管理责任，还要努力成为其情绪心理方面的倾听者、理解者和引导者，引导学生以积极健康的心态面对问题。如何开展卓有成效的心理危机干预和心理健康教育是影响学生健康成长与发展的关键。高校辅导员应有效借鉴和运用心理咨询方法和心理辅导技术的精髓，通过营造共情的场域，适时适当地开展学生情感认知调试，运用共情的方法和途径着力消解学生的心理难题。另外，高校辅导员在日常生活中要经常性地指导学生进行自我心理状态检查和自我调整，将情绪的表达、人格的完善、周边关系的处理做得更加游刃有余，从而使大学生更好地适应社会，塑造健康人格，实现全面的发展。

第二节　高校辅导员共情能力的现实状况分析

一、高校辅导员共情能力的现状调研

本部分在综合现有研究的基础上，初步提出了高校辅导员共情能力模型的理论假设，即由共情意识、共情思维、共情反馈三个一级维度构成。笔者以此为依据进行高校辅导员共情能力调查问卷的编制，根据问卷调查的指标维度提出可测量问题并进行试测，然后根据测试结果对问卷进行修订，最后选取有代表性的抽样对象进行施测，进而有效开展高校辅导员共情能力的现状调研。

（一）高校辅导员共情能力的问卷编制

根据高校辅导员共情能力三个方面的维度设计问卷，同时参考陈建文、许蕊等人编制的《高校辅导员共情能力问卷》中的有关题目及提问方式，问卷的编制以共情意识、共情思维和共情反馈为测量指标，初步拟定共计30个题项，其中共情意识问题10个、共情思维问题10个、共情反馈问题10个。在题目类型方面，问卷设计包含了调查对象的基本信息以及单选题、多选题和开放式问答。之后，笔者邀请某大学马克思主义理论专业教授、社会学专业教授、心理学专业副教授对问卷题项进行专家评议，保证题项设计的科学性、可操作性。同时，请某大学文学院研究生帮助修改题项设计，保证题项表述的清晰性与准确性。综合上述专家的评议意见和同学的修改意见，笔者对部分题项进行了整合、修改，对重复的题项进行了删减，最终保留25个题项，其中问卷中1～6项是自然情况，剩余19项为实质题目。问卷包含单项选择题与多项选择题，并最终形成《高校辅导员共情能力的调查问卷》（详见附录）。

（二）高校辅导员共情能力的样本选取

样本的选取需要注重全面性和代表性。该调研采用随机分层的抽样方法，选取来自华北、东北、华东、华中、华南、西南、西北等地区10所高校的300

名辅导员进行问卷调查，在样本的广度上加强了全面性与代表性。同时，遵循调查研究方法中随机分层抽样的原则，根据高校辅导员的性别、专业和学历情况等随机抽取样本确定施测人数，保证选取的样本中有工作年限的跨度（即包含新入职的辅导员、工作经验丰富的辅导员），同时在学历层次和工作业绩方面加以区分，如挑选模范辅导员或是学历层次分布不同的辅导员代表等。研究对象所在的 10 所高校包含了不同类型的院校，以降低由样本单一造成的调查结果偏差。

（三）高校辅导员共情能力的数据反馈

问卷调查研究正式施测共计发放问卷 300 份，回收问卷 297 份，回收率为 99%。剔除答题时间少于 8 分钟的问卷、漏题的问卷、6 道题及以上为同一答案的问卷后，最终获得有效问卷 287 份，问卷有效率达到 96%。通过问卷可以得知，被试辅导员来自清华大学、北京大学、浙江大学、武汉大学、中山大学、深圳大学、四川大学、陕西师范大学、东北师范大学、长春职业技术学院 10 所高校，覆盖哲学、法学、文学、历史学、教育学、经济学、理学、医学、工学、管理学和艺术学 11 个学科门类。从表 6-1 可以看出，调查研究所选取的辅导员在性别上以女性偏多，女性占比为 57.49%；在年龄跨度方面，所选辅导员大部分都属于青年群体，年龄结构偏年轻化，年长辅导员教师占比相对较低；在学历层次方面，所选辅导员以本科和硕士为主，少有博士；工作年限以 0～5 年居多，其次是 5～10 年，可见大部分辅导员的任职年限一般在 5 年以内。

表 6-1　被试基本信息分布情况

被测试的基本情况							
	性　别		年龄阶段 / 岁				
	男	女	20～25	26～30	31～40	41～50	50 以上
有效数量	122	165	157	84	42	3	1
有效百分比 /%	42.51	47.49	54.70	29.27	14.63	1.05	0.35
	学　历		工作年限 / 年				
	本　科	硕　士	博　士	0～5	5～10	10～20	20 以上
有效数量	122	161	4	234	35	18	0
有效百分比 /%	42.51	56.10	1.39	81.53	12.20	6.27	0

二、高校辅导员共情能力的现状分析

对高校辅导员共情能力的现状分析，需要以反馈的调研数据作为量化分析的基础。在对高校辅导员共情能力现实状况的分析判断中，需要先明确两项基本原则。一是要坚持全面性与针对性相统一的原则，既要客观准确地反映高校辅导员共情能力的整体状况，又要深入聚焦辅导员自身共情能力存在的突出问题。二是要坚持经验总结与问题反思相统一的原则，既要总结高校辅导员在共情能力上的突出优势，又要敏锐地捕捉辅导员在共情能力提升方面的可塑空间。以此为依据，对当前我国高校辅导员共情能力现实状况进行综合性分析。从整体上看，当前高校辅导员在共情意识、共情思维和共情反馈三个方面维度的现实状况都呈现较好的发展态势，但仍存在一些待解决的问题和可以上升的空间。笔者基于对应指标维度的反馈数据，综合分析出高校辅导员共情能力的现状，呈现出以下三个方面的特征。

（一）具备自觉的共情意识，但对学生潜在情感需要的感知能力仍需提升

整体而言，高校辅导员群体较普遍地具备自觉的共情意识，对于共情能力在思想政治工作中发挥的重要作用有着较为深刻的体会。问卷中 7 ~ 10 题是直接指向高校辅导员共情能力中的共情认知维度的。其中，据题 7（在了解学生的基本情况后，您一般最先采用什么样的思维策略？）的调查结果，有 73.86％ 的人选择"从学生角度出发"，12.2％ 的人选择"从现实经验出发"，3.14％ 的人选择"从主观感受出发"，10.8％ 的人选择"从教育目标出发"，如图 6-1 所示。

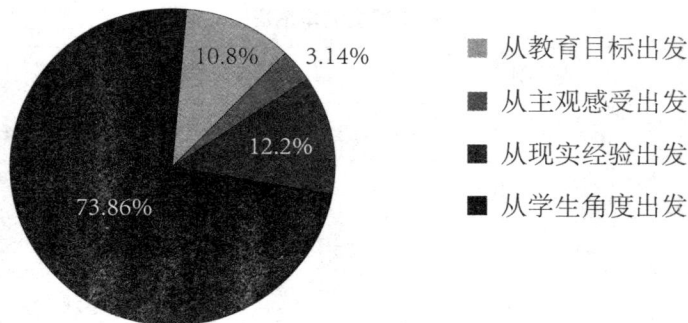

图 6-1　题 7 选择情况

在题 8（当学生的思想状态发生变化时，您多久关注一次？）的调查结果中，有 13.94％的人选择"每学期一次"，20.91％的人选择"每月一次"，30.66％的人选择"每周一次"，34.49％的人选择"每周两次及以上"，如图 6-2 所示。

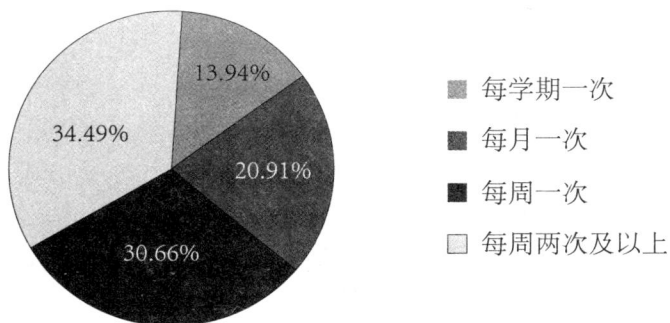

图 6-2　题 8 选择情况

通过数据并结合已有的研究基础可知，辅导员普遍具备共情意识，但对学生潜在情感需要的感知能力仍需提升。从以上数据可以看出，辅导员对共情能力在增强思想政治工作实效性方面发挥着重要作用的认知是较为明确的。辅导员需要定期与学生展开谈心谈话、心理辅导等形式多样的思想政治工作，在此过程中，大部分辅导员愿意主动地了解学生的情感需要，并能够从学生的角度出发，经常性地对学生的学习生活表示关心，引导学生表达自身的情感需要，这些也是辅导员与学生产生共情的前提环节。这说明辅导员作为高校思想政治工作的关键力量，能够充分地认识到自身的育人使命和责任，并且能够认识到作为辅导员"以情动人、以情化人、以情育人"的特殊育人方式，能够在日常的思想政治工作中主动尝试运用共情能力，以达到提升自身工作实效与质量的目的。

题 10（您会留心学生的感受、敏锐地察觉学生细微的情绪变化吗？）的调查结果显示，选择"偶尔会"的占比为 77.7%，如图 6-3 所示。

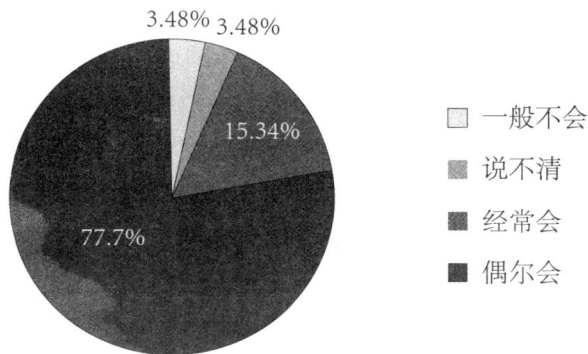

图 6-3　题 10 选择情况

由此表明，辅导员在对学生的情绪变化认知能力上还有待提升，并且有部分辅导员在工作中无法及时地感知学生的情感需求状态，这是辅导员缺乏共情能力的一项显著表现。在调查问卷中，题9（在进行学生事务管理的时候，您会花很多时间去关注学生是怎么想的吗？）同样指向高校辅导员的共情意识，从图6-4可以看出选择"偶尔会"的占比达到82.93%。

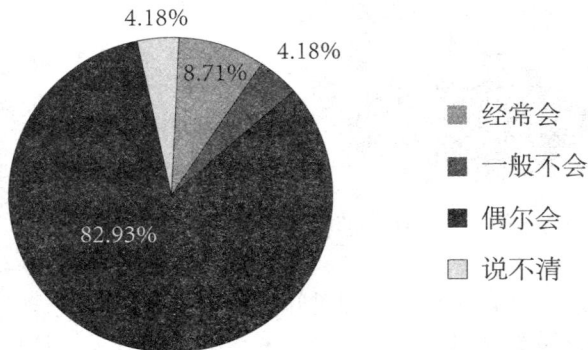

图6-4　题9选择情况

由此可见，当前高校辅导员对学生的情感需求的感知能力有待加强。

综上所述，当前高校辅导员对学生的情感需求在主动感知与积极引导方面都存在一定的提升空间。其原因大致可以分成两个方面。一方面，由于学生自身从未表达过迫切的情感需求，辅导员也没能通过其他方式引导学生表达自身的情感需求，双方交流互动频率低，产生共情的条件尚不具备。另一方面，学生已经表达出了自身的情感需求，但辅导员没能及时地感知到，或是没有感同身受地感知到这一需求的急迫性，显然这是共情意识薄弱的表现之一。

（二）具备良好的共情思维，但感同身受的共情体验有待提升

从整体而言，目前高校辅导员群体能够在日常思想政治工作中自觉运用共情思维，自觉尝试主动听取、吸收和参考学生的观点和意见，设身处地地与学生开展交流，并能够自觉进行换位思考。通过问卷调查的数据分析可知，在题11（当学生失恋时，您会如何引导？）的调查结果中，选择"能正确引导学生从失恋中走出来"的占比为58.19%，如图6-5所示。

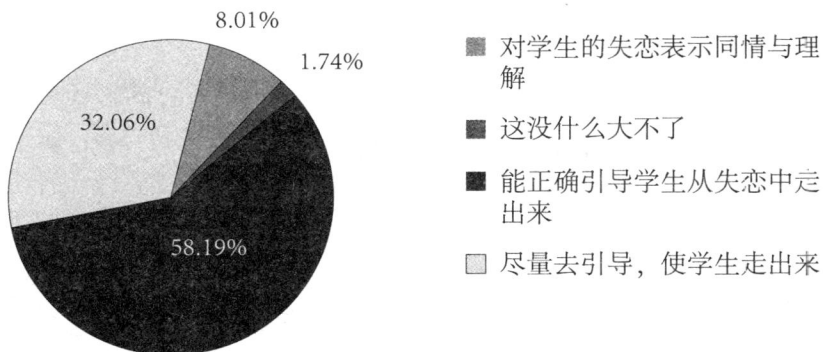

图 6-5　题 11 选择情况

8.01%　1.74%

32.06%　58.19%

■ 对学生的失恋表示同情与理解

■ 这没什么大不了

■ 能正确引导学生从失恋中走出来

□ 尽量去引导，使学生走出来

在题 12（在面临学生的未来发展时，作为辅导员，您如何引导学生？）的调查结果中，选择"认真听取学生的想法并给予正确的引导"的占比为85.71%，如图 6-6 所示。

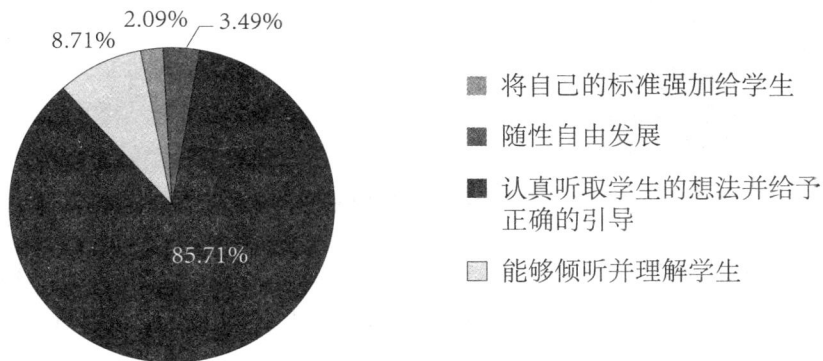

2.09%　3.49%

8.71%

85.71%

■ 将自己的标准强加给学生

■ 随性自由发展

■ 认真听取学生的想法并给予正确的引导

□ 能够倾听并理解学生

图 6-6　题 12 选择情况

由此可知，当前高校辅导员大部分还是能够自觉运用良好的共情思维来帮助学生解决情感问题、提供一定情感支持的。调查通过开放式的问答题，可以发现当前高校辅导员自觉运用共情思维的具体表现主要有四个方面。第一，辅导员能够自觉运用共情思维尝试将自己想象为产生共情的学生，在角色认知上产生转化，通过了解学生的家庭背景、教育背景等多重生存状态，能够暂时抛开原有身份，认知、体会和感知学生当前的处境和需求。第二，在转化角色身份认知的基础上，辅导员能够设身处地地评估学生的感受，身临其境地感知学生在面对困难与矛盾时的心理活动体验。第三，对于事件或人物的好与坏、善与恶的判断，学生有自己的标准，辅导员能够积极运用共情思维去寻找、理解学生的判断标准，而不是不顾及学生的个人感受，将自己的标准强加给学生。第四，辅导员能够运用共情思维模拟学生角色并做出决策方案，在扮演学生身份、体验学生情感感受、依据学生的情感标准的基础上，创造性地运用自身的经验阅历做出全新的决策决定，以达到帮助学生脱离两难困境的目的。这些表征都体现了当前高校辅导员具备较为良好的共情思维能力，并能够在立德树人的过程中自觉运用。

然而，在辅导员运用共情思维的过程中，有时会出现无法理解学生的情感产生变化的情形，感同身受的共情体验还有待提升。在问卷调查中，题13（当学生因为生病跟您请假时，您会怎么思考？）的数据反馈显示，选择"学生没能权衡好与课业之间的关系"的占比达到44.6%，如图6-7所示。

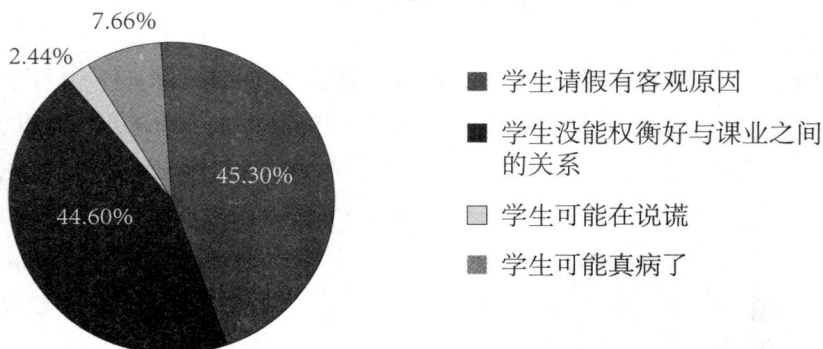

图6-7　题13选择情况

由此可知，当前高校辅导员感同身受的共情体验还有待进一步提升，对共情相关专业知识的了解有待加强，更亟待加强使用共情相关的心理专业技能的能力。

题15（当学生需要您帮忙做出判断时，您是何反应？）的调查结果显示，选择"我会积极地调动自己的经验和阅历"的仅占15.33%，如图6-8所示。

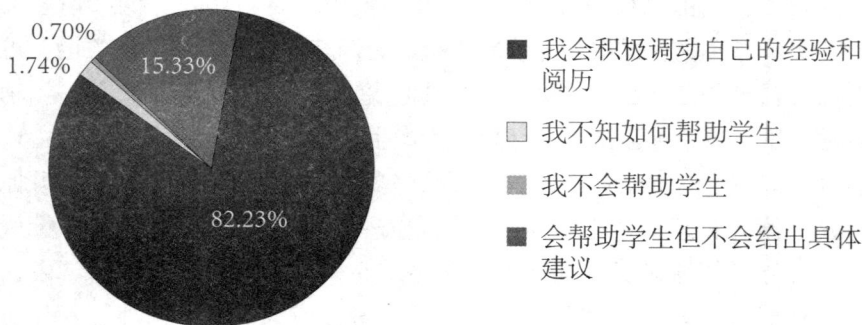

图6-8　题15选择情况

由此可知，这种对学生情感的无法理解表现在无法准确地将自己定位为学生的角色认知方面。由于辅导员的阅历经验、时间精力都是有限的，很多学生的生存背景是辅导员从未遇到的，或是无法想象的，这就导致辅导员无法真正地站在学生的角度进行情感体验以及寻找判断标准，所以无法给出有建设性的决策，帮助学生就更无从谈起了。最后，从共识思维维度上的题 14（当您与学生产生意见分歧时，您如何处理？）的数据反馈结果可知，选择"认真听取学生的意见，找到问题的突破口"的仅占 28.92%，如图 6-9 所示。

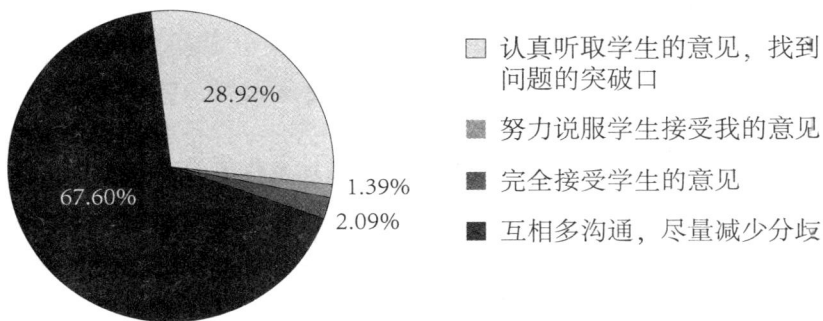

図 6-9　题 14 选择情况

由此可知，高校辅导员在运用共情思维的过程中，理解学生、感同身受的共情体验还有待加强。高校辅导员在共情思维方面的不足很可能源于相关知识技能培训的缺失，这方面的缺失导致其无法调动自身积极性寻找被共情对象的判断标准，从而出现用自身的评价标准对事件或人物的好与坏、善与恶进行判断的情形，甚至是不顾学生的感受，将自己的标准强加给学生，这是不利于促进师生双方共同发展的。

（三）形成一定的共情反馈，但反馈的途径机制有待完善

从整体上来说，高校辅导员是能够积极地为学生提供共情反馈的。无论是在语言上还是在行为上，高校辅导员能够让共情的对象感受到自己的痛苦与难处被理解，并有所依靠，从而对辅导员产生信任，让学生认为在辅导员的帮助下可以解决自己遇到的困难。在问卷调查中，题 16（面对有问题倾向的学生，您如何处理？）的数据反馈显示，选择"提前注意"的比重达到 28.35%，选择"平时多观察"的比重达到 38.24%，选择"通过其他学生反馈"的比重达到 30.09%，选择"出现问题才发现"的比重达到 3.01%，如图 6-10 所示。

0.31%　3.01%

38.24%

30.09%

28.35%

■ 出现问题才发现
■ 通过其他学生反馈
■ 提前注意
■ 平时多观察
□ 其他

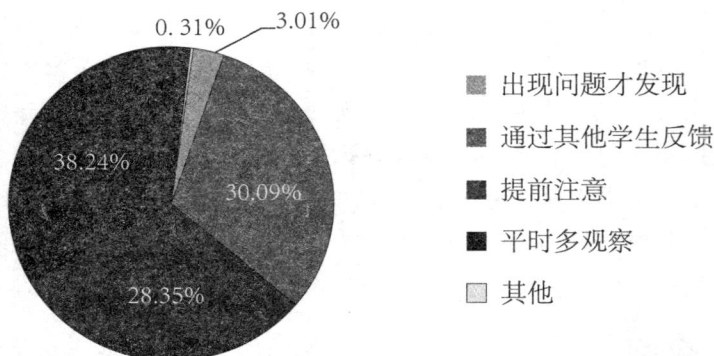

图 6-10　题 16 选择情况

题 18（当学生对未来失去信心时，您通过什么样的方式鼓励学生？）的数据反馈显示，选择"告诉他一切都会好起来"的比重达到 25.61%，选择"用微笑给他自信"的比重达到 20.03%，选择"拍拍他的肩膀给他力量"的比重达到 16.55%，选择"体会他的情绪变化并给他能量"的比重达到 30.71%，如图 6-11 所示。

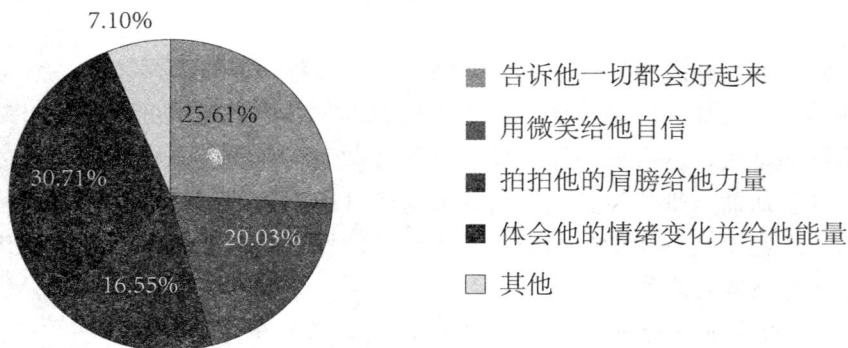

7.10%

25.61%

30.71%

20.03%

16.55%

■ 告诉他一切都会好起来
■ 用微笑给他自信
■ 拍拍他的肩膀给他力量
■ 体会他的情绪变化并给他能量
□ 其他

图 6-11　题 18 选择情况

显而易见，大部分辅导员还是能够防患于未然[①]，对有问题苗头的学生进行提前的关注，及时了解情况，与之共情并帮助其解决问题。此外，当学生需要鼓励时，大部分辅导员能够做出有效的反应，并对学生进行积极的引导。

通过分析可知，这种共情反馈大致可以分为两种类型。一种共情反馈是暂

---

① 防患于未然是一个汉语词汇，意思是指在祸患发生之前就加以预防。出自《周易·既济》中"君子以思患而豫防之"，《乐府诗集·君子行》中"君子防未然"。

时性的，即在学生情绪失控或是情感爆发时，辅导员能够及时在语言上进行安抚，并在行为上、动作上给予一定的回应。语言上的安抚一般表现为辅导员通过语言表达出自己十分理解共情对象的处境，并对其某些品质表达赞美，对其部分做法表达支持的态度。同时，辅导员能够在肢体行为上对学生展现出支持理解的态度，如目光的注视与鼓励、手势的安抚以及一系列表现出鼓励的肢体动作，让学生感受到辅导员支持的力量。另一种共情反馈是持续性的，这种共情反馈指的是辅导员设身处地地帮助学生做出决策，并在学生的决策执行过程中给予鼓励与支持。为消除学生"孤军奋战、孤立无援"的畏惧心理，辅导员能够运用多种工作资源与工作载体支持学生，积极地进行共情反馈。然而，共情反馈作用的途径机制尚存在一些问题，因而辅导员发挥共情反馈作用的途径机制应进一步进行完善。

调查问卷中题 19（您通过何种方式捕捉学生的所思所想？）的数据显示，选择"集中座谈"的比重达到 5.05%，选择"与父母进行了解"的比重达到 6.45%，选择"面对面沟通"的比重达到 52.33%，选择"通过他人反馈了解"的比重达到 25.31%，选择"聊天软件"的比重达到 10.86%，如图 6-12 所示。

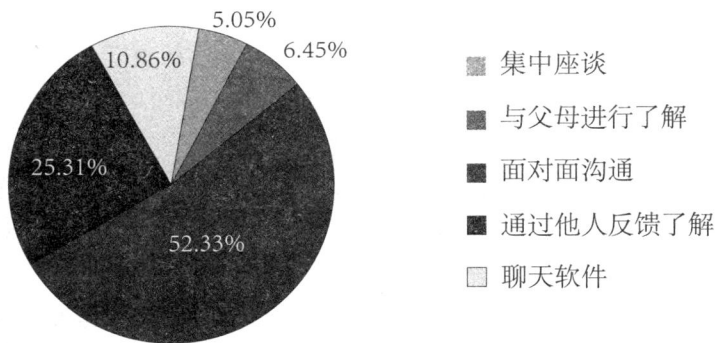

图 6-12　题 19 选择情况

由此可知，虽然一些辅导员能够定期与学生开展各种形式的沟通交流，但仍有部分辅导员由于缺乏工作经验，未与学生建立起定期的、有效的沟通与联系，沟通方式过于单一化。

综上所述，当前高校辅导员缺乏对学生身心发展变化状况的跟踪式反馈机制，更多的是对学生进行片段式的谈心谈话，将共情能力运用于思想政治工作的全过程有待于进一步的落实。

第三节　高校辅导员共情能力的提升策略

一、加强高校辅导员共情认知能力的教育培训

（一）发挥主体作用，提升教育实效

共情教育者和共情教育对象都符合哲学认识论中关于主体的界定，即双方都是有意识、有目的，并且在一定社会关系中从事实践活动、认识活动的现实的人。结合共情能力教育培训的特殊性，教育培训者在整个培训过程中发挥着关键的引导作用。这是因为共情教育者处于共情认知能力教育培训的第一环节，是启动共情认知能力教育活动的最初动力要素。教育者的知识结构、实际经验与授课能力也直接影响着整个教育培训的效果。基于此，本节从共情教育培训者的角度出发，研究如何发挥其主体作用，进而提升辅导员共情能力教育培训的实效性。

首先，"谁来培训"是关键性问题，教育者的选取应从辅导员的现存问题出发，使之能够有针对性地解决辅导员在开展共情活动中遇到的困难。从实证考查中发现，辅导员共情能力不足主要体现在共情专业知识薄弱与共情实战能力匮乏两个方面。针对这个问题，笔者选取了两大群体为辅导员开展教育培训：一是心理学方面的专家学者，他们会在知识理论的层面为辅导员夯实基础；二是在高校思想政治工作一线的工作者，他们会从现实问题中解答辅导员的工作困惑。

其次，要想发挥共情认知能力教育培训者的主体性作用，必须明确其主体性内涵。共情认知教育的主体性具体表现为教育者的主导性、能动性、创造性等属性。主导性是指教育者在共情教育过程中始终起主导和支配作用，要善于引导辅导员思考。在共情教育过程中勇于探索、开拓创新，具有创新精神和创新动力，要创新教授方式，让辅导员对共情更感兴趣，能积极、主动地进行共情教育。

最后，具体来说，共情教育者应该做到以下三点。第一，要具有强烈的同理心。除此之外，还要具有强烈的责任感和创新精神。习近平在全国高校思想政治工作会议上强调，传道者自己先要明道、信道。作为共情教育者如果没有强烈的同理心和责任感，就不会花时间去了解受教育者（高校辅导员），就难以传授具有针对性、实效性与感染力的共情知识与共情技巧；就无法触及共情教育的深层问题，难以适应时代的新变化、了解学生的新特点。第二，要根据受教育

者（高校辅导员）的年龄分布、知识结构、院校特点等实际情况设计共情教育方案，不可"一刀切"。共情认知教育培训是该领域的理论研究者与一线工作者在特定的情景中对高校辅导员这一特定的对象施加的影响，这就要求共情教育者在共情活动中不能循规蹈矩、一成不变，要做到因人、因事、因时而异，创造性地开展共情教育活动。第三，要根据不同的教育方案制定不一样的教育手段和方法。共情教育区别于一般意义上的政工干部培育，它具有跨学科、多领域的特点，因而共情教育就不能仅仅靠说教、灌输、洗脑等方式，而是应不断创新，加强对人际、心理现象和接受规律的主动探索、思考、反省、批判和讨论。

（二）聚焦关键问题，建构内容体系

在高校辅导员共情能力教育的培训过程中，首先要确定培训内容，这是整个培训中最关键的问题，也是能否实现预期目标的关键所在。高校辅导员共情能力教育培训的内容应突出大学生心理健康教育与咨询的工作主线，弥补现有辅导员心理学专业和知识结构的差缺，强化系统培训和专题研修，引入创新型、发展型、学习型培训。

一是共情知识层面的内容。提升高校辅导员对共情的概念、结构、本质等的认识、理解与掌握，使辅导员能运用相关的心理学理论知识分析共情过程，以及掌握共情在心理咨询和治疗中的使用规律。具体来说，共情知识至少包括以下三个方面的内容。第一，共情的概念。厘清核心概念是培训内容构建的前提，包括教育者与教育对象（辅导员）在教与学的过程中深耕共情概念的内涵，把握相关心理学的基础理论，从学理的角度分析与阐释问题，进而提出解决问题的方案。第二，共情的结构。共情是一种人格特质或一般能力，是一种在具体情境下的认知情感状态，教育者需要帮助高校辅导员把握共情结构。第三，共情的现实案例。前两个方面的内容是单纯从理论的层面组建共情教育的内容，此部分则旨在通过对实证案例的分析，加深高校辅导员对共情理论的深层次理解与把握。

二是共情方法层面的内容。共情不单是一种理论知识，其本身即为思想政治教育的一种前沿方法与实践，因而需要从方法论的角度考查共情内容的构建。第一，需要以系统的思维找准"共情法"在高校思想政治教育方法论体系中的位置与作用，增强共情法与其他的思想政治教育方法间的作用关系，发挥多种方法的合力作用。第二，需要遵循共情法的基本规律，把握共情法的内在层次结构，对其进行"理性凝聚"和"本质直观"。第三，聚焦具体工作中运用共情法的形式技巧与表达方式，分析符合辅导员职业特征与学生接受规律的现实图景。

三是共情形式层面的内容。按照主体类型划分，其可以分为个体共情和群体共情。高校应在教育培训过程中，引导辅导员在运用共情的过程中把握好"点对点"（个体共情）和"点对面"（群体共情）之间的共性与差异。高校要引导辅导员合理运用个体共情，个体共情一般应用于与个别学生谈心谈话的过程，它的优势在于私密、深入、易产生情感共鸣，但耗时较长，且需要突破学生的戒备心。另外，还要指导辅导员正确使用群体共情。群体共情是指群体成员内化和间接体验另一群体成员的认知和情绪情感的过程。群体共情对群际关系具有促进作用，有助于减少群际冲突，促进学生群际认同。按照手段划分，群体共情可以分为直接共情和间接共情。辅导员在实际的工作中使用直接共情较多，这源于直接共情的直观性、效率性与感染性较强，但绝不能忽视间接共情的作用，间接共情主要是指辅导员通过一个特定介质对学生进行共情。因此，在教育培训过程中，要注重引导辅导员协调运用直接共情与间接共情，实现直接共情和间接共情的相互补充。

（三）坚持系统联动，拓展教育形式

要提升共情能力，辅导员应注意把握客体主体化的原则、创新创造性的原则、前瞻性的原则和层次性的原则，不断创新教育形式，坚持双线互动，抓住辅导员共情能力提升的校本培训、师徒相授、自我反思、事务体验、案例分析五种形式。

一是校本培训。首先，邀请心理学方面的专家、学者与高校思想政治工作一线的前辈共同开展共情专题培训会，使高校辅导员充分了解共情的基本理论与实践问题，并注重引导辅导员认识共情能力在具体工作中的意义和价值，使辅导员能够尽快熟悉并运用共情方法。其次，开展主题研讨会，组织辅导员根据事先学习的知识与理论，进行小组讨论和主题发言。此类培训既强调每个人的积极参与性，又强调对学习内容的精心选择和正确引导。再次，建设一个网络学习型社区和交流平台。此办法是应对辅导员工作压力大、业余时间分散、培训难于集中等突出矛盾的良策。这一网络平台既要提供一个庞大的共情学习资料库，并分门别类地给辅导员提供学习和参考，又要让辅导员可以上传新的资料供所有人共享。

二是师徒相授。高校辅导员的学科背景复杂、年龄及经验相差较大。高校应组织新老辅导员结对互助，即让经验丰富、工作能力强的辅导员予以新入职的辅导员帮助和指导，使新入职的辅导员尽快适应角色和环境，增强工作胜任力与自我效能感。在具体操作上，由共情能力较强的辅导员为新入职的辅导员分享经验，解答新辅导员在岗前培训过程中提出的问题，提醒新辅导员在共情

工作中的核心环节。此外，还可邀请新辅导员参加自己班级的班会、班干部会，向新辅导员展示自己的工作记录本、网络沟通平台等。

三是自我反思。美国心理学家波斯纳（Posner）提出，反思是教师专业发展的工具，教师成长＝经验＋反思。反思是用批判的态度审视自身的思想与行为，并对自我行为进行评价、总结经验教训的过程。辅导员在提升自身共情能力时需要把反思作为自我提高的重要途径，而高校也应该对辅导员的反思内容、反思形式和反思反馈的渠道加以规定，把它作为共情能力提升的核心内容之一。辅导员与学生的谈话日志就是一种良好的反思载体，在信息网络快速发展的今天，日志可以是纸质的，也可以是微信、微博等网络文章。日志的内容除了对日常工作内容的真实记录外，还要注重一事一议，注重对问题的反思，努力做到举一反三。

四是事务体验。共情认知能力提升的核心目的在于使辅导员在具体的工作中能自觉地运用这一工作方法，该阶段要求辅导员在实际操作层面认识、理解、运用共情方法，实现从表层扮演到深层表达再到自然流露的变化，让学生感受到被认同、被理解、被接纳，进而增强思想政治教育工作的实效性和感染力。此外，辅导员需要注意学生的个体差异性，要懂得总结经验、把握规律。

五是案例分析。共情的基本知识理论可以通过书本习得，但工作方法与工作能力则需要实战来积淀。案例分析是辅导员以最快的时间、最小的投入来掌握工作方法和积累工作经验的捷径。高校可以定期组织学工沙龙、典型分享会、主体研讨会等形式的活动，抛开呆板的说教，把辅导员在现实工作使用共情中遇到的疑难杂症拿到会上来解剖分析，进而分享经验、总结教训，通过长期的积累，形成一个解决同类问题的"智慧库"，甚至还可以将之放到网络学习平台上，被更广泛的辅导员群体和相关教育工作者共享。新入职辅导员在这样的案例分析会上主要扮演倾听和学习的角色，可以参与讨论。经验丰富的辅导员是案例的提供者和经验的分享者。此外，还可以引导辅导员将自身典型的工作案例转化为科研成果，在提升自身科研能力的同时，将经验普及给更多的同仁。

二、构建高校辅导员共情理解能力的实践场域

（一）唤醒高校辅导员的育人使命

高校辅导员能否有效提高自身的共情能力，能否认识到、理解和使用共情方法，其自身的情感与态度是重要的影响因素。因此，构建高校辅导员共情理解能力的实践场域，首要条件是激发辅导员的主体性作用，使辅导员在开展教

育工作的过程中注重"情"的使用，做到以情感人，实现在工作中使用共情的自觉。

一是要充分尊重高校辅导员的主体性地位，这主要体现在两个方面。第一，调整传统的心理健康教育理论与实践培训的目标模式，把培养高校辅导员运用共情能力的主体性纳入政工干部素质能力培训的目标体系之中。共情认知能力教育的目的并不只是要求高校辅导员简单地接受和了解知识层面的内容，而是要求高校辅导员能够在特定的情景中创造性地运用相关内容，使之成为活的实践理性。因此，只有把培养高校辅导员运用共情能力的主体性纳入高校政工素质能力培训的目标系统之中，才能促进辅导员真正地理解共情知识，并在具体工作中自如地运用。第二，教育培训专业和高校辅导员间必须实现由传统的单项教育模式转变为双向互动模式。传统意义上的培育以教育者为教育活动的主体，其中教育对象是教育活动的课题，而现代思想政治教育尊重教育对象的主体地位，更强调平等互动，从而实现"主体客体化"和"客体主体化"，并通过专业学者的教育和高校辅导员的内化来实现共情认知能力教育的真正目的和作用。

二是要充分调动和发挥高校辅导员的主体性作用。首先，要唤起和提高高校辅导员的自我意识，激发辅导员的工作热情与学习热情，提升其自知、自控、自主能力。其次，要促使高校辅导员进行自我教育。坚持主体性原则，通过加强辅导员的主体意识，促使辅导员进行自我教育，实现自我共情，同时通过自我共情来唤醒辅导员进行自我教育的热情，培养辅导员进行自我教育的能力，从而引导辅导员将教育内容转化为对自我的要求，使辅导员充分了解一定的共情知识，熟练掌握一定的共情能力。

（二）密切辅导员和学生的日常交往

高校辅导员肩负着立德树人的崇高使命，其主要职责包括思想理论教育和价值引领、党团和班级建设、学风建设、学生日常事务管理、心理健康教育和咨询工作、网络思想政治教育、校园危机事件应对、职业规划与就业创业指导、理论和实践研究等，这些工作内容的一个核心成分就是高校辅导员与大学生的有效互动交往。辅导员与学生主体间要实现真正的交往，必须经过对话与体验、理解与共识，前者是后者的基础，后者是前者的结果。

一是创造"对话与体验"的互动网络。与学生的"对话与体验"是高校辅导员发挥共情能力的逻辑起点。辅导员在具体工作中要注重创造"对话与体验"的机会，增加与学生日常交往的频率。首先，在辅导员与学生日常交往的实践活动中，应注意到教育者与教育对象的交往行为必须通过"对话与体验"来实现。"从教育的角度来看，辅导员和学生处于平等地位。……辅导员激发学生对求知探索的责任感，并强化这种责任感。这是苏格拉底'催产式'的教育原则。其本质就是唤醒学生的潜在力，催逼学生从内部生成一种自动的力量，而无须外部施加压力……辅导员要把学生的关注点从教师身上转移到学生的自身，而辅导员本人则退居暗示的地位。师生之间只存在善意的论战关系，而没有屈从依赖关系。"① 其次，辅导员与学生在"对话与体验"的互动网络中，要彼此尊重各自的主体地位，在和谐的教育环境中进行心灵对话与道德体验，为下次"对话与体验"提供情感与态度上的可能。最后，辅导员与学生的"对话与体验"应突破空间的局限，从"单一的现实空间"转向"现实空间与虚拟空间相结合"，充分利用现代网络技术，与学生在网络空间"对话"，让学生随时随地都能"体验"到辅导员的理解与认同。

二是创造"理解与共识"的互动网络。辅导员在开展思想政治教育活动的过程中，应以尊重的态度、接纳的心理与丰富的情感肯定学生，并鼓励学生积极参与、勇于表达自己的想法，从而营造一种和谐向上的教育氛围，实现对话的可能，从而满足学生的教育期待和需要。辅导员在与学生产生意见分歧时，不能一味地反对，而应直面解答学生的问题与困惑，为学生提供多种思考路径和多样选择。"双方语境的明确与自身语境的明确是有一定距离的，因为在合作解释过程中，没有哪个参与者能垄断解释权，对双方来说，解释的任务在于，把他者的语境解释包容到自己的语境解释当中。"② 真实意义上的人都存在个体的局限性，辅导员作为大学生的人生导师与知心朋友，要想发挥自身的引领作用，就必须直面自身的局限和问题，懂得自我反思与矫正，激发师生的共同理解。在思想政治教育交往活动中，学生作为教育客体，期待着被教育主体（辅导员）理解与重视，也渴望着在辅导员面前表达自我、展现自我，更希望被辅导员认同与肯定。学生与辅导员的对话过程是双方思想碰撞的过程，更是形成共识的过程。"一个把自己的生存看成是最完美无缺的生存、把自己的思想看成是终极真理的个人和群体，必定会拒绝对话、拒绝对自己的生存和思想做出任何细微的改变。"③ 因此，"对话"是学生发展自身的重要途径，只有教育者（辅导员）与教育对象（学生）加强对话与共识，才能更好地促进学生思想品德的进步发展。

---

① 雅斯贝尔斯.什么是教育[M].邹进，译.上海：生活·读书·新知三联书店，1991:8.

② 哈贝马斯.交往行为理论：行为合理性与社会合理化[M].曹卫东，译.上海：上海世纪出版集团，2004:83.

③ 张开焱.开放人格：巴赫金[M].北京：长江文艺出版社，2000:120.

（三）打造情感性交互式的教育情境

情境最早是由美国社会学家托马斯等于 1918 年在《身处欧美的波兰农民》一书中提出，后来在社会心理学和社会学中经常被使用。情境是从认知的角度说明行为者与环境、主体与客体的相互关系。行为者在行动和活动之前对环境（客体的总和）的知觉和认知，不是纯客观的，而是加进了主观成分，从主观上给予规定和把握。在交往语境中，思想政治教育要求辅导员与学生在尊重、平等、友爱、民主、理解的氛围中，通过对话与体验的方式和谐共处，进而培养积极的生活态度与人生价值。辅导员共情能力的提升无法独立于外界环境而存在，因而高校辅导员共情能力的提升与发展不仅仅是依靠个体的主观努力，而且还受个体所处的外界环境的影响。主观努力是内因，外界环境则是外因。因此，要实现辅导员的共情自觉，必须打造情感性交互式的教育环境，通过环境的影响加深辅导员对共情能力的理解，激发辅导员使用共情方法的热情。高校需要创设人文感化情境与虚实互动情境，促使辅导员在情感性交互式的教育情境中自觉地使用共情这一工作方法。

一是人文感化情境的创设。信息技术的深刻变革触动了人们的精神世界与情感世界，人文的价值日益显著。打造情感性交互式的教育情境，其核心是对人文价值的挖掘与人文精神的弘扬。首先，改善辅导员工作的硬环境，即生活环境、生理环境、工作环境等，具体而言即保障辅导员的薪酬待遇。由于辅导员日常事务繁重，身体机能容易出现问题，学校需要适当地组织辅导员体检与素质拓展活动，最为重要的是要改善办公室的办公环境。因为辅导员与学生进行谈心谈话的地点多数是在辅导员办公室，宽松、温馨、整洁的环境有利于辅导员与学生敞开心扉地交谈，有利于辅导员共情能力的提升。其次，改善辅导员工作的软环境，即辅导员工作的文化环境与精神环境。马克思认为，真、善的超越和升华是美，个体活动只有具备了真、善的特质之后，才可以按照美的规律来改造世界。共情能力的使用是一场心理审美与精神审美的独特体验，要注重对辅导员审美心理的培养与审美精神的塑造，并不断通过先进的团队文化氛围促进辅导员的成长。再次，辅导员要注重与学生交往中人文感化情境的营造：第一，创新工作方法，增强与学生的情感联系；第二，注重分类指导，关注学生的个性差异性与情感需求；第三，将情感教育融入各类教育活动中，增强学生的情感体验，丰富学生的情感世界。

二是虚实互动情境的创设。现实情境与网络情境相互依存、相互补充、对立统一，构成了情感性交互式教育情境的全部世界。情感性交互式的现实环境是辅导员与学生情感交流的主要场域。首先，辅导员在开展教育的过程中要以情感人，注重对"情"字的理解和运用，让学生感受到有人接纳、理解与支持自己。其次，提供多样的实践环境，获取辅导员与学生在实践中的情感共鸣。最后，利用直接现实的交往推进辅导员共情能力的发挥。网络为人们提供了虚拟世界的社会交往和"人—机—人"的交往模式，在为人们开辟了新的生活空间的同时，给人们的生产方式和生活方式带来了变革性的影响，对人们的情感联系发起了新的挑战。第一，辅导员通过网络发布文化产品，传播主流价值观点，发挥网络文化育人的效用；第二，加强与学生在各种应用社交软件上的互动，主动引导设置议题，让学生对辅导员产生情感认同；第三，利用网络世界加强对现实世界的引导。网络无论如何虚拟，但它并没有与现实生活完全隔绝，无论网络场域有多大，其核心要素都是人，辅导员要善于在网上普及积极向上的情感故事，触动学生的精神世界与心灵世界，进而实现现实生活情境与网络虚拟情境的同向、同行。

三、完善高校辅导员共情反馈能力的系统建构

（一）健全共情反馈的机制

一是调查研判机制。这主要是指辅导员在使用共情法前，调查学生的基本信息、心理状况、情感状况、学业状况等，把握细节，对学生的心理动态进行研判，同时判断是否适合使用共情法对其进行教育引导。此外，辅导员还需比对学生开展共情活动前后的心理及情感变化，科学全面地把握学生的特点。

二是全程跟踪机制。首先，"一次共情、全程跟踪"，即辅导员在对一名学生或多名学生使用共情法时，需要全方位观测学生的行为反应与情感变化，把握共情教育中的情感规律。其次，"一生共情、全程跟踪"，即辅导员在对一名学生多次使用共情法后，观察学生的前后变化。再次，对反馈结果进行归档处理，充分利用数据归档技术对每一次评价进行统计归档，建立教育效果反馈数据库，为下一次共情法的使用提供借鉴和参考。

三是效果评价机制。首先，确定评价标准。评价标准是评价机制的"量尺"，评价标准的科学性直接影响评价结果的真实性与科学性。其次，创建专业的评价队伍。只有建立专业的人才队伍进行评价，才能够保证评价结果的客观性。高校可以结合自身实际，从现有的思想政治教育工作者中选拔出一批适合从事评价工作的人员，加强对其的技术培训和职业道德培养。再次，建构长效的监管机制。为了客观公正地对辅导员的共情能力进行评价，制定长期的监控制度是必不可少的，这样可以保障评价工作的科学运行。高校应强化对评价过程的监管，对学生反应的问题进行重点关注。评价过程结束之后，允许评价客体对评价结果提出质

疑，工作人员应及时向评价客体反馈结果，确保学生的知情权。

（二）畅通共情反馈的途径

一是自我反思。辅导员要适应时代的变革与发展，把握学生的特点和规律，不断提升自身业务能力，调整自身知识结构，革新工作理念。反思是辅导员深刻认识自我思想与行为的重要途径，更是辅导员提高共情能力的重要举措。辅导员在接收到反馈评价时，必须强化自身的反思意识，及时发现自身在使用共情法过程中存在的问题以及教育客体的心理变化，研究共情法的运用规律、学生的接受规律，科学地矫正不符合实际需求的部分。

二是他者评价。他者评价是畅通共情反馈机制的有效途径。辅导员与学生进行共情活动后，学生的心理状态、情绪变化、思想动态直接反应了共情的效果，学生作为该事件的主人翁最有发言权。因此，高校必须及时获取学生在这一教育活动中的评价，建立健全学生对辅导员的评价体系，坚持线上评价与线下评价、个体评价与集体评价相结合，创新评价方法，拓展评价途径。

三是数据抓取。思想政治教育工作必须重视信息获取方法，通过信息的反馈，并根据过去的行动情况来制定未来的行动，从而为思想政治教育实现最佳效益做努力。除此之外，利用大数据技术采集学生在网络上发布的信息，把握学生的思想与情感动态，使用量化的方式评价辅导员的共情能力，检验自我反思与他者评价的效度和信度。

（三）创新共情反馈的方法

一是典型教育法。就共情来看，辅导员既是教育者和引导者，又是不断学习的受教育者，其共情能力的提升需要一个过程。知识是固化的，而个人的情感和体验是鲜活的，是多变的。辅导员对人生阅历和经验的掌握在一定程度上影响了其与学生的共情，这可以通过典型教育进行提升，通过某种真实的或者是虚拟的经验获得认知、意志、情感等方面具有价值生成和意义建构的心理感受，体验个体与环境连续交互作用的过程，在非规定性思考中，通过重复自己的、他人的人生经历和经验，进而强化对生命、生活的思考，积累人生经验。比如，辅导员可以进行角色体验，在体验中认识和了解自己，通过模仿行为代替个体的心理过程，在活动中扮演角色、了解角色，把握角色背后的情绪情感，从而在与学生的沟通和交流中更好地理解与关注学生，真正做到为学生赋能，进而增强教育的实效性。

二是情境模拟法。情境模拟是一种以任务目标为导向的体验式的训练。辅导员在真实的情境中，深刻体会到与特定的环境和人物互动时当下人物内心的体验和感受，了解学生的真实想法和感受，这是共情的基础。辅导员在通过情境模拟法增强共情能力时，可以多感觉、多接受、多练习，可以采用听录音资料、观看相关视频、阅读文字材料、进行情绪追忆等方法来学习共情的技巧。

三是经验总结法。经验总结是实践工作中不可或缺的提升过程。将典型案例与做法进行总结，将实践经验上升为理论和技术积累，是个体、国家成长进步的重要环节。辅导员对学生的情绪情感进行体验，这个过程和内容是复杂、分散、没有逻辑的。但众多的体验背后又有着深刻的联系，需要辅导员在体验、学习后归纳总结，进行理论提升，从而内化为自身的共情能力，提高综合素养。比如，辅导员可以在进行典型情感体验后，将当时的环境、心境、反应等记录下来，写下真实想法和可能的应对方法，为以后类似情况的处理提供参考；也可在情境模拟中就某个阶段、某个节点的感受、想法、行为等进行总结和讨论，特别关注一下情境中个体与个体之间的关系等问题，积累丰富的共情体验和处理经验，这有助于把握规律，有效提升共情能力。

四是理论矫正法。实践是理论的源泉，理论是实践的指引。高校辅导员运用共情法开展工作必须坚持马克思主义立场、观点和方法。辅导员共情能力的提高、共情反馈方法的运用是在实践层面对辅导员共情能力的提高提供经验、体验、情绪等实践支持，能够帮助辅导员更好地理解学生，与学生心连心地平等交流，对学生进行教育和引导。但这一过程是经验式的，是盲目的，是缺乏系统性的，需要马克思主义从理念选择、逻辑框架、具体设计、操作方法等方面进行指导；同时这一过程是浅显的，是有可能走"弯路"的，是需要在过程和反思中进行改进的，是离不开理论指导和矫正的，需要对照理论查找操作层面的问题，发挥理论对实践的指导作用，从而创新共情反馈的方法，更好地应用于辅导员共情能力的提升。

第七章 基于微信平台的高校辅导员工作创新研究

21 世纪是全媒体的时代，以微信为代表的网络媒体平台越来越深入地影响着人们的生活，被社会广泛地接纳与认可。无论从使用人数还是活跃指数上看，"无人不微信"的大环境已基本形成，并受到大学生群体的青睐。微信平台的影响力也逐渐突破课堂、高校、求知的传统边界，对大学生的思想引领起着不容忽视的作用，使传统思想政治教育引导方式面临着严峻的冲击与挑战。与此同时，随着国际国内形势的复杂变化，不同思想文化交流交锋，社会思潮多元多变，意识形态领域许多新情况、新问题也往往因网而生、因网而增。

基于此背景，高校辅导员积极依托微信平台，在线上开展思想政治工作，使其成为提升高校思想政治教育实效性的重要抓手。因此，本章将微信与高校思想政治教育相结合，在呈现高校辅导员全媒体时代独特工作方式的基础上，对辅导员借助微信平台开展思想政治教育的现状进行系统分析，并着力探究基于微信平台的高校辅导员工作的运行模式和实践策略。

第一节 基于微信平台的高校辅导员工作基本概述

一、微信平台的功能与特点

根据《2018 微信年度数据报告》，2018 年每天有 10.1 亿用户登陆微信；日发送微信消息 450 亿条，较 2017 年增长 18%；每天音视频通话次数达 4.1 亿次，较 2017 年增长 100%。微信平台作为一个全民都在广泛使用的社交软件，已经深刻影响与改变了人们的日常生活，对微信平台内涵与外延的科学认知是本部分内容的重要研究基础。

　　微信平台是一款跨平台、具有持续性、支持多人信息交互的通信工具。该软件集文字、照片推送、语音对讲等功能于一身，具有公众平台、朋友圈、消息推送等功能。使用者可以通过手机、平板电脑、电脑等终端广泛使用微信，通过"摇一摇""搜索号码""扫一扫"等方式添加好友、关注公众平台，甚至能够通过"收付款"等方式产生消费行为。它以独特的用户体验和功能在中国迅速普及，并成为时下最为流行的即时通信软件。在新媒体技术的支撑下，在智能手机产生的基础上，微信以手机客户端为依托，融合了过去短信、彩信等多种通信功能，同时其强大的语音和视频功能使人们之间的远程交互变得更为生动、便捷，极大地增强了用户体验，拉近了人与人之间的距离。此外，微信十分注重技术革命与创新，结合技术进步与人们对信息的新需求，近些年还开发出了小程序、小游戏、创意红包、自制表情等功能，更加迎合了现代人的需要。相较于其他同类即时性通信软件，微信的出现相对较晚，但却能在激烈的竞争之中迅速脱颖而出，除了其自身得天独厚的优势之外，也与这一时期中国的政治、经济、科技与社会发展状况息息相关。

　　终端媒介的发展是微信产生与发展的前提。微信作为一款专门针对手机终端而研发的软件，智能手机的出现以及其不断升级换代成了微信得以持续发展的前提。随着时代的发展，手机自身成本价格的进一步降低及运营商网络资费价格的不断下调，为用户使用微信提供了良好的前提条件。产品功能的进步是微信得以发展的核心竞争力。从"补偿性媒介理论"出发，笔者认为微信能在众多通信软件中胜出的一个重要原因就是其对传统的通信工具起到了很重要的补充作用，不仅能够发送文字和图片，而且可以发送语音和视频，同时还不产生通信费用。这些功能上的拓展和费用上的降低，都使其补充性功能得到彰显，从而在众多的通信软件中胜出，具有属于自身的核心竞争能力。用户的需求是微信不断发展创新的持续动力。通信软件作为一种商品，其存在的一个重要依据就是其用户消费量，而产品能够持续地满足用户的需求就成了其长盛不衰的重要基础。微信自诞生以来，通过自身的不断革新，逐步满足用户圈子重叠交互、信息保密、网上支付等各种需求，愈发得到社会大众的青睐。

（一）微信平台的功能

　　微信经过多次改版升级，其功能不断地被丰富。综合评估后，笔者认为微信的功能主要包括聊天、社交、服务与娱乐四项。

　　第一，聊天功能。聊天功能是微信的核心功能。现阶段，微信的聊天功能可以实现实时的文字、图片、视频、语音的发送，既支持点对点的私人聊天，又支持多人群聊；添加好友功能支持通过查找微信号、查看 QQ 好友、查看手机通讯录、分享微信号、"扫一扫"等方式添加好友；实时对讲功能支持用语音聊天和一群人语音对讲。运用话语进行理论说服与思想引领可以说是辅导员工作的一项重要内容，微信的聊天功能为辅导员话语说服方式的丰富提供了良好的平台。充分利用微信的聊天功能，辅导员可以实现随时与学生聊天，运用点对点聊天、点对面聊天等多种方式及时了解学生动态，帮助学生解决思想上的困惑。

第二，社交功能。微信的社交功能主要是依据三种方式实现的。一是社交平台的建立。微信已实现了通过读取手机通讯录及 QQ 好友获取联系人信息的功能，同时具有"摇一摇"随机交友功能。通过"摇一摇"功能，用户可以匹配同一时段触发该功能的微信用户。二是朋友圈信息共享。朋友圈共享功能是指在朋友圈之中用户通过发布文字、图片、小视频等分享自己的生活点滴与思想感悟，其他用户可以对该用户发出的消息进行点赞、评论，但其与微博不同的是只有好友之间才能看到相关消息。此外，用户也可以对相关消息进行分组可见等操作，增加消息的私密性。三是公众平台消息推送。在微信公众平台上，企业和个人都可以通过申请微信公众号来发送语音、文字或者图片，传播自己的思想、宣传自己的产品等，并且可以通过后台互动来实现信息互动。微信的社交功能为辅导员广泛地开展思想政治教育工作提供了可能。通过朋友圈、公众号，辅导员可以更为广泛地传播正向思想，对学生进行引导。

第三，服务功能。服务功能主要是指除了聊天和社交，在微信上人们还可以使用线上支付等功能，可以在微信上使用各种小程序，让生活变得更加快捷、安全、高效。微信的服务功能为辅导员工作提供了一定的便捷条件。通过一些小程序，辅导员可以将日常管理工作中的查寝、课堂点名、作业上交等工作线上化，并运用问卷星的小程序实现对学生思想状况的实时动态调研，运用打卡程序帮助学生养成早起、早读等良好的行为习惯。

第四，娱乐功能。微信的娱乐功能主要是指人们在微信上可以玩一些简单的小游戏，这些游戏设计简单、操作方便，可以实现短时间的休闲娱乐；同时可以通过"摇一摇"搜取流行歌曲和电视节目。引导学生适度娱乐、不沉迷游戏也是辅导员日常思想政治工作的内容之一。随着学生网游上瘾现象的增多，这项工作就显得尤为重要。一方面，辅导员可以通过实时的游戏动态对学生玩游戏的状况进行重点监督；另一方面，可以开发一些集合学生学业成长、行为养成的小游戏，帮助学生完成一定的知识学习任务。例如，各高校现阶段都对学生进行保密知识的宣讲，宣讲往往采用开讲座、印发宣传材料等方式，学生的参与积极性较低，成果甚微；但如果能够结合学生的成长特征开发一款包含保密知识的小游戏，让学生在游戏中学习相关知识，效果则会更加明显。

（二）微信平台的特点

在逐步发展普及的过程之中，相对其他通信类软件的开放性、虚拟性等共有优势，微信平台也有着隐秘性高、准确性高、自由度高等自身的独特优势。

1. 隐秘性高

微信平台是一种典型的点对点的人际传播模式，这种模式相对于其他的通信类软件隐秘性更高。点对点的人际传播在这里是指在微信聊天的场域下，更多的用户彼此点对点地进行信息传播，在使用微信聊天时可以获得更多的私密空间，并且沟通的内容、方式可以随时做出调整和改变，沟通和反馈的速度可以调控。这种小群体内的人际传播方式相对微博等重在搭建大范围、点对面的社会化沟通交流网络不同，其重点在于加速点对点的信息交互与传播，相对于大众传播的方式更为高效，同时大大提升了人们达成一致观点的可能性，有利于营造更好的交流环境，增强交流的时效性。基于微信这一相关特点，辅导员可以就学生面临的特殊性问题进行具体的指导，增强思想政治教育工作的针对性；学生可以就自身的需要与辅导员进行隐秘的交流，这种交流增强了学生对辅导员的信任，更有利于建立亲密的师生关系。

2. 准确性高

微信朋友圈是微信平台的一个重要组成部分，与微博、QQ 空间相比，有其自身的独特性，在人与人之间形成了一种隐秘性较好的圈内传播的良好模式。在这三者之中，微博主要是裂变式的传播方式，扩散能力最强，一条消息发出之后可以在最短的时间之内得到快速的转发；QQ 空间则介于微信朋友圈与微博之间，即实现了信息在一定程度内的广泛传播，同时具有一定的私密性；微信朋友圈的可见信息只限于好友分享的内容，是一种基于熟人关系的精准传播系统。利用这种精准的圈内传播模式，辅导员可以大大提高对学生思想政治教育的精准性，可以经常性地推送学生喜闻乐见的信息。

3. 自由度高

微信平台具有一种独特的社交关系模式，这种独特的社交关系模式的自由度较高。关系强度是社会网络学习中的重要概念，主要是指人与人之间交往的时间量、感情强度和紧密性。基于这一概念，笔者认为 QQ 更倾向于一种强关系网，微博是在人与人之间建立一种广泛的弱关系网，微信则是一种强关系网与弱关系网相结合的产物。其中，"强关系网"是指在熟人圈子之中，通过点对点的传播方式，增强熟人之间的情感基础，大大提高成员之间交流的便捷性与主动性，增强用户之间的亲密程度。"弱关系网"则表现在基于社交插件所建立起来的连带关系，这主要是依靠"摇一摇""附近的人"等功能来丰富大家的社交途径，同时在这一过程之中建立起较为虚幻的网络社交关系，但这些关系往往是比较弱的，并不能在现实生活中改变人们的社会生活方式。除了以上两种关系网络，微信还通过公众账号、朋友圈等方式建立了一种人与人之间介于强弱关系网之间的半熟关系网络。这种半熟关系网络主要表现在具有相似价值观念、相同兴趣爱好的人们通过关注同样的社交信息而相识、相交，这些人也许在现实生活中并不相互熟悉，往往也不生活在同一地域，却通过网络信息平台在网上成了"熟人"，在这里通俗地称这种关系为半熟社会。微信的这种高自由度的社交模式，对当代辅导员工作提出了新的挑战，要求高校必须要加强对学生的安全教育。

二、高校辅导员运用微信平台开展工作的理论基础

思想是行动的先导，理论是实践的指南。[①] 要想深入理解基于微信平台的高校辅导员工作，必须从理论上下功夫。只有理论扎实，才能保障实践工作有抓手。

（一）马克思主义交往理论

在人类社会诞生之初，交往行为就出现了。人类的交往行为随着人类社会经济发展的进步不断丰富和发展。随着交往的日益多样化，人类对交往的思考也逐步深入。马克思从哲学层面对交往的深入探索，为人们利用微信平台开展思想政治教育工作提供了重要的理论支撑。1846 年 12 月 28 日在写给安年科夫的信中，马克思第一次明确地对"交往"进行了定义，他写道："我在这里使用'commerce'一词是就它的最广泛的意义而言，就像在德文中使用'Verkehr'一词那样。……例如，各种特权、行会和公会的制度、中世纪的全部规则，曾是唯一适合于既得的生产力和产生这些制度的先前存在的社会状况的社会关系。"[②] 马克思在《德意志意识形态》一文中进一步指出，"人们在生产中不仅同自然界发生关系。他们如果不以一定的方式结合起来共同活动和互相交换其活动，便不能进行生产。为了进行生产，人们便发生一定的联系和关系；只有在这些社会联系和社会关系的范围内，才会有他们对自然界的关系，才会有

---

① 中共中央文献研究室. 十七大以来重要文献选编（下）[M]. 北京：人民出版社，2013:5.
② 中共中央马克思恩格斯列宁斯大林著作编译局. 马克思恩格斯选集（第 4 卷）[M]. 北京：人民出版社，1995:533.

生产"。① 交往是社会发展的根本动力，"周围的感性世界绝不是某种开天辟地以来就已存在的、始终如一的东西，而是工业和社会状况的产物，是历史的产物，是世世代代活动的结果，其中每一代都在前一代所达到的基础上继续发展前一代的工业和交往方式，并随着需要的改变而改变它的社会制度"。② 精神交往是以物质交往为前提基础的，在这里他认为"思想、观念、意识的生产最初是直接与人们的物质活动、与人们的物质交往、与现实生活的语言交织在一起的。观念、思维、人们的精神交往在这里还是人们物质关系的直接产物。表现在某一民族的政治、法律、道德、宗教、形而上学等的语言中的精神生产也是这样"。③ 综合以上马克思主义的核心观点，人与社会的全面发展都离不开交往，且随着生产力的发展，交往的形式得到不断的变化。微信就是在生产力发展过程之中人的交往平台进步的典型代表，对其的深入研究是在人类交往方式进步的背景之下的必然选择。

（二）场域理论

"场"的概念最早来自物理学，是指物体周围的空间存在，这种空间存在主要用于重力和电磁力的传递。之后被社会心理学家库尔特·勒温（Kurt Lewin）等人运用在社会科学之中，提出"场即生活空间，也就是'个人'加上（心理的和非心理的）'环境'。或者可以表述为，在特定时间决定个体行为和心理活动的所有事实，是一个个人的主观因素、客观环境及被主观化了的客观环境构成的一个不可分割的整体系统"。④ 这是一种抽象的空间状态，每一个人都生活在其中。同时，不同的场是相互交错存在的，每个人都生活在不同的场里。法国社会学家皮埃尔·布尔迪厄（Pierre Bourdieu）又将其引入传播学领域之中，其"在分析社会文化生产时，突破了过去如结构、文化、宏观、微观这样的传统二元对立的研究范式，在习性、资本等概念的基础上，提出了场域的概念，并在分析大众传媒，特别是电视时，提出了新闻场、电视场的概念"。⑤ 这一概念后被引申为媒体场域，是指在多种媒介载体的共同作用之下

① 中共中央马克思恩格斯列宁斯大林著作编译局.马克思恩格斯全集（第6卷）[M].北京：人民出版社，1995：485.
② 中共中央马克思恩格斯列宁斯大林著作编译局.马克思恩格斯选集（第1卷）[M].北京：人民出版社，1995：76.
③ 中共中央马克思恩格斯列宁斯大林著作编译局.马克思恩格斯选集（第1卷）[M].北京：人民出版社，1995：72.
④ 刘海龙.当代媒介场研究导论[J].国际新闻界，2005(2)：54.
⑤ 尚帅.关于新闻传播中"场域"理论的研究[J].辽宁教育行政学院学报，2009(11)：130.

对人的行为和意识所形成影响的一种环境，这种环境是一种相对独立的社会空间样态，影响和改变着人们的生活方式和思维方式。微信作为媒体场域中的一个重要媒介，对人们的思维方式与行为方式产生了重要影响，值得人们进一步关注。

（三）马尔库塞科技伦理

美国哲学家、社会学家赫伯特·马尔库塞（Herbert Marcuse）是法兰克福学派的代表人物之一，其将发达工业社会意识形态批判的矛头指向了当代科技。马尔库塞认为在发达工业社会之中起决定作用的是科学技术，即"在发达的工业文明中盛行着一种舒适、平稳、合理、民主的不自由现象，这是技术进步的标志"。他认为发达工业社会是按技术的观念和结构而运转的政治统治，因而在当代发达工业社会之中，技术手段趋于极权性，决定着社会需要的职业、技能和态度，消除了私人与公众之间、个人需要与社会需要之间的对立，形成了技术对社会控制的新形式，科学技术开始具有政治意向性，发挥着意识形态的功能。微信平台作为现代信息技术的一个集中代表，是在科学技术的介入下，通过媒体手段占据人们的闲暇时间与生存空间，传播大量具有极大同化作用与销蚀性文化的一个重要载体。其在人们日常生活之中被广泛运用，占据了人们大量的闲暇时间，却不为人所抗拒，这正是科技在当代社会之中腐化人的灵魂，使人变为一个功能性零件，成为被操控对象的集中反映。因此，基于马尔库塞的科技伦理思想，笔者认为对微信进行相关研究，从而探讨其对青年学生的影响是十分有必要的。

三、全媒体时代对高校辅导员工作提出的新要求

2019 年 1 月 25 日，中共中央政治局在人民日报社就全媒体时代和媒体融合发展问题进行了集体学习。在学习中，习近平指出推动媒体融合发展、建设全媒体已经成为人们面临的一项紧迫课题。现代信息技术飞速发展，各种媒介形式不断出现、变革，媒体内容、功能等出现多层次的深度融合。在全媒体时代，每个人的生活、学习、工作都受到媒介传播、新闻舆论的影响，那么怎样适应全媒体时代呢？答案为顺势而为。运用媒体融合创新辅导员工作也成了在全媒体时代背景下高校辅导员队伍建设应深入分析的重要问题之一。

（一）全媒体时代辅导员工作的理念更新

在全媒体时代之中，教育的传播环境发生了深刻变化，主要表现在以下几个方面：一是教育载体全面化发展，书本、音频、视频、QQ、微信等媒介都成了教育内容的传播载体；二是教育教学的渠道发生深刻变化，教育者可运用

各种传播工具给予受教育者全方位的资讯体验；三是由于知识来源的多样化，受教育者的原有知识结构差异性较大，其教育服务的需求更加多样。在这种环境之下，教育者应适应环境变化的需求找到最适合受教育者的教育载体和途径，针对受教育者个体的不同特征因材施教，这就需要教育者改变以往的教育观念，以适应环境的变化。在传播媒体时代，辅导员作为教育主体，话语权威性强、主导性强，但在全媒体这种去中心化、开放性的环境之下，其信息优势地位逐渐丧失，辅导员应适应时代发展的需求，树立起平等、尊重、不断学习的工作理念。所谓平等，就是以更加平等的心态和视角来看待学生，缩小与学生的心理距离，倾听学生的心声，了解学生，真心地帮助学生成长；尊重则是要在日常工作之中尊重学生的成长成才规律、尊重教书育人规律，以一个独立个体的身份来看待学生，尊重其自我的选择；不断学习的工作理念则是在全媒体时代，知识更新、信息更迭的速度加快，每一个辅导员都应该树立不断学习的价值观念，不能在自己以往的成绩上沾沾自喜，而是要不断学习、不断充实自我、不断提升媒介素养、强化综合素质。

（二）全媒体时代辅导员工作的内容增加

在全媒体时代背景之下，由于舆论传播的手段更加多样化，各种信息包围在学生周边，但青年学生的价值判断能力较弱，这就为不法分子运用信息传播手段从事伤害学生利益的违法行为提供了一定的便利条件。因此，随着媒体融合的不断深入，辅导员工作的内容也逐步增加，主要表现在以下几个方面。一是加强对学生的信息安全教育。辅导员要引导学生树立对自我信息的安全保护意识，尤其是对刚刚入学的大一新生，应把信息安全教育前置化，帮助其更好地保护自我，降低危险出现的可能。二是网络舆情引导。面对全媒体时代互联网信息技术等迅速发展的现状，在网络舆情出现时，辅导员应帮助学生树立正确的价值导向，尤其是面对学生群体发起的网络传播事件要进行合理引导，有效化解危险。三是网络意见领袖培育。在全媒体时代，自我传播已经成为一种必然选择，这是一种占领舆论舞台的重要方式，辅导员应不断提升自我传播能力，培育和发展意见领袖，给学生提供更多的正向引导。

（三）全媒体时代辅导员工作的方法改造

在传统工作模式之中，辅导员主要是运用说教的方式对学生进行管理和教育，但面对新时代大学生的性格特征与成长经历，说教的方式显然已经不能满足其工作需要。在全媒体时代，各种媒介的发展为辅导员开展教育引导工作提供了全新的机遇，其工作方式方法由封闭式转换为开放式，由单一化转为多样化，打破了时间和空间的阻隔。其中，辅导员既可以利用网站、微课、手机移动端等多种方式对学生进行教育和管理，又可以通过微信朋友圈、微博动态、QQ 空间等多种渠道获得学生的信息，这些变革都对辅导员的工作方式产生了深刻影响，使其变得更加多样、开放。

（四）全媒体时代辅导员自身的素养提升

在全媒体时代，信息传播变得更加便捷、多样、隐蔽，这在给人们带来便利的同时，也对辅导员工作提出了更高的要求，尤其是面对某些影响学生思想状况的不良媒体信息时，辅导员教师必须要提升自身应对时代发展的综合素养，其中最为重要的就是要促进辅导员教师信息素养的提升。这种素养是全媒体时代辅导员广泛运用互联网和新媒体信息技术开展学生思想政治教育工作的一种技能，主要包括合理运用信息的情感意识、知晓信息的伦理道德，并以自身的行为宣扬这种伦理道德。信息素养主要体现在以下两个方面。一是高校辅导员的政治素养与政治鉴别力。微信上各种信息传播迅速，良莠不齐；而青年学生的政治信息鉴别能力弱，很容易被不良信息误导，产生错误倾向，这就需要辅导员教师迅速提升自我的政治鉴别能力，一方面加强对学生的思想政治引导，另一方面提升对不良信息的鉴别能力，做好对学生思想动态的监管。二是高校辅导员的媒体素养。为适应微信对思想政治教育带来的影响，大学生思想政治工作者必须要提高新媒介的应用水平，了解微信的具体特征，熟练运用微信的各项功能，对微信的运行模式、传播方式等都有一定的认识，以便更为灵活熟练地运用微信平台。

第二节　基于微信平台的高校辅导员工作现状分析

列宁说过："实践高于（理论的）认识，因为它不但有普遍性的品格，而且有直接现实性的品格。"基于微信平台的辅导员工作研究本身就是一个重要的应用性问题，因而对其现状的考查是全面了解现状、创新工作方式的重要基础。

一、基于微信平台高校辅导员工作取得的成效

在日常思想政治教育中，随着微信的广泛应用，高校辅导员利用微信平台开展工作取得了一定的成效。很多辅导员都建立了属于自己的微信工作平台，并在日常工作中经常利用微信对学生进行日常管理与思想引领。通过联系实际工作，综合总结分析，笔者认为现阶段辅导员运用微信平台开展日常思想政治教育工作主要取得了以下成果。

（一）构筑了思想政治教育的新场域

基于对场域理论的分析，笔者认为微信平台作为多种现代媒介载体之一，与其他媒介载体一起构筑起了高校思想政治教育工作的新场域。这一新场域打破了原有辅导员工作的时间与空间界限，能够更好地增强辅导员与学生的联系，增加互动交流，真正实现了辅导员思想引领工作的全方位、全过程融入。其主要表现在以下几个方面。第一，辅导员利用微信平台开展思想政治教育工作能够更加贴近学生生活。一方面，辅导员利用微信平台及时发送学生关注的信息，在传播、沟通交流的过程中不仅实现了思想政治教育的目的，而且创新性地开展了心理健康教育、职业规划、人格养成、素质拓展与信仰教育等教育教学活动，丰富了思想政治教育的内容，为学生更好地认识自己、认识社会、认识世界提供了有效抓手。另一方面，辅导员利用微信平台也能够更加充分地了解学生，了解学生现阶段的学习与生活现状，了解学生的所思所想，及时关注学生动态，及时解决相关问题。第二，增加了师生交流。在传统的大学生思想政治教育环境中，学生与辅导员的有效沟通相对较少，甚至经常出现辅导员唱"独角戏"的尴尬局面。微信平台的沟通交流功能很大程度上改变了这种尴尬局面的存在。通过微信平台，学生可以与辅导员进行更加平等、深入的交流，使学生与辅导员之间的关系更为密切。一方面，大学生利用微信与辅导员进行沟通交流大大削弱了面对面交流的尴尬或胆怯心理，更易于让学生表达其内心的真实想法，同时不受时间与空间的限制，更加便捷。另一方面，通过微信上私密的沟通或是关注学生的朋友圈，辅导员能够第一时间把握学生动态，更有针对性地开展思想政治教育工作。微信这座新桥梁拉近了学生与辅导员之间的距离，大幅提升了思想政治教育的效果。第三，微信有效扩大了辅导员的工作半径。通过利用微信平台，辅导员工作从此不再受到时间、地域等客观条件的限制，可以随时随地地对学生进行思想政治教育，与学生进行情感交流，通过朋友圈细微地观察学生的情感变化、心灵成长与生活现状，及时发现学生的变化，跟踪学生的成长；通过一对一的私聊对话，增强与学生的交流与沟通；通过群聊的方式解决学生集体性的成长困惑，增强思想政治教育的影响力；辅导员公众号可以将辅导员工作的内容通过网文的方式发布于众，除了能够引起辅导员与学生之间的互动外，还能够进一步引发辅导员与同仁之间、与社会大众之间的互动，引起社会对大学生思想政治教育工作的广泛关注与认可，扩大辅导员工作的半径与工作影响力。

（二）建立了移动化、互动式的教育方式

微信作为一种数字化的传播方式，其传播速度快、实效性强、限制性因素

相对较少，这种即时性的交流沟通方式有助于辅导员第一时间了解学生的状态，使学生与辅导员老师之间的沟通与交流得到更好的保障，建立起一种移动化、互动式的教育教学方式。第一，微信平台让学生成为主体，参与到高校教育管理工作之中，增强了管理工作的民主性。近年来，随着辅导员微信公众号建设的日趋成熟，辅导员公众号单靠辅导员一人已经不能很好地完成运营工作，因而许多学生都参与到辅导员微信平台的运营工作之中。在这一过程中，学生也间接地参与到辅导员的教育管理工作之中，这种参与增加了学生对辅导员工作的了解程度，提高了高校管理工作的民主化水平，让相关工作的开展更为顺利。第二，微信平台的回复与留言功能增强了教师在后台与学生之间的交流沟通。作为一种新的传播方式，微信具有较为强大的群聊、语音聊天、后台回复等功能，这些功能的出现使学生与教师之间的沟通交流显著增加，打破了原有时空的限制，拉进了师生之间的距离。与此同时，利用微信方便快捷的建群聊天功能，辅导员可以更为便捷地与学生就一定的特殊问题或特殊事件开展深入的研讨，第一时间解决学生的困惑，帮助学生成长。

（三）契合了大学生个性化、精准化的需求

根据 2018 年腾讯公司发布的《腾讯 00 后研究报告》，"00 后"青年群体在价值观之中呈现出"懂即自我、现实"等特征，个性越发突出。现今，"00后"已步入大学的校门。面对新的学生群体，高校辅导员工作只有真正契合当代大学生的需要才能更好地发挥其作用。与此同时，党的十八大以来习近平反复强调要树立精准思维，强调各项工作要找准穴位、对准焦距。面对新时代高校思想政治教育工作的新形势与新要求，辅导员也应在工作之中树立起这种精准思维，瞄准学生的需求，对应精准化需要。可以说，微信平台的应用为高校辅导员日常思想政治工作的个性化、精准化开展提供了有力抓手，主要表现在以下几个方面。一是提高了辅导员信息获得的准确性。辅导员利用微信平台可以第一时间掌握每一个学生的动态，并根据学生的不同情况开展思想政治教育，同时将许多信息通过微信群的方式第一时间发送给相关学生，大大减少了信息沟通的成本与时间，使信息传递更加准确、便捷。二是提高了情感交流的实效性。通过微信平台，学生可以与辅导员之间进行实时的情感互动，尤其是在朋友圈中，学生可以看到一个更为生动立体的辅导员形象，有助于增强师生之间的情感沟通与交流，让学生更加亲近、信服辅导员，更有利于辅导员相关工作的开展。三是提高了管理工作的精准性。辅导员运用微信群聊、公众平台等众多方式，开展学生课堂出勤、寝室归寝抽查、学生作业检查、考试纪律宣讲等工作，大大提高了日常管理工作的精准性。

二、基于微信平台高校辅导员工作存在的问题

由于高校辅导员运用微信平台开展相关工作的时间较短，在摸索运用的过程中也出现了一些新问题，亟待引起重视。

（一）场域复杂性与传播实时性导致工作难度增加

在辅导员工作之中，运用微信平台虽然方便了思想政治教育日常信息的传递，为学生提供了更为开放的信息环境，但是增加了学生接触各种社会思潮与不良舆论信息的机会，并且信息传递的隐匿性与快速性极大地增强了日常思想政治教育工作的难度，主要表现在以下几个方面。一是学生沉迷网络影响正常学习生活。根据沈壮海教授等人撰写的《中国大学生思想政治教育发展报告 2017》，大学生使用微博、微信的人数比例高达 96.5%[①]，同时其四年的报告数据显示，大学生上网的时间逐年增长。作为"网络原住民"的当代大学生在利用网络空间增长知识与见识的同时，也出现了沉迷网络从而影响日常学习生活，甚至出现心理问题的现象，这对辅导员的日常思想政治工作的开展提出了新的挑战。二是学生网络安全隐患增多。在互联网隐蔽环境之中，有些人利用这种信息的隐蔽性经常发送一些不良消息或者对他人的个人信息进行侵害，这种场域的复杂性往往会使毫无防备的学生受伤或者误入歧途，如网恋被骗、校园网贷等现象的出现都进一步增加了辅导员工作的难度。三是思想引领的难度加大。对于大学生使用微信的具体用途，有调查显示，绝大部分大学生（80.1%）是"浏览动态，了解信息"。[②] 可见，微信已经成为大多数学生了解信息的重要途径，但当前网络空间中各种信息良莠不齐，会对大学生的价值观念和行为方式产生潜移默化的影响。因此，引导学生正确评价和判断微信中的各种信息、自觉抵制不良信息带来的消极影响是思想政治教育工作的又一项重要内容。

（二）信息分众化导致思想政治教育吸引力不强

微信平台是一种通信平台，每个人都可以通过它成为信息的发布者。在微信平台之上，每个人所接受到的信息往往是分散的、零散的、碎片化的，这种信息的分众化对辅导员发布的带有思想政治教育内容的信息产生了一定的影响。同时，如果内容不够吸引人的话，发布的信息很快就会淹没在信息的大漠

---

① 沈壮海，王晓霞，王丹.中国大学生思想政治教育发展报告 2017[M].北京：北京师范大学出版社,2018:372.

② 沈壮海，王晓霞，王丹.中国大学生思想政治教育发展报告 2017[M].北京：北京师范大学出版社,2018:373.

之中。这主要表现在以下几点。一是大量其他信息的牵扯与吸引降低了思想政治教育内容的吸引力。在微信平台上，人人都可以成为信息的传播者。高校学生往往一个人拥有上百个微信好友，关注几十个微信公众号，这些好友与微信公众号经常在朋友圈和公众平台上发布各种信息。在海量的信息之中，辅导员发布的为数不多的带有思想政治教育性质的信息往往会淹没其中，学生在快速浏览与阅读之时容易忽略相关内容，使辅导员精心创作与编写的思想政治教育内容成了过眼云烟。二是大量同质化信息的传播降低了思想政治教育信息的吸引力。现阶段，高校辅导员大多都建立了自己的微信公众号，并通过其发布相关信息，但由于宏观管理不足，许多辅导员发布的信息都是重复的，而且在微信这个熟人朋友圈之中，学生关注的往往是在同一时段之中从事相同工作的辅导员，这些信息的高度重复会激起学生的逆反心理，大大降低了思想政治教育的吸引力。

（三）信息多元化对辅导员的话语权造成冲击

辅导员工作是一种运用话语进行理论说服的教育工作，话语是实施思想政治教育的中介，深刻影响着辅导员工作的实效。在传统媒体环境之中，高校辅导员工作话语语境严肃、内容深刻、表达正式，但这种语言运用特征与微信平台信息多元化环境中呈现的话语虚拟性、开放性等特征存在一定差异，这在一定程度上导致了学生和教师之间的话语差异和冲突。尤其传统的高校辅导员工作模式是以辅导员为主体的，多是一些上传下达的工作，学生自身的主观能动性并没有得到很好的发挥，而且在这种环境下成长起来的学生往往带有较大的惰性，不会对辅导员的工作进行质疑。但随着微信等新媒体全面融入学生的生活之中，在全媒体环境下成长起来的新一代学生信息掌握能力强，具有质疑与批判精神，不再只是信息的被动接受者，而是更为主动地参与到相关的管理活动之中，并对辅导员的一些决定、指令产生质疑。因此，如果在这种环境之下还采用传统的工作方式，势必会引起学生的反感，这就要求高校辅导员在新的时代背景下采用更为平和、民主的方式开展相关工作。正是这些新挑战与新问题对高校辅导员的现实工作提出了新的要求，要求其在工作中结合新情况、新变化，不断改革创新自身的工作方式与方法，运用微信平台更加有效地展开思想政治教育工作，推动思想政治教育工作创新发展。

三、产生上述问题的原因分析

对于在辅导员运用微信平台开展思想政治教育的过程之中出现的相关问题，笔者认为其原因是多方面的，但总体上可以归纳为如下几个方面。

（一）国家层面：政策引导与制度建设尚需完善

国家政策引导与制度建设对高校的学生思想政治教育工作起着重要的导向作用。在国家的政策支持与鼓励之下，高校辅导员工作日益发展，工作内容逐渐丰富，其专业化与职业化能力逐步提升，可以说政策引导与制度建设在辅导员工作的发展历程之中起到了重要作用。但在引导辅导员运用微信等新媒体平台开展工作这一领域，现阶段我国的制度建设与政策引领工作还应进一步完善。国家层面应逐步明确对辅导员开展网络思想政治教育的角色定位与相关态度，对在这一方面工作中取得突出成绩的辅导员给予专项奖励，设立多样化的培育项目，逐步提升辅导员运用微信等新媒体手段开展工作的能力，对撰写高质量网文、微信公众平台影响力较大的辅导员教师给予专项表彰，并探索将以上成果纳入辅导员职称评定和评奖评优体系之中，同时增加这方面的比例侧重。此外，还需进一步明确是否有可能将辅导员高质量的网文成果按比例转化为科研论文纳入辅导员职级晋升体系之中。以上政策、制度的进一步细化会促进辅导员运用微信开展工作。

（二）高校层面：顶层设计与保障条件不足

在许多高校，辅导员运用微信平台开展工作是一种自下而上、从个别到普遍的现象，往往是由少数几个对现代信息技术比较敏感的辅导员率先发起的，或是个别辅导员在其工作中逐渐探索总结的工作规律和方式方法。这些基层的做法或者创新性的举措如果得不到所在学校学生工作管理部门的重视，就不会形成广泛的品牌效应。现阶段，我国还存在着个别高校对辅导员利用网络平台开展思想政治教育工作的引导不足、顶层设计不够、教育培训引导工作不足的现象。部分辅导员运用网络的意识和能力较差，往往不能更好地应对工作中出现的新问题与新挑战。如果学校不进行系统的引导和扶持，就会进一步造成辅导员个体能力素质的参差不齐，导致运用微信开展工作的实际效果不佳。

（三）辅导员个体层面：主体意识与主体能力欠缺

辅导员运用微信平台开展工作的角色定位应先与其工作内容和服务对象相匹配，应服务于辅导员工作本身，微信平台应成为网络思想政治教育的重要阵地之一。其主要集中在对学生进行思想引领、学习指导、生活辅导与心理咨询等工作。但笔者在现实操作的过程中却发现，部分高校辅导员的微信平台在运营上远离了这一根本任务。造成这一现象的原因主要有以下两个方面。一是部分高校辅导员的主体意识不强。部分高校辅导员没有将微信看作自己工作平台的延伸，在微信平台的运营中对传播内容的把关不严，对内容的理解不足，不能很好地将微信平台的推送内容与自己的本职工作结合起来。此外，还存在少数辅导员没有认识到自身职业的特殊性，在微信上对自身言行要求不够严格，甚至在自己的朋友圈中传播一些泛娱乐化、拜金主义、享乐主义的言论，对学生的思想起到了极为不好的影响，对思想政治教育工作产生了很坏的影响。二是部分辅导员的主体能力欠缺。高校辅导员利用微信开展日常思想政治教育工作需要具备一定的专业素质与综合素养，但在开展实际工作的过程中，部分辅导员专业素质与综合素养不足，影响了教育教学效果。主要表现在部分辅导员政治敏感性不强，不能抓住关键时间节点与特殊事件对学生进行思想引领；部分辅导员的问题意识不强，不能聚焦日常工作中的核心问题，不能对准学生学习生活中的主要困难，以利用微信平台进行教育；部分辅导员的文字功底较弱，不能运用学生喜闻乐见的话语方式撰写网文；部分辅导员的审美意识不强、审美能力不足，排版设计的网络推文不够美观突出、不够吸引人等。以上现象的存在都大大降低了基于微信平台的高校辅导员工作的实际效果。

第三节　基于微信平台的高校辅导员工作典型案例

案例译自英语 "case" 一词，原意为状态、情形、事例等。[①] 案例研究是社会科学研究中的一种重要的研究方法。余凯成教授指出："所谓案例，就是为了一定的教学目的，围绕选定的问题，以事实作素材，而编写成的某一特定情景的描述。"[②] 典型案例的分析与研究使研究工作更加真实客观，启发性与实践性更强，更有利于全面深刻地了解现状。基于微信平台的高校辅导员工作研究是一项应用性、实践性较强的研究课题，笔者认为案例研究的引入更能够凸显其实践性，增强其启发性与反思性。

一、案例介绍

案例选取是案例研究的第一步，也是最为关键的一步。若案例选取得精准得当，往往会使后来的研究工作事半功倍。首先，本书在案例选取上，选择了曲建武老师作为典型案例。曲老师是我国高校辅导员的一个典型代表，作为时代楷模的他在辅导员工作中做出的杰出贡献值得每一个人学习。其次，本书还从第九届全国高校辅导员年度人物中择选了四位在利用微信平台开展

---

① 张家军, 靳玉乐. 论案例教学的本质与特点 [J]. 中国教育学刊, 2004(1): 51-53, 65.
② 郑金州. 案例教学：教师专业发展的新途径 [J]. 教育理论与实践, 2002(7): 36-41.

辅导员工作实践中具有突出成就的辅导员老师。全国高校辅导员年度人物作为高校辅导员职业表彰中的最高荣誉，以其为典型案例具有较高的权威性和引导性，其选树的典型多年来在高校辅导员队伍中起到了较好的引领示范作用。在对以上典型人物的工作案例进行分析之后，笔者对其进行了分类划型，具体划分如下。

（一）大连海事大学辅导员——曲建武

曲建武是大连海事大学的一名辅导员，自1982年留校担任学生辅导员以来，他已在辅导员的工作岗位上走过了近40个年头，被授予了"时代楷模"荣誉称号，可以说他是高校辅导员工作队伍的一个标杆。作为一名年过六旬的老辅导员，他本不擅长运用新媒体技术，但他靠着对学生和学生工作的特殊感情，在日常工作之中紧跟时代潮流，开创了自己的微信公众号"仍然在路上"，并已经累计撰文60多万字，坚持运用微信平台开展学生思想引领与日常思想政治教育工作。其微信平台在建设上主要具有以下突出特征。一是融入情感，倾注自己毕生心血。"仍然在路上"公众号中的每一篇文章都饱含感情，凝聚着其毕生心血。在其微信公众号中有一个"导员心声"的专栏，连载着《他感》《他说》《他谈》三篇文章，写出了他对辅导员工作的无限深情。他在文章中写道："辅导员，一个多么崇高而神圣的职业！其对学生的成长来说太重要了。""在大学里，做学问不难，难的是成为学生精神上的导师。"文章字字铿锵，句句动人，凝聚着其毕生的感悟和对辅导员工作的无限深情。二是既关注学生成长，又关注辅导员成长。曲建武微信公众号的发文内容不仅对学生大有启发，还对每一位辅导员有着深刻的指导意义。例如，其原创文章《坚持数年，必有好处》《我们是"教育家"，不是"慈善家"》《思政课要上出思政课的味道》等对辅导员与思想政治课教师来说也大有启发，尤其是对刚刚走上工作岗位、对未来工作茫然不知所措的新任辅导员来说更是实现其快速成长的加油站。三是久久为功，持续发力。曲建武从手机短信盛行的时代开始就坚持为学生写信，有了微信之后更是方便了这项工作，或长或短的信息引导许多学生走出了困惑，走向了成功。可以说，微信平台成了曲建武的又一个课堂，在这里他通过生动的文字为学生指点成长的迷津，助力他们成长、成才。

（二）南京航天航空大学辅导员——徐川

徐川现任南京航空航天大学马克思主义学院党总支书记、共青团江苏省委副书记，2017年荣获"全国高校辅导员年度人物"荣誉称号，2018年荣获第三届"百名网络正能量榜样"。被誉为"80后网红"的徐川是高校辅导员运用微信平台开展思想政治教育工作的典型代表，他的公众号"南航徐川"在2016

年度入选教育部高校辅导员工作精品项目。徐川作为网络意见领袖，其风格一直是主动设计舆论型，运用其设计的舆论主题引起广大高校师生和网友的思考，引领正向价值观念。徐川的工作经验主要有以下三点。

一是善于把握关键节点。徐川善于在各个关键的时间节点推出一系列评论文章，如 2015 年 5 月 4 日，徐川一篇名为《青年节里谈中国》的文章刷爆朋友圈，文章从 3 个小故事出发，通过深入浅出的语言并结合青年节的关键节点探讨青年责任，号召青年坚持中国道路，培育中国自信。文章一经发出就被共青团中央、总政青年局等多家官方媒体账号以"深度好文"转载发布。自此，"南航徐川"公众号又陆续推出了《建军节里谈英雄》《国庆节里谈爱国》等"节日谈"类文章 30 余篇，引起了网友的广泛关注。这种将传统文化与思想政治教育紧密融合的做法起到了较好的思想政治教育效果。

二是知识储备丰厚，善于运用学生熟悉的话语方式讲授"大道理"。2016 年，"南航徐川"公众号中《答学生问：我为什么加入中国共产党》一文相继被"人民日报""共产党员""共青团中央"等 300 多个官方微信公众号转发，累计阅读量超过千万，在全国引发热议。2018 年，"南航徐川"公众号推出视频公开课"你好，马克思（上）"，抓住马克思诞辰 200 周年的关键节点，从历史角度生动还原了马克思的形象，让青年学生对马克思有了新的认识。诸如此类的例子还有很多，"南航徐川"公众号之所以受到学生的一致好评，主要是因为徐川的许多文章运用诙谐幽默的语言，将许多历史、文化的元素融入其中，拉近了其与青年的距离，让学生感受到了枯燥的思想理论知识具有鲜活的生命力，从而逐渐加深了徐川的网络舆论影响力。

三是坚持创新，不断探索。从博客到微博，再到微信，徐川一直都在探寻新媒体与网络思想政治教育的融合之路，始终走在新媒体的前列，不断尝试，大胆创新，坚持将日常思想政治教育与网络结合起来。徐川是辅导员网络思想政治教育的杰出代表。

（三）山东大学辅导员——范蕊

范蕊是山东大学（威海分校）的辅导员，也是情感教育工作室的主持人。其微信公众号"陌上花开"以温情陪伴、娓娓道来的风格得到了学生的广泛认可。范蕊公众号的特征主要有以下三点。

一是关注日常学生工作中的难点、焦点性问题。范蕊自 2006 年毕业以来就从事思政工作，并对学生成长成才中的难点、焦点性问题把握得十分准确，微信公众号推出的内容也往往与学生的实际成长需求高度吻合，使学生觉得十分"解渴"。例如，在考试前期范蕊发布的《考试焦虑，让我告诉你怎么办》

一文得到了学生的广泛转发。范蕊通过网络平台为学生答疑解惑，为学生提出切实可行的方式方法，让学生时刻感受到辅导员对自己的关心，从而愿意听取辅导员的意见。

二是善于把握学生成长规律，研判成长性问题。范蕊对学生成长性问题的研判十分准确。例如，范蕊的文章《允许自己失败，相信很多人愿意给你帮助》从大学生成长过程中经常遇到的挫折性问题出发，引导学生正视失败、走出失败，不断给予学生战胜失败的勇气，避免学生真正遇到问题时束手无策，给予了学生更好的成长经验。

三是坚持自我的语言风格与特色，并不断追求卓越，超越自我。温情陪伴是范蕊的一贯风格，从人人网到 QQ 空间，从新浪微博到微信公众号，范蕊始终坚持自己的风格特色，给学生一种如沐春风的感觉。她的文风细腻唯美，故事真实感性，针对大学生成长过程中遇到的常见问题给予积极正向的建议，让每一名学生都感受到辅导员在关怀自己的成长，给予学生和家长砥砺前行的力量，感染了许多学生，也成就了自己陪伴学生、真心关爱学生的职业形象。

（四）北京交通大学辅导员——张琪

张琪是北京交通大学的辅导员，"琪人琪语"是其在 2013 年创办的一个面对面论坛。在学生的期待和建议下，张琪于 2014 年开通了"琪人琪语"微信公众平台。"琪人琪语"微信公众号的突出特征主要有以下三点。

一是善于运用学生喜闻乐见的话语方式。张琪已经累计在"琪人琪语"微信公众平台发布原创文字 20 余万字，总阅读量达到 60 余万，字字句句都包含着对学生的关爱与真情，其中《请不要打扰辅导员的幸福》一文阅读量达到 9 万。这篇文章运用辅导员自身的故事，以社会主义核心价值观为思想内核，唱响网络主旋律，弘扬青春正能量，用身边的故事来激励人，用思想的力量来引领人。

二是善于运用团队合力。2016 年，"琪人琪语"网络思政工作室获评北京高校首批辅导员工作室。同年 5 月，张琪发起了"解码网络·智慧共享"首届北京高校辅导员网络思想政治论坛，来自全国 57 所高校的 160 多名一线辅导员参与其中，形成了网络思想政治教育的育人合力，共同探索互联网时代的育人机制、路径和方法。

三是唱响主旋律。"琪人琪语"运用新媒体，通过互联网终端，使主旋律教育入脑入心，这种做法得到了各方的充分肯定。张琪先后受到人民网、国家教育行政学院以及北京日报的邀请做专题报告。北京日报在《推进思政工作创新，深化立德树人效果——党的十八大以来北京高校思想政治工作综述》中对

"琪人琪语"做出如下评价:"那里面有图文并茂的理论要点,有读书宝典,每次读完都感觉收获满满,连心结都少了。"

(五)天津师范大学辅导员——张家玮

张家玮是天津师范大学的辅导员,他十年坚守网络思想政治教育新阵地,被学生誉为"电子警察""网络大V"。张家玮运用网络开展思想政治教育工作的主要特征如下。

首先,张家玮善于学习,始终保持与学生网络同步。张家玮在他的学生眼中是"电子警察",只要学生中有30人以上使用的软件他就要尝试,10人以上玩的网游他就会注册。为了了解网络成瘾的原因,他几乎体验了所有的流行网络游戏,慢慢走入网络成瘾同学的内心世界,用切实有效的方法帮助学生走出误区。在与学生网络同步的过程之中,张家玮不仅了解了学生的网络运用动态,还培养了自己更接近学生主体的话语方式,从而走进了学生的内心。

其次,张家玮善于运用网络舆情,主动发声。他多次作为评论团成员,撰写网评,坚决维护正义,成了辅导员队伍之中第一批网络意见领袖,在学生群体和高校辅导员群体中都产生了重要影响。例如,其网文《用事实说话》获得教育部首届全国高校网络优秀作品三等奖。

再次,张家玮的文章贴近学生生活实际。其网文大多来自学生的生活实际,重在帮助学生解决生活中遇到的实际问题,以更好地调动起学生主动参与的积极性。例如,他的专栏《青年之声——你问我答》从思想问题、实际问题全面帮助学生成长成才,在学生群体之中广为传播。《军训日记》利用大一新生军训的关键成长期,通过18篇网文将理想信念、专业学习等信息传递给大一新生,帮助大一新生迅速地融入集体,适应大学生活。《两学一做》系列网文则鼓励学生将理论知识转化为报国之志,在学生中广为流传,将思想政治教育理论活化了。

最后,张家玮注重与学生的沟通互动。他组建的"青年之声"团队能够确保在1小时之内对学生提出的问题进行答复,并选取相对集中的问题在网上进行统一回复,这使他的微信公众平台成了学生的第二个心灵之家,极大地拉近了辅导员与学生之间的距离,增强了辅导员工作的实效性。

二、基本经验

总结以上五位辅导员的微信平台运营特征,并结合自己多年来对多个辅导员微信公众平台的跟踪调查和自身的辅导员工作经历,笔者认为优秀的辅导员微信平台运用案例主要具有以下特征。

（一）敢于发声，坚守意识形态阵地

意识形态工作是辅导员日常思想政治教育工作的主要内容，是确保大学生成长为中国特色社会主义建设者和接班人的重要保障。"任何社会意识的作用力都取决于其掌握群众的数量和影响其思想的程度，意识形态工作一定意义上是争取人的工作，其着力点是赢得人心、争取人心，即文化作用的实现形式之一是'化人'。"[①] 当前，传统的教育引导方式面临网络新媒体的挑战，高校思想政治工作的任务更加繁重，更需要辅导员坚守好意识形态阵地，做好思想引领工作。纵观优秀辅导员微信平台，思想引领工作都是其重要的工作内容之一，而且许多辅导员都在关键时刻、关键问题上敢于发声、善于发声，起到了良好的引领作用，传播了核心价值观，保障了广大高校青年学生的思想主流积极健康向上。例如，辅导员朱广生在其微信公众号"第一辅导员"上发布的《我们为什么要抵制西方宗教？》一文很好地解决了一些学生信仰迷茫的问题，受到学生的广泛转发、点赞。

（二）善于发现，直面学生热点问题

一是树立强烈的问题意识。高校辅导员微信平台设计与实践要求辅导员有强烈的问题意识。对问题的自觉发现、持续关注和有效解答是高校辅导员微信平台设计与建设的首要前提。通过对上述优秀高校辅导员微信平台的考查，我们发现这种问题意识不是盲目的、毫无对象的，而是针对当前影响大学生价值观培养的各种因素，尤其是意识形态领域内的各种社会思潮对大学生价值取向和价值认同的影响，具有强烈的、敏锐的问题意识，并能够在实践工作中不断地培养自己发现问题、有效解决问题的能力。二是有科学的理论支撑和引领。优秀的高校辅导员微信平台的设计不仅要求辅导员有强烈的问题意识，能够不断地发现新情况和解决新问题，而且还要求辅导员有科学的理论支撑和引领，用一定的理论审视相关工作，这种科学的理论不是空洞的教条，而是以一种分析性、引领性的态度，从客观的实际出发，突出政治方向，在价值、道德各个层次上优化微信平台建设。另外，在强烈的问题意识和开阔的理论视野的基础之上，优秀的高校辅导员微信平台的设计还要重视深层的实践创新，这是辅导员微信平台能够持续具有吸引力的重要因素。只有不断地创新话语方式、工作方式，辅导员工作才能紧跟时代潮流。

---

① 杨晓慧.社会主义核心价值体系融入大学生思想政治教育全过程论析 [J].东北师大学报：哲学社会科学版，2009(5)：5.

（三）善于倾听，把握学生成长需求

高校辅导员微信平台的服务对象是青年学生群体。青年学生的个体成长不仅受到自身心理特点、思想倾向和行为习惯的影响，更受到外部社会的深刻影响。以上优秀的高校辅导员微信平台案例充分体现出了辅导员工作的人文关怀。体现人文关怀最重要的是做到以人为本，而以人为本的核心就是从学生的实际出发，充分考虑到青年学生的特点，开展丰富多彩的具有针对性的教育、指导、咨询与服务工作，全面把握学生的成长需求，从身体、学习、工作三个方面照顾青年学生。毛泽东在《青年团的工作要照顾青年的特点》的讲话中曾指出："十四岁到二十五岁的青年们，要学习，要工作，但青年时期是长身体的时期，如果对青年长身体不重视，那很危险。"[1]"青年人和成年人不同，女青年和男青年也不同，不照顾这些特点，就会脱离群众。"[2]因此，毛泽东给青年讲了三句话："一，祝贺他们身体好；二，祝贺他们学习好；三，祝贺他们工作好。"[3]科学把握青年学生的成长需求，以青年学生为本，体现人文关怀，让每一个青年学生在辅导员的工作中都切实体会到关爱。充分考虑青年学生的特点，善于运用青年学生喜闻乐见的方式，运用青年学生常用的语言，用青年学生的思维习惯来做生动活泼、通俗易懂的微信平台建设工作，能够最大限度地团结青年学生。

（四）精于提升，形成微信工作品牌

在实际设计运行中，优秀的辅导员微信平台往往还十分重视品牌建设，通过不断地优化内容、丰富形式以及资源整合，充分发挥辅导员微信平台在日常思想政治教育中的主导性作用。在这里最为重要的是要做好资源整合与传播内化的工作。资源整合是指高校辅导员微信平台的建设注重整合第一课堂和第二课堂资源。许多优秀的高校辅导员都承担了一定的思想政治理论课的讲授任务，自身就是第一课堂的教师，因而在微信平台建设过程中很多教师也将自己的专业特长和课堂讲授内容融合到微信之中，并且取得了很好的效果。例如，被授予"时代楷模"称号的曲建武就在自己的微信公众号"仍然在路上"中引入了自己所讲授的思想政治课内容，撰写原创文字60多万字，同时他利用

---

① 共青团中央，中央文献研究室.毛泽东邓小平江泽民论青少年和青少年工作（增订本）[M].北京：中国青年出版社、中央文献出版社，2003：97.

② 共青团中央，中央文献研究室.毛泽东邓小平江泽民论青少年和青少年工作（增订本）[M].北京：中国青年出版社、中央文献出版社，2003：99.

③ 共青团中央，中央文献研究室.毛泽东邓小平江泽民论青少年和青少年工作（增订本）[M].北京：中国青年出版社、中央文献出版社，2003：97.

微信和学生做了大量的交流，了解学生的思想实际，并将其融入课程教学过程中，使他的课程更有针对性和实效性，深受大学生的喜爱。传播内化指的是优秀的高校辅导员微信平台不仅注重外在形式的美化、语言方式的转换，而且注重内容的丰富和优化，使内容更加具有内涵性、创新性，深入学生内心。例如，辅导员罗方禄的《越是年轻时，越容易沾染"穷人思维"，真的吗？》一文中采用孔子学生颜回的例子，引导大学生具有超越自我、积极乐观的心理。他在文中写道："孔子最欣赏的学生颜回除了'敏而好学'，最重要的品质是能泰然面对人生困顿。'一箪食，一瓢饮，在陋巷，人不堪其忧，回也不改其乐。'对于深陷'穷人思维'的人而言，还有一颗救命稻草往往被自己忽视：积极乐观的心理。"这既体现了其厚实的文化修养与清新隽永的文风，又给予了学生以心灵的启迪。

三、主要特征

通过综合分析与总结辅导员运用微信平台开展工作的优秀案例，笔者认为以上案例在其内部都具有议程设置合理、立体渗透精准、分析研判到位与团队建设有力等突出特征。

（一）议程设置合理

议程设置是传播学的一个重要概念，最早是由美国传播学家马克斯韦尔·麦库姆斯（Maxwell McCombs）提出来的，是指在特定的时期之内，通过合理的议程设置可以使自己关心或重视的议题得到优先关注。总结以上辅导员运用微信平台开展工作的案例，我们发现优秀的辅导员都比较擅长议程设置，将自己微信平台工作的重点放在育人上，根据学生中出现的热点性、焦点性问题制定议程，大到国家大政方针，小到学生的日常行为规范，在特定的时间节点，把自己想要传达的内容传播给学生，起到了良好的思想政治教育作用。同时，这些辅导员善于将各种议程进行排序设计，将学生急需解决的问题提前，充分发挥议程设置的育人作用，增强了运用微信平台开展辅导员工作的实效性。

（二）立体渗透精准

综合分析辅导员利用微信平台开展工作的典型案例，笔者发现这些辅导员对微信平台的运用并不是单一性的、平面性的，而是十分注重立体化设计，综合运用个别聊天、群体聊天、朋友圈、公众号、小程序等多种方式来进行相关的思想政治教育工作。在这一过程之中既实现了对学生的信息立体性掌握，又根据自己所带领年级学生的专业、年级特征进行精准教育，大大提升了利用微信平台开展思想政治教育工作的准确性，在信息全方位的包裹之中，对学生的思想起到了一定的影响，尤其有利于主流思潮的渗透。

（三）分析研判到位

运用媒介对学生进行思想引领工作最难的就是对学生情况的整体性研判与分析，这是辅导员开展相关工作的基础。但通过总结上述典型案例发现，各位辅导员对自己所面对的学生情况掌握得十分准确，所推送的内容贴近学生、贴近实际、贴近生活，充分调动起了学生参与的积极性和主动性，兼顾到了学生的"使用和满足"。同时，他们对教学实践之中所涉及的热点、难点问题进行了深入研判，结合线下实际工作，将线上与线下有机结合，充分发挥了利用微信平台开展思想政治教育工作的优势，为高校学生思想政治教育工作的创新发展提供了新的动力，创造了新的平台。

（四）团队建设有力

运用微信平台开展思想政治教育工作的成功绝不是仅靠单个辅导员的努力就能够完成的，这其中往往凝聚了整个团队的力量。例如，第十届全国辅导员年度人物、华中农业大学辅导员祝鑫所创办的"祝鑫工作室"就是集许多华中农业大学师生心血一起建立的，在这之中不仅有辅导员教师的心血，而且还离不开专门的学生团队。强有力的团队建设是许多辅导员微信公众号建设成功的秘籍。

第四节　基于微信平台的高校辅导员工作创新策略

新时代，高校学生思想政治教育工作面临新的发展环境，面对新的教育对象，肩负新的更大的历史重任。高校思想政治教育工作者要在继承和发扬优良传统的基础上，不断改进大学生思想政治教育的工作方式，完善工作体系，创新工作方法，运用好微信平台等深受学生喜爱的育人载体，使思想政治教育工作更好地担当起时代责任与历史使命。

一、基于微信平台的高校辅导员工作的理念创新

理念是行动的先导，创新高校辅导员运用微信平台开展思想政治教育工作应先在理念上下功夫，只有理念革新了，行动才有所指引。基于上述分析，笔者认为创新辅导员微信平台工作理念应着重在以下三个方面下功夫。

（一）服务学生成长，满足学生需求

辅导员微信平台为日常思想政治教育提供了新平台，在其内容设计上也必须关注其主要服务对象，把满足学生成长需求作为首要任务，其中应主要满足学生四个方面的成长需求。

一是满足学生思想成长需求。青年学生正处在价值观形成的关键时期。他们的自我意识与价值意识刚刚觉醒，刚开始思索人生的价值与意义，这本身就存在着迷茫倾向，与此同时，他们又面对新时代各种思想文化的交锋交汇，更加感到思想迷茫，这个时候亟须辅导员作为其人生导师给予启迪与指引。而微信平台亲和生动的形式为辅导员的思想引领工作提供了天然的优良平台，因而在微信平台的建设中，高校辅导员也应聚焦学生思想上的迷茫与困惑，着眼于服务学生的思想成长。

二是满足学生学业成长需求。高校学生的主业是学习，习近平在全国教育大会上指出："要在增长知识见识上下功夫，教育引导学生珍惜学习时光，心无旁骛求知问学，增长见识，丰富学识，沿着求真理、悟道理、明事理的方向前进。"[1] 由此可见，学习是学生的主责、主业，高校的所有管理与服务工作都应紧紧围绕学生学习这一中心，帮助学生更好地完成学业，增长学识，增加见识。辅导员微信平台的建设也要充分满足学生的学习需求，助力学生的学习，通过学习经验介绍、学习心得分享等方式引导学生珍惜韶华，努力学习，求真务实。

三是满足学生技能成长需求。"人才有高下，知物由学。"梦想从学习开始，事业靠本领成就。[2] 只有自身本领过硬才能在激烈的竞争之中处于不败之地。习近平指出："广大青年要自觉加强学习，不断增强本领。人生的黄金时期在青年。青年时期学识基础厚实不厚实，影响甚至决定自己的一生……'纸上得来终觉浅，绝知此事要躬行。'所有知识要转化为能力，都必须躬身实践。要坚持知行合一，注重在实践中学真知、悟真谛，加强磨练、增长本领。"[3] 辅导员微信平台也要深入服务学生的实践成长与技能转化，引导学生增强自身本领，努力成长为社会主义的建设者与接班人。

---

[1] 人民日报评论员.全力培养社会主义建设者和接班人：论学习贯彻习近平总书记全国教育大会重要讲话[N].人民日报，2018-9-15(4).

[2] 习近平.在知识分子、劳动模范、青年代表座谈会上的讲话[M].北京：人民出版社，2016：11-12.

[3] 同上。

　　四是帮助学生解决实际问题。毛泽东曾指出："一切群众的实际生活问题，都是我们应当注意的问题。假如我们对这些问题注意了，解决了，满足了群众的需要，我们就真正成了群众生活的组织者，群众就会真正围绕在我们周围，热烈地拥护我们。"①我们对学生的思想政治教育工作也应坚持解决实际问题与解决思想问题相结合的原则。例如，辅导员在微信平台建设中可以通过校历查询、选课服务等小程序的开发和运营来帮助学生解决生活中的实际问题，在解决实际问题的过程之中帮助学生消除思想上的困惑。辅导员也可以提供成长信箱、心灵港湾等服务，帮助学生解决生活成长中的困惑，引导学生健康成长成才。

（二）贴近学生生活，吸引学生参与

　　辅导员在微信平台建设的过程中应先明确其受众目标是学生，尤其是自己所带专业和年龄层次的学生。根据学生的实际需求设计自己的微信公众平台的教育内容，真正做到使微信公众平台建设贴近学生的生活实际。这其中应着重把握以下三个关键节点。

　　一是要掌握学生成长发展规律。辅导员微信公众平台的建设要尊重学生的成长规律。杨晓慧教授在《当代大学生成长规律研究》中提出了"一本三向六段式"的学生工作模式，即坚持以学生成长成才为本，坚持价值导向、发展取向和需求指向，将大学四年分为六个阶段，对学生进行有针对性的分层次、分阶段的教育，在辅导员微信公众平台的建设工作中坚持"一本三向六段"既能够符合学生特点、贴近学生现状、走进学生生活，又能够聚焦具体问题，形成良好的育人效果。例如，在大学一年级通过班级、寝室微信群等建设，帮助学生迅速融入集体，解决适应性问题；在大学二年级通过成长小组建设，引导更多的学生参与到辅导员微信平台的建设之中，培养学生的团队建设能力与领导力；在大学三年级结合学生就业和成长中的困惑，通过微信平台的系列推文帮助学生迅速扭转心态，积极面对挑战；在大学四年级融入爱校荣校教育，在微信平台上发布系列原创毕业 MV 等作品。

　　二是要关注特殊群体。辅导员微信公众平台的建设除了要尊重学生成长发展规律、满足大多数学生的成长成才需求外，还要关注特殊学生群体的需求。例如，借助微信平台开设"心理咨询"专栏，让有需要的学生通过专栏了解心理方面的相关知识，进行留言预约心理咨询；在开学之前，发布一系列关于大学生资助政策的专项信息，帮助家庭经济困难的学生顺利入学；结合学生党员成长需求，建立党员教育专栏，帮助学生党员筑牢理想信念，提高党性修养，做合格党员。

---

① 毛泽东.毛泽东选集（第 1 卷）[M].北京：人民出版社，1991：136-137.

三是创造"师生交流，亲密无间"的新态势。在全媒体时代的背景之下，大学生既是信息的创造者，又是信息的传播者。辅导员公众微信平台要想贴近学生生活，就一定要在以学生为中心的思想指导之下培养学生成为负责任的传播者，营造一种信息交流互动的良好氛围，让学生变成微信群聊的"朋辈辅导员"，通过学生自己的分享去满足学生最为现实的成长需要，使学生成为辅导员微信公众平台的建设者之一，从而建立起学生自我管理、自我服务、自我成长的全新运行机制与运行模式。

（三）围绕时代需求，提升工作实效

高校辅导员工作是高校人才培养工作的重要一环，肩负着重要使命，应紧跟时代潮流，树立全媒体思维，增强个体信息的运用能力。

第一，要紧密联系新的时代背景。习近平指出："我们面临的新时代，既是近代以来中华民族发展的最好时代，也是实现中华民族伟大复兴的最关键时代。"[1]广大青年既拥有广阔的发展空间，也承载着伟大的时代使命。[2]这对高校思想政治教育工作提出了新的更高要求。要求我们必须结合新的时代背景，更新理念，主动运用新的理念、载体创新开展相关工作，增强工作的时代感与实效性，推进思想政治教育工作与时俱进。

第二，要紧跟高校教育的新常态。大学是立德树人、培养人才的地方，是青年学习知识、增长才干、放飞梦想的地方。[3]面对深化教育领域综合改革的大时代背景，高校也迎来了新的发展机遇，并形成了新的发展格局，要更加专注学生的发展成长，提高学生的培养质量。而高校辅导员与学生关系最为密切，在学生成长成才过程之中起着重要的思想引领与教育管理的作用，因而在立德树人的总体要求之下，高校辅导员更应结合新形势与新要求，创新管理、教育和服务工作，联系实际做好网络思想政治教育工作，切实服务学生成长成才。

第三，要紧跟高校宣传思想工作的新形势。意识形态工作是我党一项十分重要的工作，就是要巩固马克思主义在意识形态领域的指导地位，巩固全党全国人民团结奋斗的共同思想的基础。[4]新时代做好宣传思想工作，要着力加强

---

[1]　习近平.在北京大学师生座谈会上的讲话[M].北京：人民出版社，2018：11.

[2]　同上。

[3]　习近平.在北京大学师生座谈会上的讲话[M].北京：人民出版社，2018：4.

[4]　中共中央文献研究室.十八大以来重要文献选编（上）[M].北京：中央文献出版社，2014：464-465.

高校宣传思想阵地管理，在"建好网""管好网""用好网"上下功夫。高校辅导员责无旁贷，要紧跟这一形势要求，筑牢高校意识形态阵地，加强和改进高校宣传思想工作，守好网络阵地。

二、基于微信平台的高校辅导员工作的内容创新

内容始终是辅导工作与微信平台建设的灵魂和核心。《普通高等学校辅导员队伍建设规定》指出，高校辅导员应运用新媒体新技术，推动思想政治工作传统优势与信息技术高度融合，加强与学生的网上互动交流，运用网络新媒体对学生开展思想引领、学习指导、生活辅导、心理咨询等。因此，按照相关政策要求，新时代高校辅导员工作的内容创新也应着重做好以下四个方面的工作。

（一）突出价值观教育，强化思想引领

价值是人之为人的本质性追求，人的自身存在就是一种价值性存在，价值观的引领与教育活动是人类文明中对人生意义的引导和对生命终极目标的传承和追求。价值引领是思想政治教育活动的核心内容，高校辅导员的微信公众平台建设也必须注重价值引领，其中要着重注意社会主义核心价值观的教育引领工作。社会主义核心价值观凝聚了我党长期革命实践和社会主义发展建设的经验智慧，是对社会主义科学性和价值性统一的认识。新时代对学生的社会主义核心价值观的教育只能加强，不能削弱。在微信平台上，辅导员要采用学生喜闻乐见的方式帮助学生树立社会主义核心价值观，使学生感受到核心价值观的强大力量，并在学生面对价值困惑时及时帮助学生答疑解惑。在不良社会思潮出现甚至在学生群体中蔓延时，辅导员要帮助学生及时纠错、纠偏，使他们始终保持昂扬向上的精神。例如，推出"核心价值观之我见"系列网络征文，引导学生参与到培育社会主义核心价值观的讨论中来，推出"核心价值观随手拍"系列原创作品征集活动，让学生在生活之中寻找践行社会主义核心价值观的行为，并通过观察和记录对照反思自身行为。

（二）服务学生主责主业，优化学业指导

学习是大学生的核心任务，是大学生提高自身能力与素质的重要途径。《普通高等学校辅导员队伍建设规定》中明确指出辅导员要"熟悉了解学生所学专业的基本情况，激发学生学习兴趣，引导学生养成良好的学习习惯，掌握正确的学习方法。"当前，由于就业形势相对严峻，新知识、新技术的更新速率提升，学生在学习上面临的压力更大。另外，由于电子游戏、电子小说与电视剧等外在娱乐因素的诱惑，学生良好学习习惯的养成更为困难，因而面对学

生在学习中出现的新状况，怎样将学生喜欢的微信平台作为载体运压到提升学生学习兴趣和帮助学生培养良好的学习习惯的工作实践之中，应是每一个辅导员在运用微信平台开展工作的过程之中着力思考的一个重要问题。一是可以运用微信小程序创新开发课堂签到、学习打卡等管理程序，帮助学生养成良好的学习习惯；二是可以运用微信群聊功能，建立线上共同学习小组，在学生中间培养"小老师"，帮助在学习上暂时有困难的学生答疑解惑，建立线上读书小组，通过共同读书、共同研讨的方式，帮助学生迅速提升专业思维能力；三是可以运用辅导员微信公众号，请专业课教师对一些学生专业学习中的前沿问题与经典理论进行线上讲解与集中讲授，为学生答疑解惑。

（三）走进学生日常生活，细化生活辅导

马克思曾说过："一个人怎样表现自己的生活，他自己就是怎样。"一个人的生活方式影响着他的思维方式和价值选择。大学生群体在日常生活中所面对的问题往往是其在成长过程之中感到失落与困惑的源头，这也在一定程度上影响着他们的身心健康，因而如何科学地指导大学生选择正确的生活方式、合理地规划生活就成了辅导员日常工作的重要内容。运用微信平台，辅导员可以更加全面、细致地了解学生的生活现状，为学生提供人际交往、生活习惯等方面的指导，帮助大学生树立正确的生活态度、丰富生活内容、拓展生活空间。例如，辅导员可以利用微信平台开设生活科普专栏，以生动形象的漫画、动画等方式，将一些生活中安全用电、节约用水、饮食健康、服饰搭配等知识传递给学生，从而提高学生的独立生活能力，帮助其更加舒适地生活。同时，辅导员可以运用微信群的建设干预学生的人际关系交往，通过群聊的方式帮助学生建立良性的互动关系，解决学生交往圈相对集中的问题，引导学生健康、理性交友。例如，曾在大学生之中颇为流行的"夸夸群"就是利用微信群聊的方式帮助大学生消除生活中的孤寂状态、理性平和生活、树立生活自信的一种有益尝试，辅导员要善于并勇于运用这种青年喜闻乐见的方式开展思想政治教育工作，使思想政治教育工作内化于心、外化于行。

（四）着力解决成长困惑，量化心理咨询

学生进入大学时，其正处于青年早期，处在心理成长的"断乳期"。同时面对步入大学之后生活环境、社会交往环境、教育环境等的巨大变化，往往会在心理方面存在一定的成长性困惑。《普通高等学校辅导员队伍建设规定》中明确规定，高校辅导员开展心理辅导工作不仅是其职责所在，还是建设高校心理健康服务体系的保证，更是促进大学生健康成长与成才的重要保障。2018年出台的《高等学校学生心理健康教育指导纲要》也强调"坚持育心与育德相

统一，加强人文关怀和心理疏导，规范发展心理健康教育和咨询服务，更好地适应和满足学生心理健康教育服务需求"。引导学生培育起自尊自信、理性平和、积极向上的健康心态是辅导员的重要工作职责之一。微信平台的运用为辅导员更加科学有效地开展心理咨询与服务工作提供了有利抓手。其突出表现在辅导员可以运用微信平台对学生的心理状况进行量化认知，运用微信平台的连接端口，将一些量化的心理测试、人格测试、职业测试以及调查问卷等引入日常工作之中，帮助学生更好地了解自己。与此同时，也增强了心理健康教育的科学性，更好地将测试的理性认知运用到服务学生成长成才之中。

三、基于微信平台的高校辅导员工作的形式创新

微信作为思想政治教育的一个新兴载体，其形式丰富多彩，更加有利于学生接受辅导员开展学生管理与教育工作。辅导员在原有聊天功能的基础之上，应着重运用微信朋友圈、微信公众平台与微信小程序来创新日常思想工作模式。

（一）创新经营朋友圈，构建师生强关系网

朋友圈是微信最为普遍的一个功能，闲暇时刻翻一翻朋友圈也成了许多人的日常行为习惯。高校青年学生在课堂之余有翻阅朋友圈的习惯，因而辅导员怎样让自己的朋友圈成为自己思想教育的一个主要阵地是一个值得深入思考的问题。其中应着重注意以下几点。第一，让"正能量"的文章有看头。许多高校辅导员有将自己在生活中看到的好的励志文章、精美短文、时事新闻转发至朋友圈的习惯，但是过多的转发会使学生觉得辅导员的微信朋友圈索然无味，并且不会打开文章链接仔细阅读。这就要求辅导员学会筛选，选择一些优质的文章分享给学生，并在分享转发时附上自己的一些思考和疑问，引起学生的广泛讨论。另外，还要注意分享的时间，调查显示，晚自习结束后到熄灯前往往是学生比较集中翻阅手机的时间，此时发送的朋友圈更容易受到学生的关注。第二，让学生在辅导员的点滴话语中感受到被关注与鼓励。许多辅导员会将自己在工作中与学生的点滴互动或者是学生的点滴成长在不泄露学生隐私的情况下发布到朋友圈，这种不经意的鼓励对学生的心理成长往往会产生极大的促进作用，会让学生感受到辅导员的鼓舞与支持。因此，辅导员应该善用朋友圈，让学生在生活的点滴之中感受到辅导员对自己的关心。在这一方面，曲建武为我们做出了突出的表率，其在微信中与学生之间的互动让许多学生倍感鼓舞。第三，辅导员在"朋友圈"中要以身作则。教师言传身教，身教大于言传，不仅表现在线下的日常生活之中，还表现在网络行为之中。辅导员在自己的朋友圈中也要以身作则，不传播谣言，不发不文明的内容和信息，保证自己的网络

行为文明高雅。在实践中，我们发现仍有少数辅导员存在在自己微信朋友圈中抱怨工作、做微商等行为，宣传娱乐至上、拜金主义等言论，这些辅导员的不当言论严重影响了自身的教师形象，不仅不利于自己的工作开展，而且还对学生的思想产生了极坏的影响，不利于思想政治教育工作的有效开展。

（二）创新运营公众号，拓宽传播影响范围

随着个人公众号的日益普遍，辅导员个人公众号成了辅导员日常工作中展示个人工作成果、践行个人工作理念的一个重要抓手，同时其丰富多彩的形式、自由自主的运行方式得到了许多辅导员的青睐，可谓是网络思想政治教育的新高地。在微信公众号的运营过程中，辅导员可以根据自己的工作实际与性格特点，着重做好以下几个方面的工作。

一是优化公众号的传播内容，打造具有特色的模块式内容与主题专栏，充分发挥公众号的传播作用。例如，师范专业的辅导员可以根据学生的专业特色突出师德师风，开辟"师德大讨论"专栏，鼓励学生到基层、到祖国最需要的地方去建功立业。同时，辅导员可以根据自己的学习和成长经历开设特色专栏，提升自身微信平台的影响力。例如，法学专业毕业的辅导员可以开设学生法律事务咨询业务，为学生普及法律知识，让他们争做守法护法的好公民。

二是丰富公众号的运行方式。辅导员微信公众号要不断地创新自己的传播特色，打造"可听、可看、可参与"的形式载体。例如，东北师范大学推出的原创毕业歌曲《远方有你》经网络发布后迅速走红，成为每年毕业季学生最为期待的精神大餐，累计播放量近千万；歌曲《东师姑娘》发布后迅速刷爆朋友圈，播放量超过300万次。这些生动的、带有青春回忆的视频与歌曲不仅激起了学生的广泛参与，而且还增加了学生的爱校荣校之情。

三是注重凝练育人成果。辅导员网络公众号的建设不应该也不能只停留在网上，而是要注重总结提升，将网络公众号中的优秀经验提取出来，整理成册，转化成特色工作成果。例如，山东大学辅导员范蕊就将自己在"陌上花开"微信平台创作的文章集结成册，编纂成《在海滩上种花——一个大学辅导员的工作日志》。该书出版以后，深受同行和学生的认可。有辅导员看后评论："她的文字温暖美好、真实感性，又不流于说教，总是给学生和家长带来直抵人心的力量。正如平台名字'陌上花开，可缓缓归矣'抒发的温暖细腻之情，辅导员以温暖平实的语言直达读者内心深处，传播着正能量。"

（三）创新运用小程序，提升日常工作实效

微信小程序是微信的一种开放性功能，开发者可以通过在微信公众平台注册小程序，完成注册后开发小程序来实现预定功能。现阶段已有教师实现了运用微信小程序辅助课堂签到、引导学生自主学习、进行线上考试等多种功能，因而辅导员通过技术革新可以快速地运用微信小程序实现班级管理、查寝、早自习与晚自习签到、学生自主学习引导、党支部建设等多种功能，这些小程序的运用不仅提升了日常学生管理工作的实效，而且使原本枯燥乏味的学生事务性工作有了趣味性，更易于学生接受和配合。例如，辅导员可以开发设计21天打卡小程序，利用行为养成原理，帮助学生养成早起、早读、晨跑等良好的学习与生活习惯，这样的小程序设计既提高了辅导员的工作效率，又增强了任务执行的趣味性，充分调动了学生参与的积极性，同时降低了辅导员的工作成本。开发互助学习小程序，帮助学习困难的学生在网上找到一对一的"小老师"，迅速提高学业成绩，这样既促进了学生的学业进步，又增加了学生之间的交流。

四、立足微信平台创新高校辅导员的培养机制

"环境是由人改变的，而教育者本人一定是受教育的。"[①]高校辅导员良好的素质能力不是自然而然形成的，而是在所在学校的进一步培养与造就中形成的，因而结合新时代对高校辅导员的新要求与利用微信平台开展工作的新形势，各高校应不断创新对辅导员的培养机制。

（一）建立培训培养机制，提升辅导员的微信运用能力

制度建设是培养工作的前提，因而在制度建设上应着重做好以下几个方面的工作。

首先，要让辅导员深刻认识到微信平台的思想政治教育价值，引导辅导员在实际工作之中自觉地转变教育理念，运用微信开展相关工作，着重提升自身的信息素养，提高运用媒体信息的能力，实现对学生的有效教育和引导。例如，"高校辅导员在线"公众号就会对辅导员的网文进行集中展示，激发辅导员运用微信开展思想政治教育工作的积极性与主动性。

其次，要做好对辅导员队伍的"微实践"引导工作，要求辅导员在日常生活和工作中注重对有效信息的收集和分析处理，充分了解微信平台的运作方式，提高对信息的运用能力。例如，东北师范大学学生处通过推出"导言"专栏，组织专门力量对辅导员撰写的网文进行修改和研读，帮助一线辅导员切实提升微信网文的书写能力。

---

① 中共中央马克思恩格斯列宁斯大林著作编译局.马克思恩格斯选集（第1卷）[M].北京：人民出版社，1995：55.

最后，要增强"微能力"培训，针对许多高校辅导员"微能力"不足的现状，应做好培训工作，积极构建专门的培训机构和培训体系，完善考核和激励机制，把微信工作能力作为高校辅导员素质拓展和评比考核的一项重要内容，以考评来促进实际工作技能的提升。例如，在教育部组织的高校辅导员培训系列课程之中加入微信平台建设与运营的相关培训内容，帮助辅导员切实提升自身的工作能力与工作水平。

（二）建立交流沟通机制，形成多方共建的交流平台

交流沟通机制的建立主要是为了开阔高校辅导员的视野，提升其工作水平，提升其利用微信开展工作的能力。建立沟通交流机制应着重从管理机制、交流任务、人员选拔等方面进行科学的设计与谋划。

首先，在管理机制设置上，小范围的交流培训可以由相关的学校或者院系牵头，大范围的交流应由所在省份高校的学生工作委员会组织实施，在条件成熟的时候也可以由教育部牵头统筹安排全国性的或者省市之间的交流活动，通过不同层次的交流活动切实提升交流的效果，满足不同层次的辅导员群体的现实需求。在交流互进的过程中，切实提升辅导员运用微信平台开展工作的实际能力。

其次，在交流任务上，应明确规定交流的内容就是辅导员利用微信等媒体媒介开展思想政治教育工作的情况，应对其所从事工作的总体情况、运作模式和管理机制等进行充分交流，总结经验做法，分享大家学习与交流的成果，并注重对交流成果的总结和编辑，运用作品集、典型案例推送等多种形式做好相关展示工作。

最后，在人员选拔上，应选择在微信工作上有一定实际工作经验，具有一定创新意识、科研能力强、政治立场坚定的优秀辅导员进行工作交流，这样在交流的同时，对其本身也是一个很好的激励。另外，在培训交流结束之后，要对重点培养人员进行持续跟踪培养，做到培养一个成就一个。

（三）完善评价考核机制，将媒体运用能力纳入评价体系

考核是检验实际工作的必要手段。考核对提升辅导员的工作能力与素质具有重要的督促作用，但现阶段我们尚未将辅导员的媒介运用素质纳入辅导员职业能力考核之中，这在一定程度上影响了辅导员利用新兴媒体开展思想政治教育工作的积极性，因而应探索将媒介运用能力纳入辅导员考核工作之中的可行性和方法，同时还应注重将定性评价与定量评价有机结合。一方面，要对辅导员运用微信平台开展工作的成效进行评价，对辅导员运用微信开展工作所取得的实际效果进行评价与展示；另一方面，要注重结果的量化，用发文数、影响

力等多重指标来衡量其工作成效。但不论如何，考核的目的并不是单纯为了评价出好坏优劣，而是为了以考核促建设，以评价促改善，引导更多的辅导员优化自己的工作，并时刻树立起勇于创新、敢于尝试的意识，运用考核工作的方式来引导辅导员基于微信平台不断地创新自身工作，提升自身的业务水平，形成对辅导员工作新的独特认识。

参考文献

[1] 朱凌云 . "敬业"还是"专业"：高校辅导员胜任力及其发展支持机制研究 [M]. 北京 : 中国社会科学出版社 , 2018.

[2] 刘新跃 , 陈润 , 姚敏 . 高校辅导员工作案例选编 [M]. 北京 : 中国科学技术大学出版社 , 2016.

[3] 熊银 , 黄晓坚 . 何以优秀：高校辅导员职业能力发展研究：基于胜任力理论视角 [M]. 北京 : 中国书籍出版社 , 2019.

[4] 何小梅 . 高校辅导员工作方法实例解析 [M]. 广州 : 中山大学出版社 , 2019.

[5] 李晓娟 . 高校辅导员工作学基本问题研究 [M]. 重庆 : 西南师范大学出版社 , 2019.

[6] 魏俊玲 , 刘佳 , 杨静非 . 高校辅导员工作课程化建设的实践与研究 [M]. 北京 : 中国纺织出版社 , 2017.

[7] 张爱莲 . 高校辅导员职业价值观与工作幸福感及其相互关系研究 [M]. 北京 : 中国社会科学出版社 , 2018.

[8] 张明志 . 基于团队角色理论的高校辅导员胜任力提升研究 [M]. 重庆 : 西南师范大学出版社 , 2019.

[9] 贝静红 . 高校辅导员专业化发展实践研究 [M]. 北京 : 海洋出版社 , 2018.

[10] 孙增武 , 王小红 , 李波 . 新时期高校辅导员工作的理论与实践研究 [M]. 长春 : 吉林大学出版社 , 2018.

[11] 许辉 , 于兴业 . 自我视域下高校辅导员的发展研究 [M]. 北京 : 知识产权出版社 , 2018.

[12] 邹涛 . 高校辅导员职业之道 [M]. 北京 : 中国人民大学出版社 , 2018.

[13] 路丙辉 . 高校辅导员工作实战方略 [M]. 芜湖 : 安徽师范大学出版社 , 2018.

[14] 陈正芬 . 中国高校辅导员制度研究 [M]. 北京 : 中国社会科学出版社 , 2018.

[15] 柏杨 . 改革开放以来高校辅导员队伍建设研究 [M]. 成都 : 西南交通大学出版

社 , 2018.

[16] 魏则胜 . 高校辅导员工作目标、任务与方法 [M]. 广州 : 广东高等教育出版社 , 2018.

[17] 何登溢 . 高校辅导员职业发展研究 [M]. 北京 : 高等教育出版社 , 2018.

[18] 史仁民 . 高校辅导员专业发展论 [M]. 北京 : 中央编译出版社 , 2018.

[19] 任少波 . 辅导员 : 高校立德树人的关键力量 [M]. 北京 : 高等教育出版社 , 2016.

[20] 耿乃国 . 高校辅导员工作理论与实务 [M]. 北京 : 北京师范大学出版社 , 2011.

[21] 史建生 . 高校辅导员共情能力的现实状况及提升策略研究 [D]. 长春 : 东北师范大学 , 2019.

[22] 李一聪 . 基于微信平台的高校辅导员工作创新研究 [D]. 长春 : 东北师范大学 , 2019.

[23] 赵丹 . 新时代高校辅导员学生思政工作创新路径探究 [J]. 高教学刊 , 2019（7）: 31–33.

[24] 章少哨 . 马克思人的全面发展理论视角下的高校辅导员工作 [J]. 高校辅导员 , 2019（1）: 42–45.

[25] 邵媛媛 . 高校辅导员如何发挥好管理育人的作用 [J]. 活力 , 2019（4）: 220– 221.

[26] 刘妍 , 徐静 , 尚久舒 , 等 . 高校辅导员工作初探 [J]. 活力 , 2019（4）: 236.

[27] 黄平 . 高校辅导员思想政治教育人性化探究 [J]. 产业与科技论坛 , 2019, 18（2）: 171–172.

[28] 栾双 . 高校辅导员就业指导能力的重要性探究 [J]. 产业与科技论坛 , 2019, 18（2）: 133–134.

[29] 郭素萍 . 高校辅导员要充分发挥立德树人的重要作用 [J]. 中共山西省委党校学报 , 2019, 42（1）: 107–109.

[30] 蔡冰心 . 高校辅导员教育管理服务工作探析 : 做一个有温度、有态度的辅导员 [J]. 科教导刊 : 上旬刊 , 2019（1）: 173–174.

[31] 冯勇全 . 关于高校辅导员建设的问题综述与反思 [J]. 广西科技师范学院学报 , 2019, 34（1）: 82–84.

[32] 魏园园 . 高校辅导员的综合素质培养 [J]. 现代交际 , 2019（1）: 158–159.

[33] 陈红英 . 浅谈高校辅导员如何做好新生工作 [J]. 才智 , 2018（18）: 133–134.

[34] 赵丽娜 . 高等院校辅导员队伍构建策略 [J]. 经济研究导刊 , 2018（16）: 130– 131.

[35] 董一霏 . 新形势下高校辅导员队伍建设研究 [J]. 黑龙江教育：理论与实践，2018（11）：86–88.

[36] 张明进 . 高校辅导员工作能力的有效实现 [J]. 湖北成人教育学院学报，2018，24（6）：52–55.

[37] 杜伟，华波，杜江山，等 . 高校辅导员职业发展现实困境与对策 [J]. 中国高等医学教育，2018（6）：53–54.

[38] 李小文 . 高校辅导员队伍建设的困境及对策 [J]. 今日财富：中国知识产权，2018（4）：172–173.

高校辅导员共情能力的调查问卷

您好，我是东北师范大学 2015 级的一名硕士研究生，目前正在进行一项关于高校辅导员共情能力的现状调研。其中，"共情"是指理解和体验他人感受，并对他人的处境做出适当反应的能力，它作为人际互动过程中一种重要的心理行为现象，是促进人际交往和沟通的重要变量，也是提升和改善人际关系的重要因素。本研究选取来自长春市、北京市、上海市、武汉市、深圳市、乌鲁木齐市、重庆市 10 所高校的辅导员进行问卷调查，旨在了解当前高校辅导员共情能力的现实状况。非常感谢您在百忙之中愿意抽出时间来填写这份调查问卷。这份关于辅导员共情能力的调查问卷绝不会泄露相关信息，绝不会用于其他用途，请您放心且认真作答。您的意见对我们非常重要，再次感谢您的参与！

一、基本信息

1.您的性别［单选题］
○男
○女

2.您的年龄段［单选题］
○ 20 ～ 25
○ 26 ～ 30
○ 31 ～ 40
○ 41 ～ 50

○ 50 以上

3. 您的学历［单选题］

○本科

○硕士

○博士及以上

4. 您取得最高学位的专业［填空题］

_____

5. 您所在的高校名称［填空题］

_____

6. 您的工作年限［单选题］

○ 0～5 年

○ 5～10 年

○ 10～20 年

○ 20 年以上

二、共情能力状况

（一）单项选择题

7. 在了解学生的基本情况后，您一般最先采用什么样的思维策略？［单选题］

○从学生角度出发

○从现实经验出发

○从主观感受出发

○从教育目标出发

○其他_____

8. 当学生的思想状态发生变化时，您多久关注一次？［单选题］

○每学期一次

○每月一次

○每周一次

○每周两次及以上

9. 在进行学生事务管理的时候，您会花很多时间去关注学生是怎么想的吗？［单选题］

○一般不会

○说不清

○偶尔会

○经常会

10. 您会留心学生的感受、敏锐地察觉学生细微的情绪变化吗？ [单选题]

○一般不会

○说不清

○偶尔会

○经常会

11. 当学生失恋时，您会如何引导？ [单选题]

○对学生的失恋表示同情与理解

○这没什么大不了

○能正确引导学生从失恋中走出来

○尽量去引导，使学生走出来

12. 在面临学生的未来发展时，作为辅导员，您如何引导学生？ [单选题]

○将自己的标准强加给学生

○随性自由发展

○认真听取学生的想法并给予正确的引导

○能够倾听并理解学生

13. 当学生因为生病跟您请假时，您会怎么思考？ [单选题]

○学生请假有客观原因

○学生没能权衡好与课业之间的关系

○学生可能在说谎

○学生可能真生病了

14. 当您与学生产生意见分歧时，您如何处理？ [单选题]

○认真听取学生的意见，找到问题的突破口

○努力说服学生接受我的意见

○完全接受学生的意见

○互相多沟通，尽量减少分歧

15. 当学生需要您帮忙做出判断时，您是何反应？ [单选题]

○我会积极地调动自己的经验和阅历

○我不知如何帮助学生

○我不会帮助学生

○会帮助学生但不会给具体建议

（二）多项选择题

16. 面对有问题倾向的学生，您如何处理？ [多选题]

□提前注意

□平时多观察

□通过其他学生反馈

□出现问题才发现

□其他_____

17.您通过哪些方面来捕捉学生的情绪变化？［多选题］

□表情

□语言

□动作

□其他_____

18.当学生对未来失去信心时，您通过什么样的方式鼓励学生？［多选题］

□告诉他一切都会好起来

□用微笑给他自信

□拍拍他的肩膀给他力量

□体会他的情绪变化并给他能量

□其他_____

19.您通过何种方式捕捉学生的所思所想？［多选题］

□集中座谈

□向父母进行了解

□面对面沟通

□通过他人反馈了解

□聊天软件

20.在您与学生进行共情时，需要什么样的条件？［多选题］

□足够的考虑时间

□充足的提前了解

□可以深度交流的空间

□获得学生的理解

□其他_____

21.您是否了解共情相关的内容？［单选题］

○是

请回答 22 题

○否

请跳转至 23 题

22.您熟知与共情相关的哪些内容？［多选题］

☐共情的基本概念

☐共情的意义与障碍

☐共情法的具体运用

☐其他_____

23.您平时通过哪些途径提升共情能力？［多选题］

☐学校的相关培训

☐有经验的辅导员的分享

☐通过书籍、网络等自我学习

☐具体工作事务中的经验积累

☐其他_____

（三）开放式问答题

24.您在工作中是如何运用共情能力的？［简答题］

_____

25.您是如何提升高校辅导员共情能力的？［简答题］

_____

后 记

　　不知不觉间，本书的撰写工作已经接近尾声。本书在创作的过程中得到了社会各界的广泛支持，笔者在此表示深深的感谢！对于提供参考文献的作者，笔者在此亦表示衷心的感谢。

　　高校辅导员队伍是大学生日常思想政治教育和管理的重要组织保证。建设一支数量充足、结构合理、素质过硬的辅导员队伍，既是高校教师队伍建设的需要，又是辅导员队伍自身发展的需要。因此，本书基于中国特色现代大学制度建立和高等教育质量全面提升的战略要求，通过梳理高校辅导员队伍建设的现状和经验，分析高校辅导员队伍建设的成就与不足，探索高校辅导员队伍建设对策，并围绕当代高校辅导员的工作创新发展等方面展开研究。

　　由于笔者的水平有限，书中难免有一些不足之处，衷心希望各位同行和读者提出宝贵的意见。